信仰的未來

宗教的興衰與靈性時代的復甦

The Future of Faith

哈佛大學榮譽教授 哈維．考克斯 Harvey Cox 著　郭騰傑 譯

各界讚譽

幾年前剛從哈佛大學神學院退休的哈維·考克斯教授，可以說是對當代基督教的觀察、研究、論述最精確且深入的學者。事實上，從最早的《世俗之城》到《解放神學家波夫的被壓制》、《天上之火》、《基督宗教》等書，以至於即將要出版的《信仰的未來》，一路走來，他忠實且細膩地描述帶有理性除魅特質的世俗化潮流、拉丁美洲的解放神學運動、席捲全球的靈恩運動，以及當代基督宗教本質的變化，真是精彩、迷人。在本書裡，他不但宏觀地探討宗教的復魅與再生，以及基本教義派的逐漸衰微，更詳細詮釋宗教信仰本質在近半世紀來所發生的重大「質變」，是一本任何關注宗教未來發展的人都不容錯過的好書，大大推薦。

——**鄭仰恩，台灣神學院教會歷史學教授、台灣大學兼任教授**

過去四十年來，哈維·考克斯始終是美國宗教趨勢觀察的先行者。

——**史蒂芬·普羅瑟羅**（Stephen Prothero），**美國波士頓大學宗教學專家**

這本預言書，來得真是及時。

——**凱倫·阿姆斯壯**（Karen Armstrong），**英國知名宗教評論家、《神的歷史》作者**

本書集回憶錄、教會史和神學評論於一身。考克斯將基督宗教的歷史分為三個時期：信仰時代、教理時代，以及我們今天的時代「聖靈時代」。考克斯認為，聖靈早年讓「信仰時代」充滿生機，今天再度透過靈恩派和解放神學等運動為全球基督宗教注入活力，為神的國度揭露了一絲曙光。

——**《出版人周刊》**（*Publishers Weekly*）

在這犬儒的世界中，哈維．考克斯一直都在發揚理性和信仰的聲音。現在，他揭開了一個全球基督宗教復甦的新願景，恢復我們對自己和對神性的信心。

——**狄帕克．喬普拉**（Deepak Chopra），**當代重要思想家、美國著名心靈導師**

《信仰的未來》是一部傑作，和他的經典之作《世俗之城》一樣，充滿挑戰與熱情。他邀請宗教虔信者、懷疑論者和憂心忡忡者，一起進入充滿靈性的基督宗教視界，來撫平世界的傷痕。

——**黛安娜．巴特勒．貝斯**（Diana Butler Bass），**教會歷史學家、《人民的基督宗教史》作者**

見微知著的哈維．考克斯，是過去半個世紀最重要的自由主義神學家。本書完全就是考克斯的經典作品，美麗而動人。

——**小尤金．狄昂**（E.J. Dionne Jr.），**美國資深政治評論家**

本書見解深刻、深具啟發性，讀來令人精神為之一振，我一邊讀著此書，一邊用道地的福音派方式連連朗聲讚嘆著「阿們」！

——**毛勵策**（Richard Mouw），**富勒神學院院長、基督教哲學教授**

考克斯用歷史學家的眼睛、神學家的心臟，解釋了我們從哪裡來、要往何處去，而《信仰的未來》就是朝向未來的重要指南。——**吉姆．華理士**（Jim Wallis），**《客旅雜誌》**（*Sojourners*）**創辦人、社會行動神學家**

這部重要的著作，不僅幫助我瞭解「基督宗教」這個驚人現象的過去、現在和未來，還驅使我繼續努力，以期有朝一日能實現考克斯描繪的可能願景。

——**布萊恩．麥拉倫**（Brian McLaren），**《新品種的基督徒》作者**

目錄

專文推薦

展現新的信仰可能

周學信

在《信仰的未來》裡，作者哈維．考克斯堪可比擬為羅馬雙面門神雅努斯〈Janus〉：一邊回首歷史，一邊遠眺未來。考克斯將基督宗教史分為三個時代：信仰時代、教理時代與聖靈時代，他用全景模式帶領讀者一覽基督宗教史，也挑戰讀者既有的印象。我們很容易被未來給迷惑，而過去又很容易讓我們感到幻滅。考克斯認為，君士坦丁教會的時代已經過去了，我們正在見證「第三個時代」的來臨，這個時代的特點是信仰再度凌駕信念、對窮人的重新關注，和開放地擁抱聖靈。

考克斯在本書中不僅對伊斯蘭教、猶太教和東方宗教的靈性運動做了精闢的概括，同時經常援引聖經，藉著聖靈讓我們理解祂如何展現出各種新的信仰可能，並在今世獲得豐盛的生命。信仰的未來，其實就是加深的信仰；這代表在撲朔迷離、多音共響的世界中，聖靈像風一樣隨意而吹的冀望。

《信仰的未來》視野遼闊、思辨清晰，作者十分洞悉基督宗教的新樣貌、全球化的影響以及與日俱增的宗教多元性，這些元素也正深刻影響著教會和其中的信仰。這是一本具親和力的書，每一頁對「信仰的未來」的意涵，為讀者開闢一個嶄新的視野。

（本文作者為中華福音神學院教授）

專文推薦

宗教學大師的巔峰之作

蔡彥仁

哈佛教授哈維・考克斯（Harvey Cox，一九二八年出生），曾在三十七歲時出版《世俗之城》（*The Secular City*），以基督教神學家和歷史學者的身分，揭露西方基督教的城市化激進轉型，並提出如何以新的角度看待此宗教。其犀利的眼光和流暢的敘述筆調，獲得西方知識界讀者的廣泛迴響，此書一時洛陽紙貴，高居非小說類排行榜多年，並翻譯成十四種外國語言，奠定了他在國際宗教學術界的地位。

自此之後，考克斯半世紀以來著書不斷，他在二〇〇九年出版的《*The Future of Faith*》，即中文讀者眼前的《信仰的未來》一書，是他八十高齡時的成熟之作，立基於他過去幾個重要的主題研究，經過沉思咀嚼之後，總結表達他對於二十一世紀「世界基督宗教」（world/global Christianity）的觀察，也提出他心目中對「宗教」是什麼的深刻洞見，創下他學術生涯的另一高峰。

當今西方的主流宗教學者，對於基督教或者宗教在現代和當代的發展，皆是抱持悲觀的態度。他們大多數認為，以歐、美為主的社會在經過現代化的洗禮之後，基督教明顯的式微衰退，這可從人們已經不再上教堂，對於教會組織、神職制度不感興趣，對於傳統的教義、規範更是反感可見一斑。他們因此提出「世俗化」（secularization）理論，主張現代化即是理性化的過程，越是現代化的國家，越是依循理性法則運作發展，而「非理性」的宗教自然衰微退隱，最後不是消失在人類進化歷史的舞台，頂多也只能藏匿於個人的私領域角落。

考克斯對於這種說法深不以為然。他直率地指出，人們慣以宗教教義（belief，或可譯為理念、教條、教理）作為宗教核心的觀點，也就是過度推崇思維理性，完全是基督宗教在第二、三世紀教父時期所塑造出的遺毒。此一「教理時代」（The Age of Belief）宰制基督宗教至少一千八百年以上，將西方人對宗教的理解，不是導向形上世界即是侷限於外在形式，反而忽略作為宗教信仰主體的人。他強調，信仰者的虔信、體驗、感受，特別是驅動其奉獻參與的那股能量，才是神學的要旨，才是宗教學者應該聚焦著力的重要面向。

考克斯在《信仰的未來》一書中明白指出，基督宗教肇端於「虔信」（faith，一般譯為信仰）運動，由耶穌以愛為教導，以踐行於社會為主要目的，聽聞者翕然風從，集結而成最早的基督宗教小團體。繼後的門徒們在五旬節（Pentecost）接受聖靈澆灌，產生極大的宣教動力，在羅馬帝國各地傳布福音，旋踵之間即建立以愛、犧牲、平等為特徵的宗教社群。考克斯觀察到，這種無階級劃分、以平信徒為主導力的基督宗教團體，在浸染希臘哲學和羅馬帝國的社會制度後，逐漸質變為「教理」取向，緊接著轉化成我們今天所熟悉、具有聖經、教義、神職體系、繁冗儀式的制度化基督宗教。

考克斯對這樣的發展深表遺憾，但是作為一位敏銳的歷史學家與講究身體力行的神學家，他卻也發現，二十世紀初在美國發生的「五旬節靈恩運動」（Pentecostalism），具有顛覆制度性基督教的效應，其所展現的聖靈恩賜（charismata），無論是說靈言、預言、醫病、趕鬼等現象，似乎解構傳統的教會框架，從形上的桎梏（理性、教理）中解放出來，轉而注意信仰者的體驗與感受，將基督教團體重新帶回早期耶穌和使徒們的時代，重拾基督教真正的生命力。這就是考克斯所謂的「聖靈時代」（The Age of the Spirit）。

但是，考克斯並不是「非理性」的激情主義者，他所嘉許的「聖靈時代」，其重點不在聖靈的超能力展現，而是提醒我們對於宗教的認知，應該放置於信仰者的主體經驗、社群的集體參與、以及繼之在社會所產生的正面提升效應。他於一九六〇～一九七〇年代在拉丁美洲所參與的解放神學（Liberation Theology）運動，以及一九八〇年代開始，在同一地區所研究的「五旬節靈恩運動」現象，即有力地支撐他的論證。更有甚者，他跨越基督教的範圍之外，廣泛接觸猶太教、伊斯蘭、印度教、日本禪宗等世界宗教的歷史和實踐，進一步確認當今人類的宗教，在全球化脈絡下相互交融，所顯出的共同特性即是揚棄「教理」，擁抱「聖靈」，以釋放人類的虔信能量為導向，並以愛、寬容、犧牲、服務等，作為信仰的終極關懷。

考克斯是一位極為睿智的神學家、宗教史家、比較宗教學者，他的思想理念主要得自前輩神學家例如田立克（Paul Tillich, 1886-1965）和潘霍華（Dietrich Bonhoeffer, 1906-1945），以及宗教學家例如奧圖（Rudolf Otto, 1869-1937），但是他個人的田野調查經驗相當豐富，卻是這些前輩們所不及。我們閱讀《信仰的未來》，當可發覺其中資料引述多方，又夾有幽默的個人自傳案例，在他平易近人的筆觸下，無論在講述基督教歷史，或者對比不同的世界宗教，總有娓娓敘來如沐春風般的親切感，這是本書較之一般重視「教理」基督教的著作，更為優勝之處。中文讀者如欲對基督教或比較宗教有廣泛又具重點式的理解，本書無疑是值得大力推薦的佳作，值得成為通識教育的教科書。

最後順便一提的是，我個人在哈佛研讀學位時，早即久仰考克斯教授大名，但因修課的安排及其他總總限制，並未有機會直接承教。另外，本書的內容主旨，與他在哈佛大學部連續十五年所開設的「耶穌與道德生活」（Jesus and the Moral Life）通識課息息相關。該課廣受歡迎，正式選課者再加上校內、外旁聽生經常塞爆大型展演廳，而我卻也因身任其他教授的助教，彼時無緣分身應徵當助理，至今仍覺遺憾。不過，我對考克斯教授的著作和學術理念還算熟悉，尤其是他的主題研究專書為然。

而今，個人有幸拜讀他的晚年結晶之作，面對一位智慧長者的殷殷賜教，坦率地傳遞他的學術見解和人生經驗，我個人受益良多，或許稍可彌補當初未能親炙之憾，而在此邀請中文讀者們一起分享這個知識饗宴，也算是當考克斯教授的另類助教吧。

（本文作者為政治大學宗教研究所教授）

專文推薦

認識真確宗教信仰的一本好書

盧俊義

一提到「哈維・考克斯」（Harvey Cox），很快就讓我想起啟示出版在二〇〇六年六月所出、同樣由他所著的甚為膾炙人口的《耶穌在哈佛的26堂課》（*When Jesus Come to Harvard*）。在這本書中，他很清楚地說明一個重要認識：任何人無論擁有多少財富，都必須把生命建構在正確的宗教信仰之基礎上。唯有如此，擁有財富（或技能）才能使人感到滿足而非空虛，也能為自己的生命和所生存的世界帶來意義。

如今啟示出版再次推出考克斯所寫的《信仰的未來》，對現代人（尤其是自認有宗教信仰的信徒）來說，實在是一本很值得花些時間細讀的好書，特別是宗教學院裡的師生、信仰團體裡當幹部的人，這更是一本必讀的好書。

在這本三百多頁、分成十五章的書中，作者開頭就先討論「信仰」和「信念」之間的差異，接著就二者之間的差異論述貫穿在整本書裡，同時也提醒所有的宗教領袖：當信仰變成「教條」、「信經」的時候，就會使原本的信仰有了變質，或是失去信仰原有的本意，而這點往往是各種宗教的宗教師，或說是神職人員，特別是宗教界領袖們所疏忽的事。

作者考克斯因為對宗教歷史有很深的造詣，因此，在書中暢談各種宗教發展的歷史背景，會幫助讀者更清楚知道宗教發展的興衰和變化之過程。也因為作者本身是基督徒，在基督教會歷史這方面的描述自然就更為詳細。他不但與各主要宗教都有所互動，還和不同宗教的領導者有過深沉對話，也因此，他不僅對各宗教的現象觀察入微，還會針對各宗教內部的問題提出很好的見解。也因為作者在宗教學這領域學有專精，所以對傳統和新興的基督教會之間的關係，特別是基督教靈恩運動和福音派教會在近代發展上呈現出來的現象，以及可能會遇到的問題，描述得非常清楚。

很值得深思的，就是考克斯一再提到宗教信仰之所以會讓人接納且確認有意義，是因為能用實際行動將信仰的內涵給實踐出來，而不是停留在宗教教義上的規範。若從這點來看，正好回應了德國神學家保羅．田立克（Paul Tillich）所說的，每個人都有自己生命中的「神」，而這個神，就是生命中最終極關懷的對象。也因為這種看法，對所有人來說，大家都是有宗教信仰的人，這種信仰表現出來的，就是在各自喜愛的領域中，專注地投入生命的力量，卻不一定是依循傳統上所謂的上教堂或去寺廟參加祭祀禮儀。

考克斯在書中也談到宗教領導階層最常出現的問題，就是將信仰團體組織化之後，會訂定許多規律來限制團體成員的思路，這些規律就是所謂的「教義」、「信條」，而限制的方式，就是信徒不能隨己之見或是生命體驗在經典上作解釋，這點在基督宗教歷史上曾有過設立宗教法庭，用來嚴厲制裁信徒詮釋、甚至翻譯聖經，並禁止信徒有任何與組織所訂定的見解相違背之行為、意念出現，否則重者判處死刑，輕者牢獄之災等。但設置宗教法庭進行信仰審判這些行為本身，就已經與原先開創該宗教信仰者的本意相違背了。這種制裁、圍剿的事例不僅發生在基督教會，也發生在伊斯蘭教、佛教等各宗教中，就是所謂的「異端」，而耶穌會被當時猶太宗教領袖給判處死刑，就是很好的例子。

而在台灣宗教信徒口中最常聽見的一句話就是：信什麼宗教都一樣，都是在勸人為善。其實，只要細究各種宗教信仰就會知道彼此之間差異很大，這點也是作者考克斯說自己畢生研究各種宗教，得到的結論就是「它們並不一樣」。我印象甚為深刻的一點，就是發生在一九九六年九月的中台禪寺事件，因為有四十多位青少年（甚至有國小學童）參加該寺舉辦的佛學夏令營後決定剃度出家，引起社會譁然。我因為在報紙上寫文章為這種事件說了幾句「好話」，因而受邀與法鼓山聖嚴法師有過對話。我們有個共同結論：

是「不要在信仰的最高處尋找共同點，但要在最基礎點同心合作」，而這宗教信仰的最基礎點，就是「對人類生命的苦難生出憐憫的心」。而早在這之前，佛教釋昭慧法師在一九九二年籌組的「關懷生命協會」，就邀請了天主教王敬弘神父、我等人共同加入該協會當發起人，一起關心動物的生命權。

不同宗教信仰之間應該是可以合作，而不是鄙視對方，或是相互排斥，甚至嚴重到用武力逼迫不同信仰者就範，加入自己所「絕對化」了的宗教。而這種合作就是從關心生命的苦難開始，才會使人感受到宗教信仰的意義和價值。考克斯在書中舉出許多實例，包括發生在一九八〇年三月二十四日、薩爾瓦多大主教「奧斯卡．羅美諾」（Oscar Arnulfo Romero）被軍政府暗殺於教堂彌撒的聖餐桌上，只因他關心貧困人民而遭獨裁軍政府之忌，但也因他的死而促使中南美洲從獨裁軍政府的控制下加速「解放」出來。考克斯強調，真實的信仰必須是關心社會的公平正義，特別是民眾生命的尊嚴和生存權利。若是沒有這樣，宗教信仰很快就會變成迷惑人心的迷幻藥，最後一定會被人民所唾棄。也從這裡考克斯強調，真實的宗教信仰是不能離開社會問題的，只有跟社會發生的議題連結，宗教信仰才會為民眾所接受，而在急變的社會中有穩定發展的基礎。否則，就算有剛開始的繁榮景象，也不會持續很久，這種例子在基督教會中俯拾即是，迄今一再發生著。

仔細閱讀此書，對任何一個宗教界的領導者來說，就如同上了好幾堂如沐春風的課一樣，必定會幫助宗教團體領導者在信仰上有清醒的思路，知道該怎樣帶領信徒們建構正確的信仰態度。

閱讀這本書最好的方式，就是用團契閱讀分享的方式來進行，每讀一章就討論內容，如此一定會有很好的收穫，至少大家會清楚知道怎樣建造正確的信仰，也會知道用什麼樣的態度看待與自己同樣信仰、卻有不同表達方式的信徒或團體，尤其是對不同宗教信仰者，該有的尊重。這也是我常說的，我們要用「欣賞」和「分享」與不同信仰者相處，只有如此，才不會發生宗教迫害，或是不同宗教信仰者之間的敵對態度。

（本文作者為台灣基督長老教會牧師）

歷史也許是奴役，

歷史也許是自由。瞧，那一張張臉

一處處地方，隨著那盡其所能愛過它們的自我一起，現在它們都消失了，

而在另一種模式下更新，變化。

——艾略特（T.S.Eliot），〈小吉丁〉（Little Gidding）

Chapter 1

靈性的時代

世俗中的神聖？

THE FUTURE OF FAITH

宗教——特別是基督宗教，它們的未來該何去何從呢？在千禧年初，有三種特徵勾勒出世界的心靈輪廓，這些特徵的軌跡將在未來幾十年間繼續延伸下去。第一個特徵，是基是宗教在世界各地又意外地慢慢復甦起來，無論是公領域或私領域；第二個特徵，是基本教義派、也就是二十世紀的禍根，正在逐漸衰微中。而第三個特徵，這個最重要、但往往被忽視的特徵，就是信仰宗教的本質出現了劇變。

宗教的復甦是大家所沒有預料到的；早在幾十年前，反而有深思遠慮的作家信心十足地預測，認為宗教即將消亡。他們認為，科學、知識和更普及的教育，將迅速破除迷信和愚昧的瘴氣，宗教要不是完全消失，就是只會在家庭儀式與古樸的民俗慶典中出現，然後成為文學、藝術和音樂作品中充滿異國情調的典故。許多人要我們放心，預言宗教肯定不會再動搖政治或塑造文化。但這些預言家錯了。宗教並沒有消失；相反地，現在的宗教——無論是好是壞——在世界各地展現了新的活力，也在各層面的權力核心廣泛地發揮影響力。

許多觀察家錯把宗教的復甦和「基本教義派」搞混了，而這兩者並不一樣。基本教義派正在逐漸消亡，一般人普遍認為，美國的基督宗教右派只有兩條路，就是走向分裂的窮途末路，或是銷聲匿跡；此外，關於激進伊斯蘭教運動的辯論，也著重在這種激進路線所得到的支持越來越少，此一現象究竟是暫時的還是永久的。但是，隨著二十一世紀的到來，整個大環境的輪廓變得更清晰。基本教義派堅持強制性的信仰體系、緬懷神秘而純潔的過去、獨佔真理的詮釋權——有時還有暴力傾向——都成了螳臂擋車，向大趨勢的巨輪做最後的頑抗。

然而，和前兩個特徵一樣不可預見的第三個特徵，也就是信教本質的突變，從長遠來看其實才是最重要的。宗教不僅以二十一世紀生活中極富影響力的姿態復甦，而且「信仰宗教」的意涵，已經和短短半個世紀以前大不相同。宗教在全球文化脈絡底下相互交流，產生的震撼力幾乎觸及了所有的人；但變化特別明顯的是基督宗教，它在過去五十年發生的質變，是從四世紀它剛開始作為一個小小猶太教派升格為羅馬帝國國教以來，最為重大的改變。

宗教學者會用各種片語描述當前正在質變的信教意涵，像是「橫向超越的移動」或「內化」；但如果把這種變化想成重新發現自我內在中的神聖性和俗世內的靈性，會更為精確。更多的人似乎認識到這就是我們每日生活的世界，而不是其他的世界；借用英國詩人霍普金斯（Gerard Manley Hopkins）的話來說，這樣的世界是「浸沐在上帝的榮光中」。科學的進步讓我們感覺到宇宙的浩瀚無窮或肉眼所見的精緻複雜，更增加了我們的敬畏之情。於是乎，人們向宗教尋求慰藉、更努力活在這個世界上並讓它變得更好，而不是一心赴往來世。「信仰」（faith）作為一種生活方式所具有的務實和經驗元素，正在逐漸取代以往強調的體制和「信念」（belief）。[1]

信仰與信念

的確，對許多人來說，「信仰」和「信念」不過就是同一件事情的不同說法，但這兩個詞並不相同；而想要掌握當今宗教持續劇變的程度，明確區別其殊異性是很重要的。「信仰」涉及深層次的信心，在日常生活中，我們通常用在信任的人或珍視的價值觀上面。這正是神學家田立克（Paul Tillich, 1886-1965）所謂的「終極關懷」（ultimate concern），也是希伯來人稱之為「心臟」的東西。

至於「信念」則和「相信」有關，更像是一種意見，一般我們常用這個詞來表達某種程度的不確定性。「這件事我不太清楚，」我們會這麼說：「但我相信它可能是這樣。」你可以很輕易地相信，也可以掏心掏肺地相信，但相信的假設性比存在性更強。我們可以「相信」一件對我們沒什麼影響的事情是真的，但我們只會把「信仰」寄託在某件對我們生活方式極為重要的事情上。當然，人們有時會混用「信仰」與「信念」，但除非我們清楚分辨兩者的區別，否則要理解今天基督宗教的結構性轉變會很吃力。

西班牙作家烏納穆諾（Miguel Unamuno, 1864-1936）在他的短篇小說《殉教者聖曼努埃爾・布埃諾》（*Saint Manuel Bueno, Martyr*）中，用很戲劇性的方式凸顯了信仰和信念的最大不同。書中，一名年輕男子因為其母不久於人世，所以從城市返回他在西班牙的家鄉；在當地牧師的見證下，母親一把抓住兒子的手，要求他為自己禱告。兒子沒有回應，但在離開房間之後，兒子告訴牧師，雖然自己很想，但他還是不能為母親禱告，因為他並不信上帝。「一派胡言，」牧師回答：「你不必信上帝就可以禱告啦。」

烏納穆諾故事中的牧師，很清楚信仰和信念之間的區別；他知道，禱告和信仰一樣，是比信念更原始的一種東西。他可能會和這位不信上帝、卻想禱告的年輕人進行一場神學層次的唇槍舌戰，搬出各種老掉牙的「證據」證明上帝存在，而這年輕人可能會引用一樣古板的理論反駁那些證據。他們倆大概也都知道，這樣的辯論不會有什麼結果。法國女作家西蒙娜・薇依（Simone Weil, 1909-1943）也知道。她在自己的作品《薇

---

1. Andre Corten and Marie-Christine Doran, "Immanence and Transcendence in the Religious and the Political," *Social Compass* 54, 4（December 2007）:565.「橫向超越的移動」一詞是由法國哲學家露西・伊瑞葛來（Luce Irigaray）所使用。請見她的作品 *Key Writings*（London:Continuum, 2004）, p. 172.

依的筆記》（*Notebooks*）中，曾寫下一句格言：「如果我們愛上帝，即使我們認為祂不存在，祂仍會使自己的存在得到彰顯。」薇依的話雖然聽起來有點荒謬，但在她短暫而痛苦的生命中（卅四歲即撒手人寰），卻已經體會到了愛情和信仰都比信念更原始。[2]

上帝是否存在？這個命題早在兩千五百年前、柏拉圖的時代，就已經爭論不休；戰火延續到今天依然沒有休止的跡象，但這就像重申上帝存在與否一樣，都是千篇一律的老調。就性質而言，這些爭論的焦點都是「信念」而且永遠不會有結果；但**信仰**可就不同了，它和敬畏之情、愛情與奇蹟有著更密切的關聯，在我們最原始的祖先智人（Homo sapiens）之中就開始成形，遠早於柏拉圖的時代。柏拉圖的雄辯戰場是「信念」，並不是「信仰」。

而〈使徒信經〉（creeds）就是信念的集成。但是，基督宗教的歷史並不是信條的歷史，而是一個信仰群體的故事，這個群體有時會將信念拼湊成信條。這也是一段關於一群同樣虔信基督宗教，質疑、修改與揚棄那些相同信條人士的歷史。就像教堂建築從隔板小禮拜堂到哥德式教堂的變化一樣，教義只是基督徒在某些時候尋求代表自己信仰的符號而已。但無論信條正典還是建築結構，都只是通往目的的手段，將這兩個目的加以製造或定義，都會扭曲信仰背後的根本現實。

基督宗教史的三個時代

近兩千年之久的基督宗教歷史，可以分為三個不同長度的時代：**第一個時代可以被稱為「信仰時代」**。這個時代始於耶穌和他最親近的門徒，用激勵人心的信仰加速推廣耶穌發起的運動。在迅猛成長和殘酷迫害並存的第一階段，基督徒同享基督聖靈（聖神）[3]並活在其中，因而團結了彼此。在此階段，「信仰」意義是希望和深信耶穌所彰顯的，一個充滿自由、療癒和憐憫的新時代即將到來。成為一名基督徒，就代表住在耶穌的聖靈裡、懷抱著祂的希望，並追隨祂已經開始的事功。

基督宗教歷史的**第二個時代則可稱為「教理時代」**。這個時代的種子，在基督宗教誕生後的短短數十年內就開始萌芽。教會領袖開始為那些剛信教、卻還未曾熟識耶穌或其門徒的人制訂指導原則。由於這類初始指導原則強調信念，所以它們慢慢變得繁雜、成為厚厚一疊教義問答集，用**關於耶穌**的信條取代**對耶穌**的信仰。因而，即使在信仰時代的早期，就已經為信仰和信念之間的緊張關係埋下了伏筆。

2. Simone Weil, *Notebooks*, p. 583, 引自David McLennan, *Utopian Pessimist:The Life and Thought of Simone Weil*（New York:Poseidon, 1980）, p. 191.
3. 本書的聖經相關名詞，在全書首次出現時，皆以基督教與天主教通用譯名對照的方式呈現，以便教友閱讀。

而後，在西元三世紀的末葉，發生了一些更不祥的事情：菁英階層開始成形，隨後很快就發展成神職階級制度，教會的專家們也將各種教理手冊濃縮為信念清單。儘管如此，這些做法因地而異，因此直到第四世紀開始時，整個基督宗教仍沒有統一的教義信條。聖靈把大家團結在一起，到處都有不同的教會與會眾，各式各樣的神學學說也蓬勃發展。最大的轉折點，出現於君士坦丁大帝（西元三八七年逝世）在位期間。他巧妙地拉攏基督宗教來加強自己的帝國野心；基督宗教作為加利利人的新宗教，原先是個非法的宗教，但經君士坦丁大帝敕定成為合法宗教。儘管君士坦丁崇敬耶穌，他仍持續供奉著太陽神祇赫利烏斯（Helios）。

此外，君士坦丁還以鐵腕領導教會，一手包攬主教的聘用、薪資的支付和籌建教堂等事務，而且出手大方闊綽。相較於教宗，君士坦丁大帝更像是真正的教會領袖。無論君士坦丁大帝究竟抱持什麼樣的動機，他的政策以及他的繼位者——特別是狄奧多西皇帝（Emperor Theodosius, 347-95）——終讓基督宗教登上羅馬帝國國教的寶座。當往昔多神教的鎮國老神們似乎一個個離帝國而去，這些羅馬皇帝無疑都寄望這一招可以維繫風雨飄搖的帝國治權。然而，這個策略還是沒有扭轉帝國崩解的命運，對於基督宗教來說，結果更是一場災難：國教的加冕其實讓自己丟盡了面子。基督宗教從一場原本充滿活力的運動，融入了僵化的帝國方陣、加進更多必要的信念，從而為接下來幾百年每個階段的基本教義派的登場埋下伏筆。

兩個古老的體系發生巨大的合併，也大幅改造了雙方的體質。帝國成了「基督宗教帝國」，基督宗教則成了帝國的宗教。因為有了皇帝批准的印信，成千上萬的人開始爭先恐後地加入這些原先為他們所鄙視的教會。主教們包攬大權、勢可敵國，開始過著帝國菁英的奢侈生活。在隨後的「君士坦丁時代」，基督宗教（至少官定版是如此）僵化成一套強制性的戒律制度，大量的信條被編纂成為教義，強大的階層體系和帝國敕令嚴格地監控整套制度。異端於是成為叛國罪名，而叛國罪就是相信異端邪說。

西元三八五年這一年，是個特別嚴峻的轉折點。在一場主教會議上，許多主教指控一名住在阿維拉（Avila）地區、名為百基拉（Priscillian）的男子為異端，馬克西姆皇帝（Maximus）便將百基拉和他的六位追隨者在特列夫（Treves）斬首。這就是第一位命喪基本教義派之手的罹難者。用今天的眼光來看，百基拉那些被認為觸犯教條的神學「錯誤」，似乎很難直接將他判以死罪：他告誡追隨者遠離酒肉，同時提倡認真讀經，並對我們現在所謂「動感」的靈恩敬拜採取寬容的態度。他認為，已被排除在聖經正典外的文字作品，雖然不是直接來自上帝的「默示」（inspired），仍可以作為生活的實用指導原則。除此之外，百基拉還有一個很重要的歷史地位：他是第一個由於自身的基督宗教觀點，而被基督徒判處死刑的基督徒。不過，他絕不是最後一個。一位歷史學家估計，在君士坦丁之後的兩百五十年，帝國當局總共處死兩萬五千人，理由也是這些人信仰的教條不純正。

君士坦丁的時代磨刀霍霍地展開了。這是帝國基督宗教主宰歐洲文化和政治的新紀元，而且一路延續到禍福並存的中世紀。這個時代催生了美輪美奐的夏爾特主教座堂（Chartres Cathedral），卻也帶來了審問異端的西班牙宗教裁判所（Spanish Inquisition）；這個時代出了可敬的聖人亞西西的方濟各（St. Francis of Assisi），也出了宗教迫害打手托凱爾馬達（Torquemada）；這個時代有人文曙光——但丁的神曲（Divine Comedy），也有教宗博義八世（Boniface VIII）強硬的「唯一至聖」（Unam Sanctam）諭令，宣告教皇在俗世與靈性國度無遠弗屆的主宰力。無論是文藝復興還是宗教改革，都未大幅改變「教理時代」的深厚基礎，歐洲勢力的擴張在這段期間更是跨越世界上各大陸，簡直無所不及。這中間的時代，也就是「教理時代」，促使作家兼歷史學家伊萊爾·貝洛克（Hilaire Belloc, 1870-1953）說出一句名言：「信仰就是歐洲，歐洲就是信仰。」

「教理時代」大約持續了一千五百年，歷經啟蒙運動、法國大革命、歐洲世俗化，以及二十世紀反殖民主義運動等波瀾刷洗以後，已經苟延殘喘。到了二〇〇五年，這個時代已經可說名存實亡：歐盟不想在其憲法裡提到「基督徒」一詞，此舉無疑為它提上了墓誌銘。

儘管如此，請別誤認為我定義的教理時代就是一段「黑暗時代」；因為正如我們所看到的，這整整一千五百年仍有一些基督宗教運動和個人，繼續把信仰和聖靈當作生活的基本原則。當時一般人絕大多數都是文盲，即使他們聽到教堂內祭司在吟誦經條，也不懂拉丁語。對基督的信心就是他們的指路明燈，盼望神的國度則是激勵自己的力量。大多數人沒有經過太多的思考，就接受了教會的官方信規；也有許多人熱衷於宗教慶典與節日、對聖徒的故事津津樂道，卻視那些信規為無物。羅拉德派（Lollards）、胡斯派（Hussites）和後來許多思想家如義大利哲學家焦爾達諾·布魯諾（Giordano Bruno, 1548-1600）等許多有識之士，都公開反對教會的一些教條。總而言之，中世紀充斥著許多神職人員所謂的「異端邪說」和「分裂教會」的事情。對許多人而言，「教理時代」同時也是一個對靈性十分重要的「信仰時代」。

現在，我們正準備迎接基督宗教故事的新一章。儘管許多人預測基督宗教會陷入萬劫不復之地，它的傳播與成長速度卻比以往任何時刻都還要快。這樣的發展主要發生在西方世界以外，並且著重希望、靈性體驗和門徒制，也極少強調信條的重要性，更不靠階級體制來壯大繁盛。在我們眼前展開的，是「後君士坦丁時代」。五大洲的基督徒正在甩開第二階段（教理時代）的陰魂，在崎嶇不平的過渡區域中另闢蹊徑，前往一個嶄新的時代。然而，這個時代還沒有一個名稱。

我想建議大家將這個時代稱為「聖靈時代」（或稱為「靈性時代」），但這個詞也不是完全沒有問題。十三世紀時，一名義大利神秘學家菲奧雷的耶阿基姆（Joachim of Fiore, 1132-1202）第一次提出這個詞，並開創了「三位一體」的全新學說。他說，過去已經經歷了聖父（舊約聖經）和聖子（教會）的時代，現在即將進入「聖靈的時代」（Age of the Spirit）。耶阿基姆宣稱，這個新的天啟要人們在生活中與神直接接觸，因此宗教體系的重要性將會大幅縮減，博愛精神將成為主流，而且異教徒也將與基督徒團結一致。

耶阿基姆至死都是一名虔誠的天主教徒。但他死後有一部分追隨者卻變本加厲，宣稱新時代已經來臨，神父或聖事禮儀將來都沒有存在的必要。他們還主張，這個時代將是最後一個時代，世界末日很快就要來臨，甚至還給末世之日設定日期。不用說，體制本身當然不樂見自己被排除在教會未來的計畫外，而世界也沒有走到盡頭。最後，就在耶阿基姆去世六十多年後，羅馬教宗亞歷山大四世（Alexander IV）掌權的教會宣佈他的思想為異端。

名稱的由來

菲奧雷的耶阿基姆與他的追隨者們——尤其是後者——顯然沉浸於世界末日的想法無法自拔，而預言世界末日一直都是個危險的主張。儘管如此，他關於「聖靈時代」的想法或類似的觀念，始終讓人著迷不已。每個人心裡都住了一個關不住的理想主義者，或是懷有烏托邦的美好想像。無論如何，我都希望目前我們似乎正在進入的基督宗教新階段，不會是最後一個階段（之後可能還有非常多的不同階段），但我更喜歡把這個階段看作「聖靈時代」，理由如下。

第一個原因，幾百年來的基督徒都聲稱「聖靈」和三位一體中其他兩者一樣神聖，但現實中聖靈卻經常被忽略，或是由於太難以預測而讓人感到害怕。聖靈如同〈約翰福音〉（若望福音）3章8節所描述的，好比「風隨意吹動」一般、聽得到卻看不到，是難以掌握的概念。但在現代世界中，某些最活躍的基督宗教運動，正是從這樣一個捉摸不定的神性得到溫床。聖靈不受宗教機構羈絆的固有特徵，依然困擾著那些高層神職人員。但這也激勵了在過去所謂「第三世界」（現在已被當地居民稱為「南半球」）地區的基督徒，發揮聖靈的精神體會其他宗教的神是如何與他們信徒同在。隨著越來越多女性坐上了基督宗教的領導位置，「聖靈」也成為許多人講到神性的首選方式。基督宗教中，目前成長最快的是那些強調聖靈來自直接體驗的派別，例如靈恩派（Pentecostalism），而且在貧瘠的地區發展得更快。幾百年來被刻意打壓、終至被消音的靈性，現在終於破繭而出、上演遲來的「王子復仇記」戲碼。

第二個原因，有些人過去曾稱自己是「有宗教信仰」的人，現在卻想和傳統的宗教機構或教義保持距離、改稱自己為「有靈性生活」的人。這種人現在是越來越多。他們常說：「我是有靈性生活的人，不過我沒有宗教信仰。」但這又是什麼意思呢？教會領袖和神學家常躲在模糊的「靈性」後面，這詞帶有悠久的歧義和爭議歷史；在早期的基督宗教氛圍下，人們提到耶穌後會再說自己「被聖靈充滿」。幾十年後，「靈性」一詞就漸漸被用來指涉信仰的主觀層面，以和客觀的教義做出區隔。它講的是一種生活方式，而不是一套理論架構。後來，在羅馬天主教的定義裡，「靈性」則標誌了在宗教戒律中實踐信仰的不同方式。譬如，講到靈修方法時，會有人明確區分出是耶穌會士的「依納爵靈修」（Ignatian spirituality），還是「聖衣會靈修」（Carmelite spirituality）或「方濟會靈修」（Franciscan spirituality）。

但是，「靈性」這個字眼有時也相當具爭議性，尤其是在中世紀時期，很容易觸及當局敏感的神經。就像耶阿基姆發起的運動、強調與上帝或聖靈直接接觸獲得體驗、聖禮或教會階層體制並無存在必要一樣；這些人當中，更有人明確表達出對教會機構的不滿，像女性發起的團體「貝居安女修會」（Beguines），甚至還有神職人員帶頭反抗。譬如說，道明會（Dominican Order）的艾克哈特大師（Meister Eckhart, 1260-1327）就告訴教友，靈魂是上帝的火花、必須不斷滋養，直到充滿了愛、與神聖完全共融為止。他並未抨擊那些刻板的教會慶祝儀式，但他認為這類活動的價值十分有限。艾克哈特大師死後沒多久，教宗若望廿二世（John XXII，於一三一六至一三三四年擔任教宗）即宣布他的思想為異端。

然而，這種打壓並沒有澆熄反抗的火焰。艾克哈特的學生、同時也是道明會信徒約翰．陶勒（John Tauler, 1300-1361），更進一步公開譴責教會太過依賴表面的浮誇儀式。聖方濟去世後不久，出現了一個「屬靈方濟會」（Spiritual Fransicsans），他們力行聖方濟的教誨，宣導聖靈可以在大自然中找到（也就是所謂的「太陽兄弟」和「月亮姊妹」），但他們同時也鼓吹反對財富以及制式教會的力量。最終，他們大多數遭到驅逐，還有些被燒死在火刑柱上。數百年後，西蒙娜．薇依發現教會體系對靈性的追求不但不太有益、反而更像一道障礙；德日進（Pierre Teilhard de Chardin，1881-1955）是二十世紀最有遠見的天主教神學家，他則將整個宇宙歷史的進程設想成「靈性化」（spiritualizaiton）的過程；而德國牧師潘霍華（Dietrich Bonhoeffer, 1906-1945），被蓋世太保關進集中營的牢房時，也沉靜地寫出他所謂「非宗教的基督宗教」未來，會將基督宗教從教條的禁錮中解放出來。這些人物都以不同的方式，成為揭開今天「聖靈時代」序幕的先驅。4

「靈性」的意涵

今天，「靈性」的意涵和過去一樣，可以泛指各種不同的東西；最起碼它可以是個模糊、空洞的自我反省。對於某些人來說，靈性可能僅僅是一種癡迷於自我思考的行為，是從這問題重重的世界中抽身的迷藥。在時尚雜誌裡，你常能看到一些標榜「重塑靈性」的精緻廣告，慫恿你用優惠價格挑個週末前往某個豪華水療中心，就可以泡泡桑拿浴、接受足療，還有一位大師可以協助你紓解工作帶來的艱難壓力。但對其他人來說，「靈性」可能代表冥想、祈禱或瑜伽等任何一種可以加深社會參與度的靈修法。最近，有位名叫賽斯．瓦克斯（Seth Wax）的研究者對來自八個不同專業領域、總共一百零五位自稱「有靈性生活」的人士，進行了訪談。他發現，這些人認為自己所具有精神上的「靈性」，確實幫助他們更專注於完成工作、設定更高的目標，因而增進了自己對工作和社會的責任感。[5] 顯然，不同形式的「靈性」，既可能導致自我放縱，也可能加深社會參與度，但制式宗教又何嘗不是如此？

最近的許多研究都指出，宗教和靈性的衝突、甚至是靈性與世俗之間的衝突，並沒有一些人所想得那麼尖銳。今天，人們可以在這幾條界線上來回游走，而不感覺矛盾。他們把「靈性」的態度和修練法帶進信眾當中，也懷著信仰價值觀走向俗世。他們發展出研究人員所謂的「概念集成」，這種集成包含了來自所有重疊領域的元素，而且元素在各領域之間都能不斷互通。神職領袖經常反對那些宗教、靈性和世俗三者邊界模糊的做法，但這種集成的趨勢會讓那些邊界的滲透性越來越高。

像馬鞍峰教會（Saddleback）和柳溪社區教會（Willow Creek）這類成長快速、組織

4. 請參見Kieran Flanagan and Peter C. Jupp, eds., *A Sociology of Spirituality*（Burlington, VT:Ashgate, 2007）.
5. Seth Wax, "Placing God Before Me:Spirituality and Responsibility at Work," in Howard Gardner, ed., *Responsibility at Work*（San Francisco:Jossey-Bass, 2007）, pp. 133-34.

龐大的「超級教會」，在如此局面下的前景又是如何呢？當你走進馬鞍峰教會，迎面而來的就是巨大的電視螢幕，還有背景音樂、咖啡吧，你還可以選擇不同的音樂「攤位」，簡直像在商場裡逛街，而不是走進一座大教堂。而且，這種教會的建築理念是橫向發展的，而不是縱向的，幾乎完全抹滅戶外和室內的界線。目前，這樣的教會多達四百個以上，總教友數超過一萬人；他們**並不是**基本教義派。他們崛起的真正秘密，就是像蜂巢裡的蜂窩一樣，以數百人為一個小單位，一起讀經、禱告和行動。

社會學家胡夫勞（Robert Wuthnow）估計，百分之四十的美國成年人隸屬於教會內或外的一個小型團體，而許多加入的原因是想要擁有歸屬感，並「亟欲加深自己的靈性生活」。他並補充，這些小團體「用團體內發展出的**隱性規範**取代明確的信條和教義，來重新定義神聖性……」。雖然他對這類軟性神學觀念的態度有所保留，但他還是歸納出一個結論，那就是許多在傳統宗教背景下長大的人，現在「覺得有必要找一群人分享並討論自己的宗教價值觀。結果……他們感覺更接近上帝，更能好好禱告……更有自信，也更能在待人處事中實踐愛、寬恕、謙卑和接受自我等靈性原則。」[6]

動感的佈道和亞洲式靈修吸引的人數與日俱增，說明了當代和往昔一樣，宗教吸引多數人的元素依舊是體驗，而不是教義。視神秘主義為大忌的宗教領袖們，對這個做法自然感到十分憂心；例如，梵蒂岡當局警告天主教徒提防瑜伽課存在的危險性，正是重申了這樣一種傳統的戒心。不過必須注意的是，幾乎目前所有的「靈性」運動和修練，或多或少都是從許多歷史悠久的宗教傳統中衍生出來的。此外，過去教會所譴責的支派，最終都會被迎回母親的懷抱，這樣的事情今天也屢見不鮮。在印度和日本，天主教神父盤腿進行亞洲式的靈修；在美國，人們魚貫進入教堂地下室參加太極課程。而本篤會修士為了因應亞洲式靈修的挑戰，也開始向一般人提倡「歸心祈禱」（centering prayer），這是一種默觀靈修法，但不久前才剛被教會當局打上懷疑的記號。

「靈性」可以代表許多東西，但有三個原因使得這個詞用途如此廣泛。第一，它仍然是一種沉默的抗議形式——靈性反映了一種對「宗教」、特別是基督宗教的普遍不滿，因為它們往往先被宗教機構化約為神學懶人包，然後才裝箱、挨家挨戶送到每個人手上。第二，它好比向大自然複雜性致上敬畏之意，這樣的複雜性對許多人來說是人類存在的要義，但用它致敬又不會被迫套用現成的宗教模式。第三，它認可不同傳統間日益寬鬆的邊界，而且就像早期的基督宗教運動一樣，它放眼未來而不是沉溺過去。至於各種新

6. Robert Wuthnow, *Sharing the Journey:Support Groups and America's New Quest for Community*（New York:Free Press, 1994）,pp. 18, 345.

興的靈性型態，是否能發展出足夠的熱情和凝聚力來行義呢？這仍是一個待解之謎。然而，「靈性」一詞的用途也標誌了一種動盪的過渡狀態——背後是行將結束的「教理時代」，眼前是尚未完全來臨的「聖靈時代」，而我們目前正在經歷兩個時代間的過渡期。

將基督宗教以這種三階段時代歷程來理解，能幫助我們對今日週遭生活中各種莫名其妙的宗教紛爭有更深入的理解。這種分段方式讓我們看清，某些人斥為偏差或無稽的創新，通常都曾是基督宗教接受的元素，只是這些元素卻又在某個時間點被拋棄了。而對於用各種方式理解自己信仰的人來說，這種分段方式也讓他們瞭解自己是真正的基督徒，還揭露了基本教義派（即下文的基要主義）有多麼扭曲。

基本教義派的衰微，其實並不是件太令人惋惜的事情。基督宗教的「基本教義派」即「基要派」（Foundamentalism），這個詞是二十世紀初由一群基督教新教徒所發明，他們編列了一系列絕不能妥協的神學觀念，然後他們堅決表示將捍衛這些「基要守則」，以對抗基督宗教內部開始蓬勃發展的新型信仰模式。衝突一旦浮上檯面，往往也就越演越烈。一九二二年，哈利．富司迪牧師（Reverend Harry Emerson Fosdick, 1878-1969）曾做過一次著名的講道，名為「基要主義者會贏嗎？」。在過去某些世代，他們似乎真的有機會獲得勝利，但現在他們居於劣勢，只能一路挨打。舊時代的鬥爭至今仍在上演著，而基要主義也依然故我，不斷貶損信仰、頌揚信念。但是，由於「聖靈時代」更接近「信仰時代」而不是「教理時代」，當代的競爭條件已然生變。今天的氛圍比較像早期基督宗教剛崛起的時代，而不像中間那一千多年基督宗教帝國的主流風氣。

我的靈性進化史

用三段式法則來看基督宗教歷史，對我而言也是一種奇特的回顧。生物學家常說「個體發育史重演系統發育史」，也就是說個人的發展會重複物種整體的演變過程；而我自己的靈性生活進化，也遵循同樣的軌跡。

我的第一個時代、也就是「信仰時代」，在我孩提時代早期就已經開始。我像許多在新教家庭長大的孩子一樣，最早領會到關於成為基督徒的概念是當個「耶穌的跟隨者」。不用說，祂是一個非常難以仿效的榜樣，但至少這個目標是很明確的。由於浸信會沒有教義信條，所以多年後我才聽說過這種東西的存在。十四歲時，我受洗並加入教會。一如事先演練過的，我站在水深及腰的洗禮池裡，然後告訴在場的教友，我已經接受耶穌作為我的主，並會努力成為祂的弟子。隨後，牧師輕輕把我壓入水裡，然後把我拉起，水花四濺。我和其他方才「過約旦河」的年輕人們一起進入主日學校的房間，讓執事幫我們擦乾、換掉濕透的衣服，然後再重新回到觀眾當中，接受歡迎並正式成為大家的一份子。那時我還不知道「成年禮」這個說法，但日後我回顧這段經歷時，的確像是一場難忘的成年禮。受洗以後，我認為自己始終在嘗試成為耶穌的追隨者，雖然並非總是稱心如意。這個階段一直維持到我上大學的第一個學期。

然後，事情開始變得不一樣了。在進入賓州大學就讀大一的幾個月後，我發現自己常常在宿舍裡與他人舌戰，而且每次都耗時甚久；與我辯論的人之中，有些是不可知論者或懷疑論者，也有些人是天主教徒、長老會信徒和聖公會信徒。我開始發現，這些信徒擁有所謂的「信條」。此外，我甚至還碰過保守新教福音派和基要主義者。某次，他們其中一人直接問我是不是基督徒，我回說是，而且我想追隨耶穌。結果他直直盯著我看，再問：「那你相信代贖的觀念嗎？」當時我並不清楚那是什麼，而且那段時間我過得不太好，也很擔心自己的信仰可能會是個致命的缺陷。我開始想，也許一個「真正的基督徒」不得不去相信一套關於上帝、耶穌和聖經的特定想法。這就是我的準基要主義階段，在後面的章節我會再回顧這個階段。對我來說，這個階段就像基督宗教在西元第三或第四世紀開始的「教理時代」；我也像當時的教會開始添增教義一樣，在這個階段補充了很多東西，也不後悔這個階段成為我人生旅程的一部分。但我最終仍必須跨過這個階段，繼續往前。

我個人的「教理時代」和教會的有所不同，並沒有持續一千五百年，而是大約兩年就結束了。我在歷史課裡開始讀到關於信經和教義，曾出現無止境的爭論，這些爭議翻攪基督宗教如此之久；我選了一門世界宗教課程，更讓我發現我自己的信仰只是所有眾多信仰中的一道脈絡而已。我也和幾名同學成了朋友，雖然他們不特別關心自己的論點從教義方面來看是否正確，但在我看來，他們示範基督徒生活的方式比某些緊繃的基本教義派來得好。到了大學四年級，我已經開始了漫長的過渡期，準備朝向我的第三階段邁進。然而，有很長一段時間我一直無法真正釐清信仰和信念之間錯綜複雜的關係。

直到幾年前，某次有個朋友和我閒聊時，形容自己是「實踐但並不一定相信教義」的基督徒。這番言論讓我很困惑，但也開始釐清在我個人信仰和我對宗教與神學想法間增生的種種謎團。他的言論其實指出了一點：描述基督宗教時，用「相信」和「不信」的二分法是具有誤導性的；用這種方式理解基督宗教或其他宗教，都會不得要領。

一九九五年，我在義大利米蘭聽到了迄今我認為最大器的評論。當時，我應馬蒂尼樞機主教（Carlo Maria Martini）之邀，出席他所謂的年度「非教徒專題講座」之夜，並發表演講。事前，我不知道會是什麼樣的場合，後來到場以後發現真是星光閃閃：在一個華麗的大廳內，坐滿了一群穿亞曼尼（Armani）和普拉達（Prada）名牌的聽眾；我就座後，身長六呎的馬蒂尼樞機主教才登場，他身披鮮紅長袍、頭頂黑色四角帽，全身都是樞機主教的行頭。他首先致詞歡迎所有觀眾，然後接著說，雖然這是一場辦給「非教徒」的活動，但他沒有任何暗示出席者的意圖。「相信與不信之間的界線，」他說：「貫穿我們每個人當中，包括身為主教的我。」

信與不信的界線

稱呼自己為「實踐但並不一定相信教義」的基督徒，就是承認任何有信仰的人，一生都會面臨確定感和不確定感交雜的時刻。二〇〇七年八月，《紐約時報》（*New York Times*）報導，德蕾莎修女（1910-1997）在她的書信集《來作我的光》（*Come Be My Light*）中坦承，自己多年來對神的存在懷有不安的疑慮，就算在加爾各答傾盡全力扶弱濟貧時也是如此。[7]她這番表白引發了一波批評聲浪：她是個偽君子嗎？她是否一直都在不斷偽裝？但在一片沸騰的輿論裡，有個名叫克麗斯塔．休斯（Krista E. Hughes）的學生，在讀者來信中提出了一段有說服力的評論。「德蕾莎修女的一生，」她寫道，「在生活層面體現了信仰的意義。在今天這個用辭彙而非生活方式界定基督宗教認同的社會裡，是我們最需要的榜樣。我們是不是應該翻轉觀念呢？」[8]

停止誤用「信念」來定義基督宗教，還有一個好處；這麼做能讓你更瞭解，那些自稱「不信者」的人也會不時懷疑自己的不信，而「信徒」也會經歷類似的波動。信念總是來來去去，發生變化，成熟或褪色。十歲、五十歲或七十五歲的人，他們擁有的信仰模式也都各不相同。談到基督徒的一生時，如果重點放在信念而不是信仰，那就是個根本的錯誤。幾百年來，我們都被神學家給誤導了，認為唯有全心全意地相信神學家們從教義中抽出的無數支離破碎的信條，才是「信仰」。但事實並非如此。

第一次意識到這一點的感覺，有點像是天降甘霖的解放。在我年紀很小的時候，我就常常深切懷疑自己是否「相信」教會教導我們的東西，或某些我在聖經裡讀到的段落。上帝真的讓太陽停住，好讓約書亞（若蘇厄）可以繼續戰鬥嗎？耶穌真的把水變成酒、在海上行走嗎？馬利亞真的是處女嗎？但現在我知道，就算這些童年的疑惑依舊使

7. Mother Teresa, *Come Be My Light*（New York:Doubleday, 2007）.
8. *New York Times*, September 3, 2007, p. 16.

我掙扎，我卻從未「失去信仰」。不知怎的，我的本能就是告訴我，信仰是一件比信念更深刻的事情。於是，不知從什麼時候開始，我幾乎是下意識地踮起腳尖，緩緩邁向我個人的「靈性時代」。這個變化就像生活中發生的重大變化一樣，並不是突如其來的，而是經過了一段時間。過了許久，我才開始將這樣的領悟應用在思考宗教研究和神學上。

我成年以後的人生道路上，則有各種經歷持續輕推我在這條路上前進。我遇過許多其他宗教的信徒、特別是佛教徒和印度教徒，他們教導我一件事情，那就是我們使用「信念」這個詞的方式，並不存在他們的信仰詞彙中。事實上，世界上其他主要宗教當中，沒有一個有所謂的「教義」。即使是基督宗教的一個近親——伊斯蘭教，也只期望其信徒肯定「萬物非主，唯有真主；穆罕默德，是主使者」（清真言）。在所有這些傳統裡，宗教的意義和輕信教義完全不同。我的妻子是猶太人，這讓我有難得的機會以「同路人」的身分參與他們的儀式和傳統節日（以及品嘗食物）；我也因而更瞭解她的信仰與我自己的信仰，這些都是我以前從沒機會體驗的（猶太拉比畢竟也是耶穌的身分之一嘛）。猶太人總是說，要理解他們的宗教，最好的方式不是將之當作信條，而是當作一種生活方式。慢慢地，我開始明白這對我的宗教也同樣適用。而在新約聖經中，最早用來描述它的詞是「道」（The Way）。9

就在我意識到基督宗教不是教義信條、信仰是身體力行而不是朗誦格言時，一切都變得不一樣了。我開始用一種全新方式看待我遇到的人。我最敬佩的人當中，其中一些是傳統意義上的「信徒」，但其他人則不是。例如，在公民運動和越戰抗議活動中，與我一起上街示威遊行、甚至一起被捕入獄的人，既有「信徒」也有「不信者」；但是，我們卻有一樣的視角，從一樣的牢房鐵條後方向外望去。這也使我聯想到信念導向的傳統基督教觀念中，區隔山羊和綿羊的方式存在多大的謬誤。但是，根據〈馬太福音〉（瑪竇福音）25章31～46節，耶穌也反對這類預設的立場，祂接下來所說的話，更是震驚了祂的聽眾。祂堅定地認為，被迎入神的國度的人——那些為赤身露體者穿衣的人、濟貧賑飢的人、探望囚犯的人——並非都是「信徒」，而且有些甚至沒意識到自己正在實踐祂教導或示範的信仰。

就在基督宗教跌跌撞撞、但勇往直前地跨入了一個歷史性的新階段，那些走在前端的人最常回顧並尋求靈感和指引的，是那最早的「信仰時代」，而不是介於中間的「教理時代」。這並不奇怪。第一個時代和第三個時代，兩者之間有著驚人的相似之處：在第一個時代，教義還並不存在，而現在這些教義的重要性正在逐漸消滅；階層體系在第一個

9. 請參見Paul Borgman, *The Way According to Luke*（Grand Rapids, MI:Eerdmans, 2006）.

時代也還沒出現，而今它們可是搖搖欲墜。信仰作為一種生活方式或一盞指路明燈，再次用它原本的方式定義出基督徒的特徵。神聖性的**經驗**，正在取代神聖性的**理論**；這也難怪，亞洲和非洲的新興基督教會氣氛，給人的感覺更像是一世紀的哥林多（格林多）或以弗所（厄弗所），而不是西元一千年的羅馬或巴黎。早期基督宗教和今天的新興基督宗教，兩者有極大的雷同之處。現在，我們就來看看這種戲劇性的變化如何、為何會發生，並探索這樣的變化對二十一世紀基督宗教和其他宗教又帶來什麼樣的意義。

Chapter 2

敬畏、驚嘆與信仰

愛因斯坦與掐熄的蠟燭

THE FUTURE OF FAITH

一九三〇年，紐約的美國猶太社群領袖赫伯特．戈德斯坦拉比（Rabbi Herbert S. Goldstein，「拉比」為猶太人的人生導師），給愛因斯坦發了一份電報。拉比劈頭就問：「你信上帝嗎？回電費已付。最多五十字。」

之所以會有這通電報，是因為愛因斯坦此前曾披露自己一直以來都「有信仰」，這讓他的許多科學家同事們大感驚愕，也讓輿論一時喧嘩。他是這麼說的：

> 神秘感正是我們可以體驗到最美好的情感。催生真正藝術和科學的基本情感，便是對神秘的體驗。誰要對這樣的情感不再有好奇心、不再有驚訝的感覺、或是渾然不覺，那他無異於行屍走肉，像一枝掐熄的蠟燭。感覺到萬物背後那種心靈無法掌握的存在，它們的幽微與美麗只會間接觸及我們——這就是信仰的意涵。在這個意義上、也只有在這個意義上，我是個具有虔誠信仰的人。[1]

最近有些作家鍥而不捨地重彈十九世紀就已結案、反對宗教的落伍「科學」論證的老調。但值得注意的是，二十世紀最偉大的物理學家對這個主題竟擁有截然不同的想法。愛因斯坦似乎認為自己是個「有虔誠信仰的人」，他承認科學的優勢和侷限性，也肯定神秘感在人生中有著舉足輕重的角色。不過，請別急著將這位發現質能轉換公式（E＝MC2）的大師扣上傳統宗教信徒的帽子。我不認為愛因斯坦的回答讓戈德斯坦拉比滿意，因為前者只用不到五十字就打發了這個問題。愛因斯坦告訴拉比，讓他傾心的，是哲學家史賓諾沙所謂的「在萬物和諧秩序中彰顯自身的上帝」，但他並不相信「干涉人類命運和行為的上帝」。[2]

信仰，始於敬畏之情。敬畏之情的起點，是所有人類對當頭籠罩的神秘面紗所生的驚嘆與畏懼的混合情感。但只有將某些意涵賦予神秘性，敬畏之情才會變成信仰。而我們每個人彼此之間又存在如此巨大的殊異，使用的語言和符號都隨年齡和文化各有不同，我們賦予的意涵必然也不相同。所有的宗教和文化，都是對同一種原始奧秘所做的回應，但每種宗教或文化卻都各有自己的領受與回應方式。

美國小說家芙蘭納莉．歐康納（Flannery O'Connor, 1925-1964）曾經寫道，神秘感對現代的心靈來說，是非常尷尬的。這完全可以理解，但更令人想不到的是，讓「神秘」一詞的使用又活絡起來的是一個科學家、一個非常「現代」的人，而不是神學家。如果

1. 引自Walter Isaacson, "Einstein and Faith," *Time*, April 16, 2007, p. 47; 此文多處引用Walter Isaacson的著作 *Einstein*（New York:Simon & Schuster, 2007）.
2. Isaacson, "Einstein and Faith."

生在今天，愛因斯坦可能像前一章提過的那位仁兄一樣，形容自己「有靈性生活但沒有宗教信仰」。

還有另外一個原因，足以說明愛因斯坦的神秘電報為何預示了「聖靈時代」正在崛起。這封電報提醒我們，面對大自然的美麗和浩瀚時，我們心中升起的敬畏之情，有多少已經被冰冷、客觀的科學，以及宇宙觀中過度偏重「人類」的宗教給侵蝕、吞噬。新的靈性（常由女性所引介）的其中一個特色，是回歸季節性的儀式，並將人類視為自然過程不可分離的一部分。愛因斯坦的觀點也有助於釐清敬畏之情、信仰和靈性之間複雜的交互作用。敬畏之情是一種基本的、近乎**普遍**的人類情感。一個人要是感受不到這種情感，用愛因斯坦的話來說就是缺少人性。

但另一方面，我們面對那些能激起心中敬畏之情的事物時，產生的人性反應便是信仰，而且因人而異、因文化而異。靈性，正如字面所見的意思，是個意義含糊的詞彙，但其意涵往往是反抗被信念綁死的宗教。面對猶太拉比的誘餌（「你**相信**上帝嗎？」），普林斯頓大學的哲人拒絕上鉤，這再度點出把敬畏之情或信仰貶低為「信念」是多麼愚蠢，也能解釋為什麼「靈性」的重新登場是為了反抗這種扭曲的舉動。

敬畏之情

愛因斯坦傳達的訊息，還能引領我們接觸另一個近年來未得到足夠重視、卻很扎實的宗教思想學派。一九一七年，一位名叫魯道夫·奧圖（Rudolf Otto）的德國學者發表了一本書，名為《論神聖》（*Das Heilige*）。這本書對神秘感進行了深刻的檢驗。這種神秘感和愛因斯坦後來提到的神秘感相同，也一度被心理學家威廉·詹姆斯（William James, 1842-1910）稱為「海洋感受」（oceanic feeling）。奧圖的書被翻成英文時，標題卻被誤譯為《神聖的理念》（*The Idea of the Holy*）。然而奧圖這本書可不是關於任何事物的「理念」，而是關於敬畏或驚嘆之情的**原始經驗**，並非對這些感受的任何理念。

奧圖創造了一個拉丁片語：「顫慄又迷人的神秘」（*mysterium tremendum et fascinans*），它結合了敬畏之情投射的對象（即神秘），以及敬畏之情引起的反應：既恐怖（因而顫慄）又迷人。當然，一定有人聲稱自己從來沒有經歷過這類的感受，而愛因斯坦稱呼這種人為「掐熄的蠟燭」，如同行屍走肉。不過，他的評語可能有點太苛刻了，我自己對此的態度就像看待色盲或音盲一樣，可能有朝一日大腦研究專家就會發現人腦中激發敬畏之情的部分，然後發現某些人的頭腦在這個部分開發不足。懷有敬畏之情的能力，會不會哪天會像增進記憶力或敏銳度一樣，得用藥物來增強呢？

但與此同時，我們也需要找到一種方法（無論多麼貧乏）講述敬畏之情，更重要的是講述「什麼」喚起敬畏之情，因為敬畏之情是主觀的情感。我們用很多不同字眼描述喚起敬畏之情的「他者」，但這些字眼最後還是過於貧乏，都未能竟全功。儘管如此，由於人類是使用語言的物種，所以就算我們知道無論用什麼字眼來形容都會功虧一簣，仍然必須去嘗試；這就是為什麼愛因斯坦選擇的「神秘」一詞是如此有用。一件神秘的事情和一個問題可是兩回事，問題可能終究還是有人去解決。

但是，愛因斯坦所指的神秘並非我們會在阿嘉莎·克莉絲蒂（Agatha Christie）或詹姆絲（P.D. James）的推理小說中罪犯總是會被揪出來的那種謎團，一件奧秘不是人可以解決的。奧秘是與我們共存的東西，人們也會發現這種神秘感會以不同方式觸動他們的內心。愛因斯坦主要的神秘感體驗，來自於他所領教的自然世界的複雜性，但人們也會在其他地方體會到神秘感，甚至有很多人會在不只一處體會到。就像愛因斯坦一樣，人們對宇宙的浩瀚與複雜驚嘆不已，但人們也會在遭遇他人或反躬自省時，體會到神秘的感受。

宇宙的奧秘首先能震懾我們的，是其遼闊浩瀚的程度：宇宙是否具有邊界或終點？

在宇宙之外還有什麼？時間的難題，也讓許多人百思不得其解：時間何時開始，在開始之前有什麼？時間會不會結束？如果時間結束的話，會發生什麼事情？即使他們已經瞭解時空連續體（space-time continuum）是「有限但無邊界」的，這個難題依舊沒有得到解答。此外，我們遠古祖宗開始直立以後，就免不了思索另一個無法迴避的疑問：宇宙對人類的歷史來說，態度究竟是友好、敵對，或者單純無視呢？

在漫長的演化過程中，我們的祖先在某個時刻意識到自己總有一天會死去，這更是加深了神秘性。無論其他高等動物有多麼聰穎——黑猩猩會使用工具，海豚具有初步的語音能力與表達同情的能力——但只有人類會在放置死者遺體的地方做記號，起初只用一小堆石頭。他們已經試圖從神秘當中挖掘出意義，這樣的舉動讓他們和其他動物有所不同。意識到自我的死亡，讓生命意義的疑團浮上檯面，最終孕育了哲學、宗教和文化。但謎團依然存在，每個深思熟慮的人最終都必須面對這個謎團引出的、使人感到恐懼的命題：我是什麼？在萬物中我們又是什麼？

愛因斯坦說得對，宇宙的奧秘始於敬畏之情。但突然間我靈光一閃，我發覺自己是這整個大環境不可分割的一部分，然後開始尋思這代表了什麼意義（如果有意義的話）。雖然人類在兒童期就會開始進行這類冥想，但它們卻引領我們一窺那無法忽視的宇宙「奧秘」，以及思索人類在其中的位置。人類在這些疑問中掙扎，已經催生出偉大的藝術、音樂、詩歌與文學，有拉斯科（Lascaux）洞穴壁畫，也有莫扎特的《安魂曲》（*Requiem*）。要抑制這些掙扎的欲求，「成長」不會是一個好方法，而是要回歸到懵懂的「前人性」（prehumanoid）狀態，但如此一來我們也將枯槁成一支掐熄的蠟燭。

同樣地，也有些謹慎的人主張，既然這些問題基本上無從回答，那就不應該再繼續追問了。但是，我們永遠不斷地追問，這又代表什麼意思呢？光是我們會持續追問，就說明了一些關於智人的重要事實；而這些問題的棘手程度，也展示了科學能回答的限度在哪裡，以及科學家也認同科學無法、且不應期待科學回答的問題。這些問題提醒我們，正如愛因斯坦所說，是「感覺到萬物背後那種心靈無法掌握的存在，它們的幽微與美麗只會間接觸及我們」。

有些人對這些問題不當一回事、覺得「沒有意義」。這雖也稱得上是一種用心良苦的心態，但我們**的確**不斷地在思考、提出疑問——即使我們很清楚，比起科學問題的答案（也可能永遠都是暫時的答案），這些問題是永遠不會有「答案」的。這就是為什麼「奧秘」是比「問題」更適合的名稱。

如果在遙遠的未來，整個世代的人都停止追索這些命題，那他們看起來會越來越像科幻小說中的人形機器人。我們之所以是人類，不只是因為我們覺得自己是時空連續體的一個組成部分（雖然是微不足道的一部分）並且會問：「這是什麼意思？」也是因為我們不懂為什麼自己就是忍不住想問。用學名定義的話，人類應該也可以被稱為「追問人」（*Homo quaerens*），因為我們是如此固執的生物，會不斷問為什麼，再問為什麼自己要問為什麼。

於是乎，宗教在人類的演化中逐漸佔有一席之地。人類的創世神話，譬如吉爾伽美什（Gilgamesh）史詩、阿茲提克人（Aztec）的創世神話，或聖經〈創世記〉的第一章，主要內容也不是回答關於「如何」或「何時」的問題。儘管這些故事用詩意的語言撰寫、從字面上看來（這絕對是個錯誤）很像是科學性的解釋文字，它們仍然不算科學；相反地，這些故事就在同一個時間試圖在下面兩個相關的奧秘中理出頭緒：「為什麼」有一個宇宙，以及「什麼」是我們身處其中的位置。千百年來，人類不斷在塑造這樣的故事。這些故事不應拿來和演化論或弦理論（string theory）進行比較，它們更像抒情的大合唱、符號的交響樂，多年以來人類藉此嘗試瞭解自己在世上的位置。但是，這些古老的敘事放到今天，又該如何看待、檢視呢？

失落的神話內涵

說到這裡，信仰和信念之間的區別就是不可或缺的了。假如只看字面意義，這些故事「不值得相信」。它們比較像是人類試圖從奧秘中擠出一些意義的加工品。這些故事本身並不是奧秘，而是試著為人類面對奧秘時找一個合適的位置。而信仰並不代表「相信」任何一個創世神話，神話敘事都是人類使用的一種工具，象徵了人類探索奧秘的嘗試。

有時候，有人會提醒我們應該把這些粗糙的老神話丟到一旁、沒有這些神話會讓我們變得更好，但我不同意。我們反而應該承認並讚賞這些神話本身的價值，這些神話是非常寶貴的提醒：雖然從許多方面來看，我們和幾千代以前的老祖先的確很不一樣，但我們真的沒有那麼獨特。誠然，哈伯太空望遠鏡、改變情緒的藥物、電腦斷層掃描、雷射手術還有網際網路，在在讓我們獲益良多，這些的確都是老祖先所沒有的。但是，思考穿著獸皮在洞穴繪畫的祖先，以及他們那些編撰《法華經》、繪出〈最後的審判〉的後人時，我們現在仍然一樣無法參透那些非常根本的模糊性，依舊努力在一片未知的領域中尋找突破口。

但是，現在出現了一個兩難的情況。今天，這些我們用來尋找意義的華麗神話以及操演它們的儀式，在道德上和知識上已經變得令人困惑。大部分的誤解，是由於宗教領袖（特別是基督宗教的宗教領袖）已把神話的內涵貶值成為各種教義、主張或偽科學理論，並吩咐人們要加以「相信」。但是，這種「象徵性的字面解釋」，會造成一些至關重要的元素在上述的轉譯中佚失。讓符號莫名其妙地嬗變成一種「客觀事實」，是十分不明智的，因為它已給許多有思想的人創造出一道龐大的信仰障礙。這不但無法協助他們面對無法參透的奧秘，反而有效地阻止他們思考。烏納穆諾筆下那位較真的返鄉青年正面臨了同樣的情況，但牧師知道背後的真理：年輕人縱然對宗教教義、甚至對上帝打從心底懷疑，仍不影響他禱告或擁有信仰的資格。那麼，我們對從各種宗教傳統中傳承的大量信念和習俗，又該怎麼處置呢？

有些立意良善的神學家認為，基督宗教信徒確實被要求相信太多東西了；要解決這種信念的過度負荷，他們建議最好的辦法就是縮減必須相信的項目，來個去蕪存菁；但究竟哪些該留、哪些該丟，這些專家也拿不定主意。這種做法被稱為「現代主義做法」，但更適合的名稱應該是「刪去法」。這種做法在一些自由派的基督宗教群體當中相當熱門，但很不幸的是，這完全是錯誤的策略。不管再怎麼用心良苦、再怎麼縮減「必信」清單，這種做法只會不斷加強「相信」和「不信」的二分法，而且仍然意謂著有一些事情（雖然減少了些）還是我們「一定得相信」的。

所以，這當然不是辦法。相反地，我們不應該再問自己是否「相信」這些，而是應該好好領略多采多姿的神話、儀式和故事，當作人類的寶貴遺產。就跟科學家在做的事情一樣，我們可以將過往視為基礎，而不是尾大不掉的包袱。如果我們能夠理解，在許多方面我們這些二十一世紀的住民真的沒那麼與眾不同，那麼這種對過去的領會，將可以傳授我們優秀科學家必備的素質、信仰群體的重要屬性、一個成熟人類應具有的理想特質，也會讓我們更謙卑一些。然後，我們方可從那些試圖創造意義、但只有少數成功多數卻失敗的祖先身上記取教訓。我們像遠古祖宗一樣，發現自己身處於一個悠久的人類傳奇當中，試圖達到從未完全實現的目標、為本質上難以名狀的事物命名；正是由於這樣一種努力以及隨之而來的挫折和鼓勵，使我們的祖先和我們自己擁有人性。如果我們永遠放棄這種努力，可能就會成為那曾經綻放光芒、卻只冒出一縷白煙的燭芯。

內在宇宙之謎

宇宙的奧秘被愛因斯坦發現時，它不僅是「就在那裡」，而是無可否認地「一直在這裡」。我們知道自己屬於它的一部分，但是我們到底扮演什麼樣的一部分呢？我們身為「追問人」，不僅想知道關於自己的事情，還想知道自己為什麼要追根究柢。宇宙的奧秘一部分是因為我們覺得這是一個謎，同樣的道理，自我的奧秘一部分便是來自「為什麼我們覺得這是一個謎」。我有什麼資格反思自己，並反思自己對自己的反思？

神學家尼布爾（Reinhold Niebuhr, 1892-1971）在他經典的《人的本性與命運》（*The Nature and Destiny of Man*）作品第一頁就直陳：

> 人往往成為他自己最煩惱的一個問題。人對他自己作何想法呢？……如果（他）堅持認為自己是大自然的孩子、且不應該覺得自己超越動物（因為他顯然就是動物），那麼他無論如何都等於是默認自己是一種奇怪的、具有做出這種假裝的傾向和能力的動物。但在另一方面，如果他堅持自己在大自然中的位置是獨特且鮮明的，並指出自己之所以與眾不同的理性思考能力，那麼他堅持自己獨特就洩露了自己潛意識裡覺得和野獸是近親……此外，光是判斷自身的理性思考能力，就表示你具有一種一般意義下的「理性」無法解釋或定義的超越性。[3]

3. Reinhold Niebuhr, *The Nature and Destiny of Man*（New York:Scribner, 1951）,p. 1.

尼布爾所描述的，其實就是一些人所謂的「自己是個謎」。我們不僅可以觀察自己在思考，還可以觀察正在思考的自己；然後下一步就會像相互反映的多面鏡一樣，開始觀看那些在觀看的人，開啟一片永無止境、令人費解的視野。但我們越是無限地回溯對時間和空間的想法，我們對自己的體驗似乎會變得更難以理解。現代心理學已經透過「身分認同」的概念處理這個兩難命題。身分認同與道德是密不可分的，這似乎是個相當清楚的觀念，就像「我該怎麼辦？」總是與「我是誰？」相關聯。

有一次我教一班倫理學的課，課堂上有位學生自豪地宣布，他的道德生活中的唯一準則就是當個「波洛紐斯主義者」（Polonian）。

「難道你是說阿波羅崇拜者（Apollonian）？」另一名學生問。

「不不不，」他辯解道：「波格紐斯就是莎士比亞《哈姆雷特》裡面那個波格紐斯。你應該聽過他那句名言吧：『不要欺騙自己，然後就像白晝跟著黑夜一樣，你就自然而然地不會欺騙他人了。』」

「對，但這就是問題所在，」另一名學生立即反駁道：「到底誰才是這個我應該真實對待的『自己』？」

這名學生的回答，不僅凸顯了波格紐斯建議其子萊阿提斯的愚昧程度（莎士比亞似乎也刻意讓這名字聽起來很愚昧），更尖銳地直搗黃龍，點出這就是一個「奧秘」的真面目。那個學生和所有人一樣，會繼續問這個「我是誰？」的問題，哪天也可能會找到多少令自己滿意的答案。但找到之後的情況會隨時發生變化，去年的「身分認同」放到今年恐怕將不復存在。這就是為什麼「我」並不是一個可以解決的問題，而是一個只要我們活著就一定會延續下去的奧秘。當使徒保羅（保祿）抱怨道，自己最想避免去做的事情，正是那些他似乎總是在做的事情，而他真正想做的事情卻沒有做（羅馬書 7:15-19）；他其實比多嘴又文謅謅的波格紐斯更接近真相。

自我並不是一個靜態的存在體，而是一片戰場。當然這片戰場也有停戰的時候，甚至可能維持很長久的承平時日，但衝突與混戰的復發是無可避免的。只要我們活著一天，就永遠沒有一個最終的解決之道。而且，這種持續衝突的重要性本身就揭櫫了自己的困境。「內在宇宙」其實和外太空的宇宙一樣神秘，在一些文化裡，譬如說西藏文化，甚至是傾全國之力去探索這個領域。一些西方神秘主義者，如聖女大德蘭（Teresa of Avila, 1515-1582）和法國作家普魯斯特（Marcel Proust, 1871-1922），都在其中投注了大量的心力；精神分析的發明者佛洛伊德（Sigmund Freud, 1856-1939）和他的徒弟們也是如此。我們生活在一個一心向外的文化中，而前述這些人就像無畏的航海家，勇敢深入自我的內河段，他們的冒險心得既令人困惑也鼓勵人心。儘管如此，我們依舊不斷在尋找各種辦法進行這樣的內在朝聖之旅，雖然這樣的做法也被歸類為一種向外探求。長期受觀眾喜愛的電視劇「星艦迷航記」（Star Trek），靈感其實也是來自探索人類的多重維度，只是將背景設定為太空旅程。這便是其吸引力真正的所在：它歷久不衰的原因，就是因為「自我」仍是一個謎，一個我們無法停止探索的謎。

但無可避免的是，向內看就和往外看一樣，會產生焦慮和挫折。創世神話登場後，緊接著的往往是自我毀滅的敘事。在舊約聖經中，伊甸園之後便是亞當企圖成為上帝，以及該隱（加音）謀殺亞伯（亞伯爾）的故事；在古希臘神話中，納西瑟斯被自己在水池中的倒影迷得神魂顛倒，然後在盛怒之下憤而自殺。無論是宇宙還是自我，兩者都挑起了**顫慄而迷人的感受**，而信仰就是關於我們應對上述兩種感受的方式。

他者即奧秘

然而，奧秘的出現還遵循另一種軌跡，那就是「他者」：除了宇宙和自我，我們遇見或一起生活的人也會帶來奧秘。存在主義哲學家兼作家沙特（Jean-Paul Sartre, 1905-

1980）曾描述一個人獨自坐在一間牙醫診所候診室中等待的場景。等候中的男子感到無聊、有點忐忑，然後瞥了一眼牆上的廉價版畫以及桌上略顯破爛的雜誌，再把目光放在髒污的舊地毯上。接著，情況改變了：門開了，走進另一位病人，就在男子面前坐下。一時間，他們都試圖忽略對方；然後他們偷偷摸摸地瞄了對方一眼，但最後他們的目光還是相遇了。現在，從沙特的灰暗觀點來看，一場你死我活的決鬥正式開始了：他們四目相對了一會兒，但目光最後還是飄向遠處。沙特的寓意是，要麼我是你的世界裡的客體，要麼你是我的世界裡的客體；對這位很不快樂的法國思想家來說，沒有其他可能性存在了。

但這是唯一可能的結局嗎？難怪同一個沙特還寫了一部名叫《密室》（*No Exit*）的劇作，其中最有名的台詞就是「他人即地獄」（'Hell is other people.'）。不過，沙特有自己的一套見解。與另一個人相遇，就像浩瀚的宇宙之於我們在其中身處的位置一樣，都能觸發同樣一種癡迷、恐懼、希望和憧憬，它們似乎都屬於那深不可測的同一個奧秘的一部分。

猶太哲學家列維納斯（Emmanuel Levinas, 1906-1995）終其一生都在探索「他者即奧秘」（other-as-mystery），他提出了一個更有希望（至少在一定程度上）的觀點。列維納斯生於立陶宛，一支嚴謹的文本導向正統猶太教學派在那裡相當盛行。他從小接受傳統的猶太教育，一九二四年就讀史特拉斯堡大學，後來成為法國最傑出的哲學家之一。列維納斯一生都在追求雙重生涯：他既是一位德高望重的哲學家、將海德格和胡塞爾等德國思想家引進到法國，同時也是一位厲害的猶太法典學者，寫過幾篇解經文章。二戰時期列維納斯和他的家人都被德國人逮捕，他因為法軍的身分而倖免於難、活著走出戰俘集中營，但其他家人就沒那麼幸運了。他還曾從一九七三年起任教於巴黎大學索邦學院，直到一九七九年退休。

列維納斯一生都對人類如何相遇非常好奇，他的研究方法奠基於翻轉哲學的傳統定義。哲學即「對智慧的愛」（love of wisdom），但列維納斯更喜歡把哲學當作一種「愛的智慧」（wisdom of love）。列維納斯雖然沒有提到沙特的牙醫診所場面，但他仍然認為每次與人相遇就是一種人生的縮影，而且他也同意，在每次與人相遇時我們都有主宰或逃離的念頭（至少在一開始）。

我們就像動物一樣，會產生逃跑或戰鬥的衝動。但是列維納斯提醒我們，這樣的相遇我們不會只碰到一次；整個人生、日復一日，都是由這樣的相遇組成的。有些是隨機遇到的店家和服務生、我們可能永遠不會再見到的人，有些則是我們偶爾會見到的人。

但是，其他的相遇會將我們與他人湊在一起，從而與他們定期交流。這就是列維納斯對家庭生活充滿強烈興趣的原因。他的執著所在也和沙特不太一樣；沙特似乎嘗試逃避長期性的承諾（但不總是成功），最著名的事例便是他與西蒙波娃（Simone de Beauvoir）搖擺不定的不婚關係。

至於列維納斯，就像我們長期不斷體驗到與「他者」的相遇一樣，我們可以找出他長期關注的重點。我們產生支配或逃跑的衝動，是受到兩項特質的限制。第一，他者的「臉」承載著一個訊息，對我而言幾乎像是一個請求。如果我在支配與逃跑當中舉棋不定、但找不到第三個辦法，那麼我所遇見的「他者」也是如此。弔詭的是，只有他者和自己雙雙失敗時，才會開啟第三個可能。第二，我開始注意到，我與「他者」的遭遇開啟了一個我未曾在其他地方發現過的全新維度。既然我最終就是當不了他者眼中的客體、對他者來說亦然，那麼在這兩者雙雙存在的關鍵場域中，客觀知識其實是不可能達致的目標。

列維納斯對人際關係的反思，就像愛因斯坦對神秘感的體悟一樣，兩者都得到了一個相近的結論：科學所堅定擁護的客觀知識，並不是人類所需要的唯一知識。這種認知在列維納斯的思想中，並不是一種「帶有信仰性質」的事件，但已經非常類似。如他所說，這種認知是「非限定」的，因為它會驅策自己更超越自己、激發更多的責任感，那種責任感隨著每一次與人相遇都會重演、加強。列維納斯相信，這是一種來自「俗世」、且無法忽視的「超越的信號」，這個信號會用一種與我們平常認識事物截然不同的方式，引導我們認識知識。它證實了一種不僅可能、甚至迫切的認知方式。

不過，列維納斯的思想只能起到一定程度的作用。人與人之間的相遇揭示了一種認知，這樣的認知和客觀的、科學的認知並不相同。他認為，永久的或完全令人滿意的和諧或互惠，在人與人相遇之中不完全可能，這點說得沒錯；但是，列維納斯很明顯不願意將他的思想延伸到社會場域中。他規避了下面的問題：為什麼有些人——那些具有特定膚色、性別或社會階層的人——往往認為自己**確實**有權利把他者視為客體？而可悲的是，又是為什麼那些被視為客體的人，往往也開始把自己看成客體？為什麼有那麼多的人同住一個屋簷下如此之久，卻彼此憎恨，甚至自相虐待、殘殺？為何看似普通的波蘭農民，卻就這樣跨越列維納斯所在的立陶宛邊境，抓著鐮刀和斧頭，殘暴地殺害與他們為鄰多年的猶太鄰居？權力和金錢又是如何扭曲自我—他者的相遇？我們與「他者」的相遇，承載著恐怖和希望。[4]

此外，還有另外一個問題：自我—他者的分裂，似乎反映了自我**內在**的分裂。它呼應了「我」（I）作為主體和「自我」（me）作為客體的獨特二元性。當我發現我自己是有限的、會消殞的，這個焦慮將驅使我更徒勞地試圖支配自我與世界，而自我與世界則會不斷躲避，以免我支配的意圖得逞。如果支配失敗，更可能會造成激烈的反應。納西瑟斯陶醉於自己的倒影，和該隱謀殺亞伯屬於同一種故事。這類主體與客體的對立亟待解決，但似乎又是難以逾越的障礙。誠然，不同宗教的神秘主義者似乎能夠超越內在的二元對立，社會改革家也不斷努力地重塑人類社會，好營造出更平等、互助的環境；但他們這些努力，有任何真正的基礎嗎？

這就是「神秘的感受」和「信仰的可能」兩者的交叉點。三種讓我們面臨極大奧秘的方式——透過宇宙、自我和他者——通通都給我們帶來不安、不完整，以及不滿足的感受。為什麼會有物質存在，而不是一切皆空？在面對這個問題時，我們是否有任何線索、就算是臨時性的線索也行？時間是否有方向性？或者，時間是週期性的？還是也許根本就是虛幻的？當我發現，在我反思時，我既是思考的主體、又是被思考的客體，然後陷入一個無限的迴圈，又該怎麼辦呢？那是人類的一個永久特徵嗎？我希望我與他人相遇時，不必總是選擇屈從、征服或對峙，這樣的希望是不可能實現的嗎？信仰，雖然

4. 請參見Emmanuel Levinas, *The Levinas Reader*, ed. Sean Hand（London:Blackwell, 2001）.

是透過我們周圍的奧秘所**觸發**，但並不是奧秘本身；信仰，是**面對**奧秘的基本立場，而它擁有無限多種形式。

Chapter 3

從奧秘到信仰的壯遊

啟航：猶太——基督宗教的奧秘之船

THE FUTURE OF FAITH

信仰始於面對奧秘時的敬畏之心；但只有當敬畏之心更進一步時，才會變成信仰。丹麥哲學家齊克果（Soren Kierkegaard, 1813-1855）曾說過，當我們到達可以環顧四周的年紀，就會發現自己在一艘已經啟航的船上。當我們意識到世界、自我和他者帶來的神秘感受以後，這些奧秘總會帶著在特定的文化傳統中，用特定的語言、情感和思維模式滿滿地來到我們心中。而這些語言、情感和思維模式也提供了理論、神話和隱喻，供我們向奧秘做出回應。與奧秘**共存**，是我們都有的共同經驗，不同的是我們**如何**與其共存。讓我們把齊克果的比喻再擴大一些：我們身處在一條已經啟航的船上，而周圍也航行著其他眾多大大小小的船隻，每條船似乎都與彼此錯身而過、摩擦碰撞，並朝著不同的方向前進。

然而，這個比喻也有其侷限性。這些宗教傳統之間，有著許多相似和重疊之處，比較宗教學學者如休斯頓．史密士（Houston Smith），經常在作品中點出這些地方。著名的心理學家卡爾．榮格（Carl Jung, 1875-1961）也相信，他能從這些東西中辨別出他所謂共同的「原型」。但在我們獨特的宗教與文化世界觀裡，仍有無法縮編的特殊性存在。印度教和佛教看待時間和歷史的角度，與基督宗教和猶太教有著明顯的不同，就像涅槃和神的國度是兩種不同的概念一樣。人類看待自我的觀點和與他者的關係，也存在許多根本的差異。

許多人知道我教授宗教學科後，都會信誓旦旦地對我說：「本質上，所有的宗教真的都是一樣的。」過去我都回應說，我畢生研究各種宗教，我得到的結果告訴我：它們並不一樣。不過這樣的回應通常會讓對話以有點尷尬的方式結束，所以我最近都讓這種評論左耳進右耳出。我們面對的都是同一種奧秘，在奧秘面前的我們不只是生命有限的存在，而且還是「知道自己生命有限」的存在——這些都沒錯，但儘管如此，我們還是有許多非常殊異的方式來感覺、應對它。世界上各種不同的宗教建立、彙編了各種應對奧秘的典籍，它們在許多重要方面是各異其趣；也因為如此，比較宗教學的研究才會如此兼容並蓄。如果所有的宗教本質上**真的**都是相同的，那一切很快都會變得極其乏味。

我發現自己身處的船，是猶太教和基督宗教的船——或者說，帶領我認識到奧秘的不同面相的敘事，是猶太教和基督宗教的敘事。當然，這很大一部分和我出生、成長的環境有關，如果我出生在孟買、巴格達或北京，我會發現自己在不同的船上，也毫無疑問地會吸收到不同的風俗習慣和故事敘述。我們不僅行駛在不同的船隻上，首先形成我們意識的傳統也深植我們心中；即便我們排斥它，我們也是在自己的參考框架內排斥它。基督宗教的無神論者和佛教無神論者不同，部分原因是兩者所排斥的神性其實是完全不同的概念。這對宗教研究來說是很重要的，因為我們最終會看到的是，沒有人可以站在完全中立超然的平台、置身其外，然後進行比較和判斷。

當然，你總是可以試著去理解、契合其他宗教，或是從中「找到感覺」。在整個學術生涯中，我在這方面下了許多功夫。但是，當我從古蘭經中朗誦一首詩、進行佛教式的坐禪冥想，或吟誦印度教的真言時，我都帶著自己原本的信仰傳統，將自己沉浸在這些十分殊異的傳統裡。我並不同意「唯有不依戀自己的宗教才有可能理解其他宗教」這種說法；相反地，我**投入**自己的宗教、「從內到外」體驗過一個信仰傳統，其實增進了我對其他宗教的理解。修習印度教、佛教和伊斯蘭教的比較宗教學者，大多也都同意這一觀點。所謂的中立觀察者，實際上還是有一些基本立場，就算他們的立場未經認可，他們對信仰仍有一種自己的觀念。畢竟在嘗試理解宗教的過程中，可沒有什麼中繼站或小工具可以從旁協助。

在這艘載有猶太教—基督宗教傳統的「啟航之船」上，我所遇到的奧秘主要有三個焦點。像其他在許多不同傳統中的人一樣，我第一次接觸到自己所屬的傳統，是透過故事和儀式；我將這些故事與儀式稱為「希伯來週期」、「聖誕週期」和「復活節週期」。

希伯來週期

大多數人形容浸信會（也就是我的出身背景）時，會說他們沒有任何的宗教儀式，連浸信會教友也常這麼說。但事實並非如此。儀式就是**禮教**——透過敘事的歌曲、故事、視覺表現還有儀態——來彰顯一個群體的身分認同。

在我們的教會，講道中會提到舊約聖經裡的重要事件，我們也會以讚美詩歌詠幾位舊約重要人物。主日學校的牆壁上則貼有挪亞（諾厄）、亞伯拉罕（亞巴辣罕）、約瑟（若瑟）和大衛（達味）的圖片。圖片中的挪亞與他的方舟在波濤洶湧的洪水中載沉載浮，船上則載有長頸鹿和斑馬；亞伯拉罕帶著他兒子以撒（依撒格）和一頭驢跋涉上山，驢背上則捆了燒化以撒用以獻祭的木柴；此外，還有約瑟穿著華麗的外袍、面對他那一票愁眉不展的哥哥們，以及人小膽大的大衛將一塊鵝卵石擲向倒楣的歌利亞（哥肋亞）。還有幾幅關於摩西（梅瑟）的畫作——他盯著燃燒的荊棘、與埃及法老四目相對，還有舉起手杖分開紅海的景象。有張圖片讓我感覺很不舒服，那就是大衛的叛逆兒子押沙龍（阿貝沙隆）頭髮被樹枝纏住、被掛在樹上的畫面。進入青春期後，我最喜歡的圖片換成身材勻稱的大利拉（德里拉）引誘魁梧但天真的參孫，剪去他的辮子。當然，那裡也有耶穌的圖片，耶穌誕生的場景和耶穌受難的情節都包含在內。

除了學校牆壁上，這些畫面還在其他地方出現。在牙牙學語的年紀，我們就會在聖經故事書上用蠟筆著色，然後剪下再貼上法蘭絨氈板。如果我現在閉上眼睛想像，這些圖片仍然歷歷在目；當年我們咿咿呀呀地唱著幾首關於這些人物的小歌，其中一些我也還記得。年紀更大一點，我們會唱聖經故事的清唱曲、聖歌和靈歌，也會穿上破舊的浴袍，在教會劇場中表演聖經劇情。當我們準備離開主日學校時，這些聖哲的傳奇故事已經佔據我們腦海中一塊永恆的位置。這些事情完全就是儀式該有的樣子。

隨著我年紀增長、更詳細瞭解以色列人的宗教，我發現他們所崇拜的上帝雖然會改變心意或發怒，但祂最終仍是正義且強大的。我還注意到，這個上帝是**應許**的上帝，總是指引人們走向未來。祂告訴亞伯拉罕離開自己的居住地，去一個祂之後會指示的地方。後來，當摩西問上帝，該怎麼告訴以色列奴隸是誰差遣自己帶領他們走出奴役，這時上帝在燃燒的荊棘中說了一句話——這句話通常翻譯作「我是創始成終的主宰」（I am who I am，又譯為「我是自有永有的」），但一些希伯來學者主張這句話應譯為「我會做我要做的事情」（I will do what I will do）。再後來，先知以賽亞（依撒意亞）宣告上帝將他們從囚禁地巴比倫解救出來。舊約聖經的最後幾部書，已經期待有一天上帝將改變整個世界，讓世界充滿和諧與正義。正如德國哲學家恩斯特．布洛赫（Ernst Bloch, 1885-1977）曾寫的，聖經的上帝「本質是具有未來性的」。

在「希伯來週期」，我還發現聖經中的上帝很照顧弱勢族群。在〈出埃及記〉（出谷紀）裡，祂將一群衣衫襤褸、毫無感激之心的苦工從埃及拯救出來，這是祂最戲劇性的登場；祂也常將特殊任務指派給最小的兒子，並特別偏袒寡婦和孤兒。祂還承諾維護窮人的利益，使俘虜和難民重獲自由；祂也猛烈抨擊那些好逸惡勞、「睡在象牙的床上，靠在安樂椅上享福……喝一碗碗的美酒，擦最上等的香水」（阿摩司書／亞毛斯 6:4-5）的富人，預示大禍即將臨頭。多年以後，當我讀到解放神學家寫到神是「優先選擇與窮人為伍」時，我感覺他們似乎並沒有寫出什麼新的東西。

舊約聖經的週期始於創世、終於世界改造成正義與和平的「沙洛姆」（shalom，「平安」的希伯來語）聯邦，這是一個非常巨大的承諾；相較之下，應許之地迦南（客納罕）則像一種「頭期款」，只是單純的預示。這種擴增的承諾不僅是給猶太人，還是給所有人的。另外，從希伯來文聖經中最抒情的一些段落裡，提到了萬物伊始、許多植物和動物，還有海洋和星星。這表示要看穿時空奧秘的方法之一，就是把它看作一部未完成的史詩、一件進行中的工事。它也可以被當作一種進程，其中不斷湧現出新的、驚人的和意外的事件；這也意味著，我們所生活的世界還沒完全展現其所有的可能性。

用聖經的視角來感知宇宙的奧秘，是**其中一種**方式，但不是唯一一種。你如果和我一樣，碰巧身在同一艘船的甲板上，那你眼前的視野就是由聖經的解讀方式呈現；但這支艦隊還有其他各種船隻，它們也乘載了各種敘事。聖經故事描繪出一個「正朝某處前進」的宇宙，但其他宗教的宇宙觀可不是這樣。譬如說佛教經典就沒有任何關於創世的紀錄，而且否認有時空具有任何開始或結束：現在你眼前所見的樣貌，一直以來都是如此，而且將會永遠如此。而印度教傳說也由無數宇宙和無窮的時間循環所組成。而聖經故事既不是靜態的，也不是週期性的；它描繪了一種朝某個特定方向移動的現實，即使我們難以辨別這個方向。聖經很有詩意地在混亂中打開了一片世界（「大地混沌，還沒有成形，深淵一片黑暗」，創世記 1:2），也在一個「不再有悲傷、哭泣和痛苦」（啟示錄／默示錄 21:4）的世界裡，用很有詩意的方式結束。將世界視為一個創造性的過程、而非古希臘人眼中的恆定不變的物質，就說明了為何「希望」在生活中佔有如此重要的角色：希望是一種美德，讓你在未來的地平線散發出的光線中看到過去和現在。

後來，在新約聖經中，使徒保羅將信心、盼望和愛列為三種主要的美德（哥林多／格林多前書 13:13）。就這點而言，保羅具有很強的希伯來色彩。以色列人信仰的最核心元素，便是救世主時代的來臨，屆時所有人都會在自己的無花果樹下享受太平，豹子跟小羊會一起躺臥，刀劍也會鑄成犁頭（彌迦書／米該亞 4:3-4 ；以賽亞書／依撒意亞 11:1-9）。而這個時代不會發生在某個超自然的國度，而是在地球上。我無法想像，如果我的基礎不在舊約聖經之上，那些基督宗教的循環我該作何理解。

聖誕週期

聖誕故事將舊約聖經的命題都賦予一個人（耶穌）的人生目標上。就像古代的以色列人一樣，耶穌和他的家人本身就是難民。馬利亞和約瑟並沒有結婚（我們主日學的老師對這件事只有稍微帶過）。暴君試圖除掉新生的耶穌，所以他屠殺了附近所有的男嬰，他們一家人因逃亡而流離失所。後來，耶穌的教誨與作為，都顯示祂習慣袒護窮人、病人和為社會所排斥的人，如稅吏、撒馬利亞人（撒瑪黎雅人），還有痲瘋病人。但就像舊約聖經裡的先知一樣，耶穌生命歷程中不斷重申的中心思想，也是上帝應許的新時代、一個充滿和平與善意的「上帝做王」的時代；根據耶穌的說法，這個時代甚至已經初步開始實現了。

我還記得我年紀小的時候，常納悶為什麼希律王（黑落德王）這麼想要除掉耶穌，以至於屠殺所有男嬰。在主日學校，我們沒有任何「屠殺無辜者」的圖片；但有次我看到一幅布呂赫（Breughel）的畫，畫中嬰兒被士兵的槍刺穿、血濺在雪地上，而母親正在一旁求情。我完全被畫中內容擊潰了，也難怪主日學校沒有這類事件的圖片。後來到了神學院，我才知道，我們關於聖誕節的紀事，是耶穌死後多年才被寫下，作為祂一生重要事蹟的一個序曲。一個無家可歸的小家庭、身無分文的牧羊人、統治當局無情的敵意，都預示了這個嬰孩成年後將發生的事情。

更後來，當我看到歷史學家在羅馬帝國統治框架下討論耶穌以後，我的童年疑惑才得到了更完整的回答。古代的銘文顯示，羅馬帝國的官員慶賀奧古斯都皇帝（Augustus Caesar）的生命是「好消息」（福音），並宣布他是為地球帶來和平的「救世主」和「神」。但天使們卻為嬰兒耶穌唱起了完全一樣的頌歌。因為紀錄耶穌誕生的馬太（瑪竇）和路加也知道這個故事將如何發展，所以他們在故事一開始就描述象徵統治當局的希律王想要殺死這個嬰孩。

耶穌彷彿要證明希律王和他的帝國爪牙們近乎著魔的擔憂並非空穴來風，甫一成年就開始告訴人們，一個新的政權——「神的國度」——即將取代現有的王朝；當局者將會出局，底層的人將會躍居上位。統治菁英聽到這類似「改朝換代」的承諾以後，很自然將此視為威脅；但這句「神的國度」卻是整本聖經中最被濫用和誤解的詞彙之一。它太常被人當作死去以後會到的地方、這個世界的歷史完全結束後的新扉頁，或者一種完全屬於精神上的概念。然而，希伯來先知們、耶穌自己、〈啟示錄〉（聖經最後一部）的最後幾頁都教導說，「神的國度」是一件將會發生在「這個」世界的事情。先知揭露神的國度將帶來的「沙洛姆」是非常現世的。例如，〈以賽亞書〉將「新耶路撒冷」當作整個新天地的代名詞，並做了如下描述：

> 那裡，再也沒有哭泣，沒有哀號。
> 小孩子不會夭折；老年人都享長壽。……
> 他們要建造房屋，自己居住；栽種葡萄園，吃其中的果子。
> 他們建造的，別人不得住；他們栽種的，別人不得吃。
>
> ——以賽亞書65章19－22節

這些當然都是詩歌，但它們是如此的樸實和入世啊。而且其揭櫫的景象與我們在雜誌漫畫中常看到的天使——身穿不合身的白色長袍、棲息在雲端彈撥豎琴那副百無聊賴的樣子——是截然不同的。

聖經的「神的國度」想法，還包括一個重要的內心的精神因素。就像先知以西結（厄則克耳）所說的，「我要賜給你們新的心」（以西結書 36:26）。在登山寶訓裡，耶穌也說只有「心地純潔」的人必得見上帝（馬太福音 5:8）。神的國度還包含一種期望：死亡並不是地球或人類個體的最終命運，而是指向一種超越人類歷史的、圍繞天體星球的宇宙應驗。這完全不會削減耶穌和先知所展望的「神的國度」包含非常清楚的烏托邦元素的事實，但由於基督徒常常忽視這點，這種未來性的特點經常轉移到世俗運動裡。人們有時說，基督徒想要的是沒有王國的上帝，但世俗主義者反而試圖創造一個沒有上帝的王國。但這是一種過於簡化的說法。單單擁抱耶穌、忽視神的國度所要求正義，必然導致對個人的虔誠主義；而人類把自己當作未來的神，所釀的災難之多，也不只列寧的墳墓可供憑弔。這些都是事實。但是，嚮往一個不同的世界，是一種非常合乎人性的舉動。就如拉丁美洲神學家索布理諾（Jon Sobrino）寫道：「對烏托邦的衝動嚮往，為所有寄望王國、為王國努力付出的人，提供了一個普遍的、人類普世宗教合一的可能性。」1

然而，「王國」一詞是有問題的，它必然喚起一個空間領域中的靜態概念。但是，希伯來文中的「王國」（malkuth）並沒有傳達這種杳無生機的呆滯感，而是意指積極的、持續發生變化的東西。基於這個原因，我自己在教學中更喜歡使用那句「上帝**正在**做王」（Reigning of God）；因為這隱含的意思並不是一個「地方」，而是一件「正在發生」的事情。這就是耶穌使用的語法。要當耶穌的「追隨者」，就要有辦法識別出這件「正在發生」的事情並做出回應，然後努力加快它的到來。但追隨耶穌並不表示單純模仿祂；在我們所處的當代，追隨祂的意思是持續仿效祂在那個時代做的事情。

耶穌是個有信仰的人。請回想一下上一章我們如何定義「信仰」。將耶穌稱為有信仰的人，並不等於我們一定得以某種方式揭露耶穌的「信念」，或耶穌**對於**神的想法。因為無論如何那都是臆測，畢竟我們無從深入瞭解祂的內心生活。但我們可以藉由觀察祂的生活方式瞭解祂的初衷，以及信任與信心所託何在。這些都是構成祂信仰的要件。很明顯地，耶穌自己的希望和信心所託——也就是祂的信仰，就是「神的國度」。

耶穌繼承了祂的家人和所屬民族的傳統猶太教信仰，但正如福音書裡提到祂「身體和智慧一齊增長」（路加福音 2:52），祂的人生經歷已經說明了祂的信仰也在同時增長。有些聖家的畫作中，襁褓中的耶穌甚至被畫成一個聰明的小老頭。但是，如果耶穌像基

1. Jon Sobrino, *Jesus the Liberator:A Historical-Theological View*（Maryknoll, NY:Orbis Books, 1994）, p. 187.

督宗教始終堅稱的，是個完全的人類，那麼祂的童年信仰會隨著年紀增長，以及感受到失望、被背叛、拒絕和誤解的痛苦而益臻成熟。祂通過層層危機的考驗，不斷重塑並深化自己的信仰。但值得注意的是，挑戰祂信心的，並不是理智的懷疑上帝是否存在，這些懷疑與「不信」一點關係也沒有。挑戰祂信心的，是祂努力展示並宣揚上帝正義與和平秩序來臨時，所面對的衝突。

基督宗教神學理論和講道中，太過強調「信仰耶穌」的重要，因而導致「耶穌的信仰」往往被忽略了。至今仍是最有影響力的天主教神學家之一的托馬斯·阿奎那（Thomas Aquinas, 1225-1274），甚至堅稱既然耶穌是神，那祂就不可能有信仰。不過，阿奎那提出這種說法的理由卻值得注意。他說，信仰所指的方向是「視野範圍內所看不到的」；但既然他相信，耶穌打自娘胎就具備對上帝的全知觀點，那麼祂並不需要信仰，所以也就沒有信仰。[2]在這裡，阿奎那使用一個對信仰的比較理智化的定義，也就是「肯定我們不確定是否為真的事情」；在我所謂的「信仰時代」裡面，它佔有基督宗教神學思想的主導地位。他還暗示，我們「相信」某件事情是真的，主要都是由於這是教會的階層體系教導我們的。幸好，近代的一些天主教神學家，例如教宗若望保祿二世（Pope John Paul II）的最愛巴爾塔薩（Hans Urs von Balthasar, 1905-1988），在這點上就已經明確與阿奎那意見相左；這又是一種信仰開始擺脫信念桎梏的跡象。

如果沒有耶穌自己的信仰做參考，我們根本無法理解耶穌，更不用說去追隨祂。聖經〈希伯來書〉稱祂為「為我們信心創始成終的耶穌」（12:2）。但如果沒有體會到耶穌的重點在於「上帝正在做王」，那你就無法理解**耶穌的信仰**。祂帶來的消息並不是關於祂自己、甚至與神無關，而是「沙洛姆」的新時代即將到來。四部正典福音中最古老的一部〈馬可福音〉（馬爾谷福音），開頭的幾段章句便說明了這個「王國」就等於「上帝的福音」（1:14）。而聖經中最明確的表述莫過於耶穌剛開始宣道、回到家鄉拿撒勒（納匝肋），受邀在猶太會堂裡演講的段落。耶穌顯然希望自己的論述與先賢一致，因為祂唸了先知以賽亞書的一段：

> 主的靈臨到我，因為祂揀選了我，
> 要我向貧窮人傳佳音。
> 祂差遣我宣告：被擄的，得釋放；

2. 欲瞭解托馬斯・阿奎那關於信仰的論述，請參見他的作品 *Summa Theologica*, pts.I—II, Q 62, in *Great Books of the Western World*, vol. 20（Chicago:University of Chicago Press, 1941）, pp. 61-63.

失明的，得光明；受欺壓的，得自由；
並宣告主拯救祂子民的恩年。

——路加福音4章18－19節

幾乎所有耶穌的比喻，都是關於這個「王國」的來臨，以及人們留意這個王國、生活在王國中所需要的心境轉變，雖然它的到來才剛剛開始。今天，我們想方設法、試圖描述耶穌與上帝之間的關係時，不應犯下與尼西亞會議（Council of Nicaea）主教們一樣的錯誤：他們完全忽略了王國。我們還應該避免他們所用的老氣措辭，也就是上帝和耶穌是兩種「本質一致」（*homoousios*）的存在。這種說法對今天的人來說幾乎沒有任何意義。我們更可以反過來說，耶穌在他的生命軌跡中，完全體現了上帝目的和「計畫」。

在宗教觀點多元的世界裡，將焦點從耶穌個人轉移到祂人生的目標上，可以擴展祂代表的意義。當哈佛大學請我在大學部道德倫理課群中教授一門關於耶穌的課程時，第一件讓我很擔心的事情，是信仰印度教、佛教、伊斯蘭教和猶太教的學生如果選了這門課，會有什麼樣的收穫。但我很快就發現，基督宗教並沒有壟斷耶穌的使用權；印度教徒將耶穌視作一種古老的「化身」（avatar）、佛教徒將耶穌看作一個菩薩，而穆斯林和猶太教信徒則認為耶穌是傳達上帝神旨的先知。就連不可知論者也從祂身上找到了一些有趣之處及令人欽佩的地方。他們當中，並非所有人都對基督宗教感興趣，但他們都因為耶穌堪為表率的勇氣、對被剝奪繼承權者寄予的憐憫，以及挺身對抗腐敗政治和宗教當局的熱忱而受到吸引。但是，最吸引這些學生的，仍莫過於祂強調另一種世界的可能性；而在那個世界，只有和善與平等之風。

正如我們已經提到的，耶穌管這另一個可能的世界叫做「神的國度」；這就是祂生命的脈動，祂不斷全心全意寄予關注的所在。而許多非基督徒也多半出於這個「另一個世界」的可能性，要求基督徒「回到耶穌身邊」。這類烏托邦式的希望，就算用很溫和的方式表達，仍可將耶穌與眾先知的說法更廣泛地連結到人類長期以來的想望。對消極的宿命論和腐蝕性的恐懼（現狀即如此，沒有其他可能）來說，這個希望無疑是一帖解藥，就像國際性社會變革聯盟組織「世界社會論壇」（World Forum）的口號：「另一個世界**是可能的**。」

耶穌不斷強調有個新的體制即將到來，在當政者耳裡聽起來，分明就是一種威脅。一個新體制的到來，意謂現有的體制必須消失，連同那些舒適的太師椅與一呼百諾的權柄都要一併清除。因此，耶穌便與那個時代的統治菁英產生衝突，身陷各種麻煩之中。

祂原本也許可以避免對抗，但終究沒有逃避。祂離開了加利利（加肋里亞），因為在那裡祂造成的威脅有限，後來到了耶路撒冷，直接面對佔領當局，以及當地支持威權的賣國賊。雖然祂採用了非暴力的方式，但還是為了活出自己訓諭中的盼望而付出了高昂的代價。耶穌的故事用一種很有邏輯的方式承接了舊約週期，但絕對無法取代舊約聖經。

當基督宗教的故事涉及瞭解自我的奧秘時，基督宗教的故事就建立在猶太傳統之上，但又更臻於完善。耶穌一再重申，想要在「神的國度」裡生活、要讓這件事情成為可能，我們不必等待：現在就可以開始了。祂經常用種子的比喻表示，雖然人類的互惠與和平的新時代尚未到來，但這樣的時代「快實現了」；這個時代將臨的跡象已經存在了。在這方面，共產黨統治時期的捷克斯洛伐克異議份子哈維爾（Vaclav Havel）的想法，其實也呼應到了耶穌傳遞的訊息；哈維爾告訴過人們，就算身在否定自由的政治體制下，仍要把自己的生活「當作是自由的」來過。

用神學術語來說，耶穌是在非位格化（depersonalizing）的狀態下，以真正人類的人格顯現。從祂的人生歷程來理解的話，我在前面章節所描述的「自我的奧秘」，至少暫時提供了一個解答。簡單地說，耶穌關心的並不是自己，而是上帝應許的「沙洛姆」時代。這個時代終其一生都是祂的終極關懷，是祂信仰的對象。

重要的是，聖經〈希伯來書〉稱耶穌是信仰的「先鋒」。祂之所以是一個榜樣，很重要的原因在於：祂就像所有忠貞的人，不斷地與信仰帶來的考驗搏鬥。然而到了今天，這些都不算是那種不時困擾許多人的、理智層面的懷疑。祂的希望和信心——也就是祂的信仰——始終專注於神應許的新世界，將「在地上實現，如同實現在天上」。耶穌遇到的挫折有時看起來是「王國」到來前所受到的打擊，這些挫敗最終導致祂被逮捕、處決，似乎為祂一生事工做了個可恥失敗的蓋棺論定。然而，這卻也將我們帶往「復活節週期」。

復活節週期

復活節的故事開始於耶穌離開相對安全、位置偏遠的加利利，前往羅馬帝國在東地中海的權力中心耶路撒冷，那裡還有一批帝國扶植的猶太菁英。事實是，祂在家鄉拿撒勒已經遭遇了激烈反對，甚至被迫出逃、搬到迦百農（葛法翁）以躲避追捕。但祂知道，進入耶路撒冷的話，祂的敵人就只能和祂攤牌，來一場你死我活的對決。帝國軍隊和他們在當地的買辦與走狗，怎麼可能放任一個人騎馬進城、還讓群眾簇擁為王？他們怎麼可能讓人衝進聖殿、驅逐敲詐勒索之徒而袖手旁觀？所以他們必須採取行動，最終也達到目的了：他們逮捕了耶穌，對祂進行不實的審判然後鞭打一頓，最後再將祂凌遲致死，以達殺雞儆猴之效。

許多教會為了紀念耶穌生命的最後幾天和幾週，會以「四旬期」作為慶祝。這是一段齋戒和準備的期間，但這個詞本身有一個詭譎的背景。在大多數語言中，四十天齋戒期一詞都是從拉丁文的「第四十」（*quadragesima*）衍生出來的；譬如說，西班牙文的四旬期是 *cuaresma*，法文則是 *careme*。「四旬期」的英文單詞（Lent）則來自古英文的「三月」（lenct），即經常進行齋戒的月分。這個單詞的來源也是一個珍貴的提醒：許多基督宗教出現以前就存在的季節性慶祝活動，其實都已融入基督宗教裡了。因此許多人不顧牧師的警告，依然將復活節當作既是耶穌復活、又是春季來臨的慶祝，這並不是非常怪異的現象。

無論如何，我們浸信會都不曾「做四旬期」，這點讓我信仰天主教的玩伴們相當震驚和錯愕；而且也從來沒有人敦促我應該「禁食齋戒」，我只有在長大以後偶一為之。無論為了生理上或靈性上的原因，我都不曾採取禁食。但就算我當時年紀還小，當我聽到耶穌生命中最後幾天的過程描述時，心情都會有所起伏；一些追憶耶穌的歌曲，像是我們教會唱詩班一直都唱的「十字架上的最後七言」（The Seven Last Words on the Cross），更是讓我常常不能自已。我小時候也很期待每年復活節在公園舉辦的日出禮拜，它是每年唯一一次我們小鎮上的所有新教教會都參加的禮拜，而且所有的合唱團也會一起合唱。禮拜結束後，就在其中一間教會的地下室迎接熱騰騰的煎餅早餐，淋上融化的奶油和好幾勺楓糖漿。多年以後，當我得知「復活節」（Easter）這詞源自Eostre、即盎格魯撒克遜人的黎明女神，我再次想到，就像四旬期一樣，基督宗教在敬拜中以許多方式摻雜了「異教徒」的元素。所以，同樣的雜揉如果出現在非洲和亞洲的教會，我們也不應該過度憂心。

至於第一個復活節「究竟發生了什麼事情」，有成堆的論文討論到這件事情，福音書上的記載也不一致。但有一件事情很清楚，那就是雖然門徒在耶穌受難後已經失去希望、倉皇而逃，但又發生了**某件事情**使他們相信，耶穌和其體現的「將臨的和平國度」並沒有被死亡打敗。門徒們很快就相信，在某種很難界定的意義上，耶穌還活著。

有些人在思考這個棘手的問題時，發現區別史實的耶穌（也就是「復活節前」的耶穌）和復活節後的「基督」，有助於釐清疑點。在此脈絡下解讀，「基督」（即受膏者或受委派的人）代表一種聖靈，這個聖靈在耶穌的俗世生命中與祂同在、現在與一群失落的追隨者同在。但是，將史實的耶穌和「基督」兩者區隔開來雖然可能很有幫助，但同等重要的是，我們的視野中不能失去這兩者間的連續性。對早期的基督徒而言，「基督」的真實性**包含**史實的耶穌，但並**不僅止於**史實的耶穌。耶穌信奉的宗旨、與掌權者的對抗、對即將到來的「沙洛姆」時代的願景——所有這些因素建構出祂的一生，這些因素形塑了祂這個人。

耶穌復活的故事，雖然對現代人來說很難理解，但也表示耶穌活過的生命和祂所追求的計畫（神的國度）並沒有因為被釘死在十字架上而消亡，而是繼續在其他的追隨者身上完成。用神學語言來描述基督徒，像是「基督的身體」（Body of Christ）或「道成肉身的延伸」（extension of the Incarnation），其實收效甚微，幾乎無法獲得足夠的闡明。耶穌稱自己為「葡萄樹」、稱祂的朋友們為「枝子」（約翰福音 15:5）時，其實就已說明了祂心中的想法。[3]

「基督」的意涵比耶穌還要多，它也指涉耶穌生前與死後在祂周圍萌生的許多全新的關係，一些聖經參考文獻也支持這種解釋。使徒保羅經常談到他自己和其他追隨者心中的基督。例如，他寫過關於那些同享基督聖靈的人，「不分猶太人或外邦人，奴隸或自由人，男人或女人，在基督耶穌的生命裏，你們都成為一體了」（加拉太書／迦拉達書 3:28）。在此，他指的自然是比史實的耶穌更廣泛的存在。既嚴峻又歡樂、同時難以參透的復活節週期，表達了史實的「耶穌故事」如何擴大為「基督故事」。這個週期說明了耶穌的存在——作為一個「可能的不同世界」的化身——最終並沒有被釘死十字架給打敗，而是仍在繼續著。

同樣需要注意的是，根據復活節週期，「基督的靈」並不僅僅局限於基督宗教社群內，而是存在於整個創造出來的秩序內（儘管這點往往無法判別）。五旬節的故事（使徒行傳／宗徒大事錄 2:1-13）延續了復活節的故事，描述耶穌鮮活的聖靈賦予祂的門徒、門徒又將之賦予他們在傳播耶穌福音時遇見的人。〈使徒行傳〉還記錄著，聖靈以戲劇化的方式像火舌般「傾注給**每一個**人」（2:17）。聖靈讓所有門徒可以瞭解彼此、就算他們講著不同的語言，這樣的象徵意義標誌了一個普世的社群。而他們使用許多不同語言（不只有希臘語和希伯來語）的事實，更說明他們是一個新的、包容性強的社群，並保留了體現在語言中的文化特殊性。

教會所造成的最具破壞性的失誤之一，特別是「教理時代」開始之初，就是堅持聖

3. 請參見Joao Batista Libanio, “Hope, Utopia, Resurrection,” in Jon Sobrino and Ignacio Ellacuria, eds., *Systematic Theology:Perspectives from Liberation Theology*（Maryknoll, NY:Orbis Books, 1996）.也請參考Rubem Alves, *I Believe in the Resurrection*（Philadelphia:Fortress, 1986）.

靈只存在於信徒心中。第三世紀的主教聖西彼廉（St. Cyprian of Carthage）是第一個作此表態的；他說過一句典雅的拉丁文：*Extra Ecclesiam nulla salus*，意思是「教會之外無救恩」。後來，天主教會幾乎收回了這種排外的說法，這麼做是正確的。耶穌有句名言，祂說聖靈像風一樣「隨意吹動」，沒有人知道「它從哪裏來，往哪裏去」（約翰福音 3:8）。換句話說，聖靈無法被教義或教會給限制住。與此類似的是，基督宗教始終堅持「神的形象」（*imago dei*）是存在於所有人類心中的，譬如貴格會（Quakers）稱之為「在每個人心中的神」。

復活節週期呈現了一件事實：耶穌的一生事工並沒有隨著自己被處決而土崩瓦解。相反地，耶穌的事工仍在持續著，既在明確追隨祂的人當中，也在有助於實現祂所展現的「可能的世界」的其他人之中。這個耶穌例示的可能世界，引介了一種人與人之間的全新關係，和前面沙特筆下的「支配或臣服」的嚴峻選擇完全不同。這也說明了一件事：我們就算無法完全實現愛和互惠、寬恕和同情的社群，這個目標仍在我們可以達到的範圍內。

最早的基督宗教信仰，將舊約信仰和基督宗教的故事、耶穌生命的其他紀錄以及受難與復活的故事結合起來。他們的信仰忠於耶穌、而不是羅馬皇帝，並將信仰以盼望的形式投射在耶穌象徵的「沙洛姆」新世界上，希望它終有一天會以繁茂昌盛的樣貌出現。他們在團體裡活出自己的信仰，即使在激烈的迫害下，仍不向信條或神職人員靠攏。但是在君士坦丁成為皇帝時，原先的生活方式很大一部分已經開始腐化、變質。階層體系的結構已開始取代團體，信念也開始取代信仰。這個令人痛心的故事，究竟是怎麼發生的？且待下一章揭曉。

Chapter 4

宗徒權柄與宗徒傳承

嗶嗶烏與〈多馬福音〉

THE FUTURE OF FAITH

關於耶穌受難後的三百年歷史，最近有了一些新的發現。這些發現為一系列的古老謎團點亮了一盞明燈：它們有助於澄清，這樣一種由信仰和盼望產生的基督宗教運動，是如何惡化成一個以規定的教義切劃、由祭司菁英統治的宗教帝國。這些發現也幫我們追蹤，那些擁有多樣領導形式的地方教會組成的鬆散網絡，如何變成一具僵硬的階級結構，由優越的神職階層在頂端控制著底層那些權力被剝奪的一般信徒。除此之外，這些發現更有助於解釋，為何在初期發揮重要領導作用的女性，卻在後來被打壓、邊緣化。它們說明了一點：基督宗教並不是注定會以這樣的方式發展，當時發生的事情並非自然發展的過程。不同的歷史軌跡是可能的，而這樣的可能對未來有顯著的影響。

總之，基督宗教現在有第二次的機會。各種情況的組合將可能產生一種新的面貌，這個面貌可能會更像耶穌誕生後的三百年，而不像過去的一千五百年。我們不僅成為西元一世紀以後最清楚耶穌運動確實起源的世代，更重要的是，基督宗教不再是「西方」的宗教了——它最近已經迅猛發展為一個全球性的宗教。基督宗教目前的中樞位於亞洲、非洲和拉丁美洲，這為其提供了前所未有的新機遇。

起源與未來之間雖有著清楚的連結，但並不等於非得嘗試回復過去的黃金時代不可。一些靈恩派信徒的信念，是恢復〈使徒行傳〉裡所描述的教會，還強調必須要有治癒、奇蹟和說方言才算完備。「新時代」（New Age）團體往往聲稱，隱密或被打壓的秘傳學問才是他們的主軸。天主教徒則疾呼「宗徒傳承」（apostolic succession）的重要性，也就是強調體制的權威是從耶穌到彼得（伯多祿）、一路向下傳給各任教宗，直到現任的教宗。浸信會、公理會和長老會則聲稱，自己的教會在體系上與新約聖經相同。但是，要將教會回復到一些新教徒所渴望的原始形式、許多天主教徒夢想的燦爛中世紀綜合體，甚至是美國信仰復興運動人士（revivalists）高唱的「舊時代的宗教」，都是沒辦法的。這類試圖恢復「過往榮光」的舉動，多數是建立在重建過去某段時期的幻想上。儘管如此，倡議恢復過往建制的人還是有其道理在。

雖然這些教派有時候會虛構、美化過去，但他們在一件事情上有著共識。基督宗教現下與未來該做的，必須是延續耶穌與祂最早的追隨者所進行的事工，否則基督宗教會變成另一種不同的東西。「顧後是為了前行」，這樣的心態可能會造成混淆和矛盾，但它並不輕浮。基督宗教不同於印度教——歷史上確實有一段基督宗教不存在的時間，後來它突然就出現了；印度教的源起卻在原始傳說的迷霧中顯得朦朧。因此，基督徒們定期重溫耶穌與最初幾個世代的基督宗教史、好提醒自己先人創業維艱，是可以理解的。瞭解過去很重要的一點（無論是過去的成功或失敗），是不要**回到過去**、而要**吸取教訓**。

理解過去的障礙

就像有些人說的一樣，「過去」並沒有被遺忘——它甚至還沒有成為過去。我們的過去掣肘了我們，特別是當我們沒有意識到過去的存在時；但過去也可以解放我們。瞭解我們的過去，可以重新打開一條過去可能走上、卻沒走的道路。因此，我們也就迫切地需要一張盡可能精確的基督宗教起源圖，同時又必須非常清楚地掌握新的全球基督宗教席捲各地的魅力和活力。接下來的章節涉及到的第一個命題，便是目前的研究為早期基督宗教歷史描繪出一份可信的輪廓。在那之後我們會繼續瞭解，今天在國際間發展旺盛的基督宗教帶給我們的寬闊視野，以及視野裡究竟會看到什麼樣的未來。

在思考耶穌和早期基督宗教時，我們面對的最大障礙，是我們腦中關於那個時期自行帶入的扭曲圖像。這個圖像與輪廓早已斑駁、碎片四散，要重建這幅圖像必須先進行很多清理的工作。然而，太多缺漏的描述卻在我們這代人的成長過程中，慢慢深植在我們的意識裡。近年來，開始有許多勤奮的學者撥亂反正，並將整個輪廓做了大幅修正和澄清。[1]

我最初對基督宗教開端的理解，在三個重要的方面是有缺陷的。第一，當我進入神學院時，大多數歷史學家都傳達了一種印象：從前，有個名為「早期基督宗教」的單一存在體，後來由於某些異端邪說和挑撥離間逐漸從其邊緣一步步竊據中心，所以擾亂了最初的和諧。第二，這些歷史學家還認為，他們所謂的「宗徒權柄」（apostolic authority）是很快就形成的一種觀念，用意可能和信條與教會階層體系的出現一樣，都是為了對付這些少數滋事份子發起的挑戰。第三，這些歷史學家又告訴我們，雖然早期的基督徒生活在羅馬帝國的政治和文化語境中，但羅馬帝國主要仍只是個「背景」；而且羅馬帝國除了宗教迫害、讓許多人因此殉教以外，和基督宗教領袖形成自己的想法和行動的時間，並無太多關係。

不過，在過去的幾十年間，這些說法全都被證明是錯誤的。下面的事情，現在看來是顯而易見的：首先，從來不曾只有一個單一的「早期基督宗教」，而是有許多個；而「異端」的概念當時並未為人所知。第二，發明出「宗徒權柄」觀念的，並不是使徒本身，而是後代；此外信條和教會階層體系出現的時間點，也遠晚於大家原本所認為的時間點。第三，要理解最早的基督徒（包括書寫新約聖經的使徒），很重要的一點是將他們

1. 這個部分我要特別感謝史坦道（Krister Stendahl）、帕格爾斯（Elaine Pagels）、凱倫．金恩（Karen King）、艾倫．卡拉漢（Allen Callahan）以及柯斯特（Helmut Koester）等學者提供的見解。

的運動看作一種自覺的**替代方案**，以對付魚肉他們的帝國；而想要瞭解其後一代的基督宗教領袖，最好的方式便是注意他們是如何改弦易轍、逐漸向帝國投懷送抱。

歷史，就像那句古老的格言所說的那樣，往往都是贏家寫的。在最早的「各種基督宗教」中競逐獲勝的贏家，不光是譜寫歷史，還試圖湮滅所有對其不利的證據。這就是為什麼所謂的異端必須把自己的文字藏在洞穴裡，直到幾百年後才被人發現。然後，贏家用他們改寫過的歷史向當局表達更強烈的訴求，與此同時，他們對羅馬帝國的態度也漸漸趨軟化，從被動抵抗轉變為溫順屈從；然後他們試圖輸誠，說基督宗教運動從一開始就臣服於神聖的羅馬皇帝。這種原始粗糙的修正主義促成一種笨拙的努力，將害死耶穌的臭名從羅馬人轉嫁到「猶太人」頭上，種下了長期的災難性後果。然而，到了今天，這整個贏家的說法不僅明顯地荒腔走板，其危險性更是顯而易見。

早期發展的三大重點

隨著早期基督宗教的發展過程日益明朗，這個高潮迭起的過程幾乎和它呈現的輪廓一樣精采。更精確且具科學性的考古研究、意外發現藏在洞穴數千年的古老基督宗教文獻，以及更細膩的歷史研究方法，所有這些因素加起來使得無心插柳柳成蔭的假設變得站不住腳。要形容早期基督宗教，用種子在不同土壤和氣候條件下播撒、發芽來比喻，可能更為合適。但是，瞭解這些新見解對二十一世紀的基督宗教的重要意義，也是很重要的。這些新見解將我們從狹隘的、宰制已久的僵化思維中解放出來，我們因而能重新審視那些沒人走過的路，以及被那些最終掌權者封閉的路。這些遙遠的過去，究竟如何影響不久的將來？

❖宗教的多面性

最近研究早期基督宗教所發現的第一件事情，便是基督宗教原來具有如此多的層面。而在羅馬帝國中，無論是中東的安提阿（Antioch），還是西歐的高盧（Gaul），所有教區都沒有標準化的單一神學、沒有單一治理的模式、沒有統一的禮儀，也沒有普遍接受的一個經文版本。在信仰上，所有人的焦點都是耶穌，但在解釋上卻有些決定性的差異：有些人、特別是耶路撒冷一帶的人，強調史實的耶穌；其他人則將重點放在普世的基督；還有一些人強調的是一個神秘的、內在的基督。

在組織裡，年長有經驗的成員當然願意向年輕成員傾囊相授，但所有成員間並沒有神職階層的分別。在禮儀方面，麵包和酒、祈禱和讀物等都是一樣的，但模式因地而異。所有基督徒都會接受洗禮，但方式也有所不同。所有基督徒也都會閱讀我們現在所說的舊約聖經（一般是希臘文譯本，即七十士譯本）以及其他在他們之間流傳的文件和信件；其中某些部分最終成了新約聖經的一部分，另外一些則沒有。

就算這些分布廣泛的信徒們彼此之間有著許多的不同之處，他們仍明確地感受到強烈的團結意識。但將他們全部凝聚在一起的，並不是一個組織、一個階層體系，也不是教義信條。其實，它更是一種強大的信心，他們有著相同的聖靈、都以追隨耶穌為己任、都努力將耶穌關於「神的沙洛姆國度」的消息散播到全世界。因此，最終出現的所謂「官方基督宗教」，其實只是最初那段時間冒出的一系列基督宗教中的其中一支；從現在的觀點來看，這是很清楚的事實。而我們今天仍在劃分的「正統」運動與「異端」運動，當時則是不存在的。

哪種版本的基督宗教最終會獲得主導地位，並不是必然或命定的。反過來說，西元三千年會發展出什麼樣的基督宗教，也沒人說得準。最惱人的問題是，階層體系出現的墮落、強加的一統性教會、帝國的組織和規範的信條教義，這些究竟是如何發生的，我們會在下一章再談這個。

❖ 宗徒權柄的概念

早期基督宗教的第二個重要發現、也對當代甚為關鍵的，就是後來被稱為「宗徒權柄」的概念，其實是非常晚才虛構出來的產物。就在耶穌被釘死在十字架上的隨後幾年，越來越多的人追隨了耶穌發起的行動。而在耶穌短暫的生命中就已經追隨祂的先行者，則被最早一批信眾尊為領袖，但並非所有人都如此。最明顯的例外是保羅，他承認自己從不認識「肉身的」耶穌；相反地，他是在前往大馬色（Damascus，即大馬士革）的路上，在炫目的光芒中初次遇見了復活的基督。

保羅身為一名猶太人和法利賽人、並接受嚴格的傳統猶太律法教育成為學者，他很清楚一件事情：當外邦人（Gentiles）開始進入神的以色列國（此前這個國僅屬於「亞伯拉罕的後裔」），就是眾人企盼已久的彌賽亞（默西亞，救世主之意）時代到來的明確徵兆。在大馬色的路上遇見基督以前，保羅甚至就已經知道這樣一種匯集正開始成形。帝國各地的所有外邦人，無論是因為羅馬萬神殿不再觸及他們的心靈，還是隨處可見的道德淪喪讓他們感到挫折，都開始走進猶太教堂，並受到一神論和嚴格猶太戒律的吸引。保羅教導說，耶穌的使命一直以來都是永遠打破猶太人—外邦人的屏障，而他自己則是「外邦人的使徒」，背負將這個消息傳達給大家知道的使命。

保羅稱自己為「使徒」（apostle），意思是「使者」（messenger）。最重要的是，當我們在教會階層體系中尋找宣稱擁有「宗徒權柄」的根據時，保羅卻從未聲稱自己的權柄是來自於以前的使徒；事實上，他甚至經常否認這點，並表示這個權柄來自他個人與基督的相遇。此外，他還在信中警告信眾，別把這種權柄賦予其他的使徒。他不認為使徒應該具有一種獨有的、更高位階的支配力，而是訓示信眾，聖靈會分給大家各種需要的不同「禮物」；他一次又一次強調，這些禮物中，最珍貴的一個是「愛」。同樣地，我們會在後面的章節回顧這一點。[2]

但是，為什麼直到最近幾年，「宗徒權柄」依然沒有得到足夠的檢驗？在神學院裡，講授形成宗徒權柄那幾十年的老師們，在在強調這個觀念的早期出現和重要性——儘管他們都是新教徒。但他們錯了，後來才被冠以「宗徒權柄」之名的這個觀念，出現得一點也不早。相反地，這個觀念是後來才被解讀出來、然後被回推到之前的歷史中；在原先的使徒們都離開人世後，那些主張自身權威與正統性的有心人士將這個觀念回推了。贏家——或者說最終會成為贏家的人——很早就已經在動手改寫歷史了。當我們能夠明瞭，宗徒權柄的想法並非源於使徒自身、而使徒對聖靈與群眾同在具有十足的信心，這就會對未來全球的基督宗教產生深刻的影響。

❖與羅馬帝國有關

在最近的研究中，披露關於早期基督宗教的第三個見解，和羅馬帝國有關。現在，我們很明顯地看到，羅馬帝國從來都不只是「背景」而已，它甚至或多或少牽引了基督宗教的思想。第一批基督徒明白，自己已經實質投入一場「反帝國主義運動」，這場行動將希望託付在羅馬帝國的瓦解，並創造出**取代**羅馬帝國的詞彙、組織和儀式。這樣的期望也標誌在〈啟示錄〉裡：

> 倒塌了！大巴比倫倒塌了！
> 她成為邪魔的窩，
> 邪靈的穴，污穢可憎的鳥類的巢，……
> 慘啦！慘啦！這大城啊，她一向穿麻紗、
> 高貴的大紫大紅的衣服，
> 戴著金子、寶石、珍珠等飾物！

2. 如果想要深入瞭解「宗徒權柄」概念的晚期發現，請見經典作品*Ecclesiastical Authority and Spiritual Power in the Church of the First Three Centuries* by Hans von Campenhausen（Stanford, CA:Stanford University Press, 1969）.

還不到一個鐘頭，這一切財富竟都喪失了！

——啟示錄18章2、16～17節

這段針對羅馬統治當局的詛咒，大概在公元一二〇年由一個叫約翰（若望）的政治流亡者所寫，是他被流放崎嶇的拔摩島（帕特摩島）時的作品。「巴比倫」在這裡暗指羅馬城，也就是帝國的首都，而羅馬帝國皇帝的穿戴的確是紫色與紅色。

在過去的一個世紀，基要主義者已將「世界末日」當作傳道的核心，他們堅稱我們即將面臨哈米吉多頓（Armageddon，聖經中最後善惡決戰的戰場）之戰，也就是世界末日，屆時宇宙將完全被火焰吞噬、熔解。《末日迷蹤》（*Left Behind*）系列小說裡就描繪了末日的恐怖細節，不過其情節主線卻嚴重扭曲了聖經原文。對於早期的基督徒而言（包括〈啟示錄〉的作者使徒約翰），即將結束的時代是**羅馬帝國的世界**，而不是上帝創造的物質世界。耶穌諭示過，神的國度會來到**地球上**。

將早期的基督宗教比擬為一場激烈的反帝國主義運動，有許多很好的理由：羅馬帝國的代表將耶穌釘死在十字架上、驅逐耶穌的弟子，還把祂下一代的追隨者與野獸一同送入競技場娛樂大眾。但是，這種反帝國的態度並沒有持續很長時間。漸漸地，帝國不僅就要籠罩基督徒，甚至進到了基督徒內部。來自特權階級的基督徒，先是為帝國所傾倒，然後無限崇拜地仿效她。這種情況經常發生在受到壓迫的時候，受害者對加害者通常先是感到恐懼、然後欽佩，甚至有時還會如法炮製迫害行為。譬如被關在納粹集中營的囚犯，如果獲得助理守衛的可恥特權，便會在衣服上穿戴納粹標誌、然後模仿納粹對待自己的方式，囂張地虐待其他囚犯。

這類情結似乎已經牽制了基督徒中的某些領導人，於是產生了歷史上最諷刺的逆轉之一。羅馬軍團將耶穌當作**帝國**的威脅法辦以後，支持羅馬帝國的群眾在總督彼拉多（比拉多）的院子裡喊著：「只有凱撒是我們的王！」耶穌身為一名巴勒斯坦拉比，發起了一場反抗運動，威脅到羅馬統治者和他們的同夥，以及耶路撒冷的神職菁英階層。保羅在即將垮台的帝國內各城市之間奔走，建立「集會」（assemblies，希臘文為 *ekklesiai*，是一個政治術語，意為公民的聚會），當「巴比倫」倒塌、「神的國度」崛起時，集會就完成了。基督徒稱耶穌為「主」（Lord，希臘文 *kyrios*）以及「和平使者」（peacemaker），這兩個稱呼都被羅馬皇帝僭用了。

就在第三世紀末，開始有一些基督宗教領袖覬覦帝國官僚機器的權力、效率與軍事權威；到了第四世紀，隨著帝國成了名義上的基督教帝國，教堂也帝國化了，基督宗教的本質變得模糊，幾乎面目全非。某些基督徒不只一改原先反對帝國的態度，甚至允許他們的宗教在帝國搖搖欲墜時，當作支持帝國的一種意識形態。總之，我最早學到關於早期基督宗教「據稱」的主要特徵——獨一性、宗徒權柄，以及帝國只是背景——全被證明是非常離譜的。現在回想起來，這一切看起來都是非常明顯的，我自己的老師們怎麼會沒注意呢？

那些老師們在當時的知識範圍內，盡其所能做到最好，卻也成功地將整個輪廓描繪得非常扭曲。他們並不知道早期基督徒間存在的多樣性、不知道發明並傳承宗徒權柄一說的時間之晚，也不知道帝國發揮的集權力有多強。但是，如果我怪他們沒把他們當時不可能知道的東西教授給我，未免也太忘恩負義了；他們不過是傳遞老一套的想法，而這套想法當時尚無反證罷了。如今，我從神學院畢業也有幾十年的光景，上述的情況已經改變了。

早期的四個發展

近代的史料研究中，有四個發展已經徹底改變我們對第一個世紀基督宗教的理解，並產生我方才描述的一幅更準確的寫照。

❖第一個發展

這是在一九四六年，由埃及拿戈瑪第（Nag Hammadi）附近一個小男孩所觸發的。這個小男孩想把幾隻走丟的綿羊找回來，沒想到卻在一個洞穴裡發現了整座古籍圖書館。這些年來，這些寶貴的抄本流轉於各種暗盤仲介以及貪婪的文物販子之間。這當中目前最知名的文件莫過於〈多馬福音〉（多默福音），一九五九年首次出版。當學者們達成共識，認為這本福音書至少和新約聖經中任何一本福音書一樣古老、甚至更老時，無疑在早期基督宗教研究領域中投下一顆重磅炸彈。它破壞了「早期基督宗教是統一或一致的」的觀念。這意味著已經持續了幾個世紀的信念，那個可以區別早期基督宗教是否真實可靠、是「正統」或「異端」的信念，現在必須揚棄了。事實上，這種區別也都是相當晚近才被創造出來的。

有學者主張不必太認真看待〈多馬福音〉和其他一同重見天日的經籍，因為它們都感染了「諾斯底主義」（Gnosticism，又譯靈知派）的想法。但是，哈佛大學教授凱倫．金恩（Karen King）在她的著作《何謂諾斯底主義？》（*What is Gnosticism?*）中表明，「諾斯底主義」這詞非常不精確，且意涵矛盾又過於模糊，完全不能使用。在不同的早期信仰團體之間，使用的經籍也各有異同之處。

這些古籍中，許多作品既包含後來被歸類為「正統」章節，也帶有後來被斥為「諾斯底主義」的章節。關於拿戈瑪第經籍，金恩教授寫道：「儘管我們可能期待這些經籍能確立正統與異端間的古老差異，但它們卻展示了當時在不同地理位置中已發展出的不同類型基督宗教，而當時正統和異端尚無明確的界定。」[3] 除了歷史考察外，金恩教授還正確地指出，當權者（或試圖掌權者）動輒操弄「正統」和「異端」的語言，來對付那些他們想要宰制或排除的對象。金恩教授警告，別在「我們所居住的、文化日益多元的世界裡」[4] 使用這類語言。

❖第二個發展

第二個新發展、也就是讓宗徒權威的神話露餡的發展，其實並不是發現更多資料來源，而是貫通資料理出頭緒。就在幾十年前，歷史學家和新約聖經學者還勢不兩立、分別屬於不同的圈子，雙方的對話自然不足。從傳統的角度來看，一部分的原因是神學院的預備牧師神父和古代宗教歷史學家之間有隔閡，他們的研究前提自然相當殊異。畢竟，在我們神學院裡面，新約聖經被認為是「神所默示」的、至少被當作正典來研究，但史學家研究的資料卻不是。

聖經學者們知道，無論保羅或其他使徒都沒有將他們實際上警告、反對的「宗徒權柄」傳遞給後代。許多歷史學家知道這一點，卻仍依賴這些在西元後幾個世紀用莎草紙寫作的古代作家（這些人也常莫名其妙地被當作「歷史學家」）。二十世紀的學者們有時天真地接受了那些作家發想並描繪「最早的基督宗教」的方式，彷彿他們雖然手法有些粗糙、但仍是現代歷史學者的榜樣，就因為這些作家的時代緊接在後。畢竟他們離那些事件發生的時代不遠，記錄下來的東西也一定比較清楚。

但這就是問題所在。正如我們所見，這些早期基督徒「歷史學家」，既不中肯，也不中立；他們甚至不是歷史學家。他們是渴望成為下一代基督徒領袖的教士，他們絕對不是無私的，也不特別怕大家知道自己幕後的動機。他們為了找出一種有效的方式來建立自己的權威，因而死握著一個非常迷人的想法不放：他們聲稱自己從第一批門徒繼承了權力、並聲稱自己擁有「宗徒權柄」，因為他們是他們開始稱作「宗徒傳承」法統的一部

3. Karen King, *What Is Gnosticism?*（Cambridge, MA:Harvard University Press, 2003）, p: 152.也請參考Helmut Koester, *Ancient Christian Gospels:Their History and Development*（Philadelphia:Trinity Press International, 1992）.

4. King, *What Is Gnosticism?* pp. 142, 147.

分。這完全就是一套自我辯護的虛構小說。不料，小說推出一久，漸漸鈣化成為事實，並延續了很長一段時間；甚至在我剛開始學習基督宗教的歷史時，這個說法仍有許多人沿用。你可以說，這則悠久的寓言開始毀滅，是因為歷史學家和聖經學者都要處理拿戈瑪第經籍中出現的新證據，而相約一起喝咖啡開始的。他們比較筆記之後，結論是應將來自所謂「宗徒傳承」的權威理解為後來捏造的產物，而早期的基督宗教的權威實際上則是更為多變且擴散的。

幸運的是，目前這一代的聖經學者和早期基督宗教歷史學家，現在更常一起喝咖啡；事實上，現在的研究工作甚至常是由同一群人進行的。越來越多的學者同時研究正典和非正典的文本，並同時仔細檢查考古學家不斷找出的器皿碎片和墓碑銘文。今天，學生學到的早期基督宗教史，已經和我當初學到的完全不同了。但是差異又是多大呢？

遺憾的是，有些神話一旦被確立——特別是讓某些人擁有比其他人更多權力的神話——就算推翻這些神話的證據已經廣為人知且能服人，神話往往還會存活很長一段時間。宗徒權柄和宗徒傳承的例子，特別（但不僅限於）為羅馬天主教會提供了統治基礎。就像「嗶嗶鳥」卡通（Road Runner）裡的大笨狼時常跨過懸崖邊緣仍繼續在空中踏步一樣，許多領域（不只有宗教領域）的統治者，在支持他們權威的神話被破解後，仍一直傻傻地揮舞自己的權杖。有次我與教宗本篤十六世（Pope Benedict XVI，他當時還是樞機主教拉辛格）談話時，就看到這幅畫面上演。我會在後面的章節再回頭談談那次內容豐富的訪談過程。

❖ 第三個發展

在我離開神學院後，第三個使我們對西元後數世紀基督宗教發展知識產生關鍵變化的發展，是出現了所謂的「人民的歷史」。這個發展的要義相當清楚：通常被我們稱為「歷史」的東西，實際上關注的重點都是菁英和領袖，而不是普羅大眾和平凡老百姓；大部分研究西元第二或第三世紀基督宗教的歷史學家，更是凸顯了這樣一個要義，他們的注意力都放在神學經論作家，以及爭論權柄問題的主教上。因此，他們所提出的「歷史」忽略了真正構成基督宗教運動、多達百分之九十五的大眾，自然是一個片段、甚至可說支離破碎的歷史。

為了導正這種經年累月、存在已久的虛假記載，「人民的歷史」擴大了調查的範圍，除了文獻以外，還包括遊戲、玩具、塗鴉、棺木上的銘文。我們還可以從飲食、房屋家具、盤碟甚至是遠古的垃圾坑的殘渣中收穫良多，考古學家現在甚至認為，古代垃圾坑可以挖掘出一些精彩的證據。如果你從稅法、娼妓（耶穌很常談到賦稅與娼妓）和羅馬軍隊組織的研究角度來看西元後幾個世紀的基督宗教，就會看到一個更全面的輪廓。

例如，雖然早期教會的主教們可能益發奉承阿諛帝國，但老百姓是否也一樣搖尾乞憐就是非常值得懷疑的問題。就在主教獲得越來越多支持之際，全國各地也越來越多人揭竿起義。要維護帝國龐大的軍隊體系，自然需要越來越高的稅收；而人們自然發現越來越多的聰明方式來避免繳納稅賦，執法的難度也因此提高。來自北方、被羅馬人稱為「蠻族」的部落民族開始入侵，推翻並取代羅馬皇帝。當國家的大船像梅爾維爾《白鯨記》裡的裴廓德號（Pequod）最終沉沒於茫茫大海中，教會卻像為水手魁魁格（Queequeg）預備的棺材般，突然浮上海面，真是一幅矛盾的景象。教宗最終成了哲學家湯馬斯·霍布斯（Thomas Hobbes, 1588-1679）描繪的：「完全就像傾頹羅馬帝國的鬼魂，戴著皇冠坐在羅馬帝國的墳頭上。」我們重新探究教會與帝國之間的複雜關聯以後，會得致一個也將在隨後章節討論到的結果：在「南半球」構成龐大族群的新基督徒們，非常戒慎恐懼地看待自己與今天世界上諸多帝國之間的關係。

我的老師們除了對「人民的歷史」帶來的貢獻有欠關注外，還有另一個原因導致他們遺漏了早期基督宗教歷史中的帝國集權力。他們的盲點來自一句老派（而且不太可能做到）的美國格言：「宗教歸宗教，政治歸政治。」他們贊同耶穌絕對是一個「有宗教信仰」的人物，但一些同時代的人卻完全誤解耶穌，認為祂具有危險的顛覆意圖。他們告訴我們，早期基督徒對世俗政治毫無興趣，而是成天嚮往著「基督再臨」，能將他們帶離這個骯髒的塵世，或將天堂帶下凡間。他們將迫害與處決基督徒的原因歸結為來自敵對「宗教」的攻擊，如猶太祭司、異教徒統治者，或是皇帝祭禮侍衛。而這種想法的最大意涵便是，儘管在我們這個時代基督宗教可能確實有著社會上、甚或政治上的「意涵」，但它們都是次要的，其原始的靈性使命才是最主要的。

然而，耶穌的敵人實際上對祂是再瞭解不過了；祂就是帝國的真正威脅。我的老師們所誤解的是，我們今天做出「宗教」和「政治」之間的區隔，其實是當代的奇想，西元一世紀的巴勒斯坦可沒有這種區隔。宗教即政治，政治即宗教。當耶穌吩咐門徒祈禱、求神的國度「在地上實現，如同實現在天上」，對當權者來說再明顯不過的訊息是：如果這種情況真的發生了，自己就會被取代。被終結的「世界」，將會是他們的羅馬帝國世界。對耶路撒冷的帝國官員和當地通敵者來說，將耶穌以顛覆叛亂的罪名處死並不是個錯誤。從他們的角度來看，他們對耶穌採取了必要的措施。

政教分離的原因

我們前面已經提過，如何從抨擊羅馬帝國的角度來理解聖經的〈啟示錄〉。而隨著當代學者更深入瞭解早期基督宗教這種反帝國主義的元素，這個元素便能幫我們解釋新約聖經中一些令人費解的段落。例如，好幾個世代的聖經教師都忽略了一個事實：在〈馬可福音〉中有個很有名的段落，描述耶穌治好一名被污靈附身的年輕男子，而那些污靈統稱為「鬼群」（legion）——這個詞任誰聽到都會馬上想到羅馬帝國軍隊的一個連隊，而無論是男孩的身體或是他們的家園，都被外來勢力給占領、需要得到解放。另外，關於將污靈趕進豬群、使整群豬全衝下山崖淹死的事蹟，先前學者沒有注意到的象徵意義是，加利利的猶太農民並沒有食用豬肉，養豬只是為了賣給帝國的軍隊。研究帝國的視角可以幫助我們更理解聖經，這又是其中一例。

耶穌被處死後，祂對羅馬帝國的威脅並沒有完結；在接下來的幾十年裡，除了猶太人之外，非猶太的外邦人也投入了祂的運動，在整個已知世界裡迅速蔓延，繼續對帝國構成威脅。新生基督徒群體之間「橫向」共享財務資源的互惠做法，削弱了羅馬帝國影響力之所繫、由上而下分布的油水金字塔。基督徒拒絕參加皇帝祭禮而遭受迫害，並不是因為這麼做「有宗教意涵」，而是因為這是叛國的罪行。在神聖的皇帝祭壇前膜拜，可絕不只是一種象徵性的姿態；這是羅馬帝國的重要儀式，是用以發揮統治力的意識形態。不可否認的是，基督宗教從一開始就是反對帝國主義、反抗帝國主義的。那麼又是什麼樣的原因，使那麼多細心的學者，允許政教分離的現代民主理念左右古代歷史的解讀方式呢？

會發生這種情況，是因為十八世紀後期開始的政教分離，不僅成為組成現代心靈的一個要件，還成為現代學者研究其他時代所帶入的研究框架。政教分離是啟蒙運動和現代革命的產物，很自然會滲入現代思維，並成為其中的支柱。但是，最早的基督宗教先與帝國交惡、之後卻又投入它的懷抱，我們如果再次釐清並理解這個過程，對今天的基督宗教是很重要的，原因有二。

第一個原因，是兩個時代有著驚人的相似性。今天的基督徒和西元後最初幾個世紀一樣，都生活在一個文化多音共響的世界中，他們的信仰正在迅速蔓延開來。與過去同樣類似的是，今天有些基督徒位於一個強大（美國）的帝國中心，而其他基督徒則在其邊陲地帶。針對帝國的比較研究，可讓我們更加理解，為何一場反帝國主義運動會淪為其所反對的帝國的意識形態，以及其背後錯綜複雜的過程；我們也從研究中看到，教會如何違背了耶穌實踐的平等主義，並給自己強加一套帝國的結構。早期的歷史最終都會成為我們的前車之鑑——它警告我們，今日的基督宗教論述可以很輕易地和美國帝國的利益一搭一唱，就像過去一樣。

第二個原因，帝國是如何塑造其內部的機關，是今天需要特別關注的問題。最近哈佛大學歷史學者查爾斯·梅爾（Charles S. Maier）出了一本書《躋身帝國之列》（*Among Empires*），書中提供了一個很好的例子。他發現只要是帝國——無論是羅馬帝國、蒙兀兒帝國（Mogul）、大英帝國或美國——都使用類似手法來控制自己的臣民。這些手法結合了軍事力量與文化宰制力，前者包含威脅的手段，後者則包含透過教育、宗教、語言，以及流行文化（特別是在美國）來支配。

但梅爾的分析中，最有力的一點就是：所有帝國都傾向於將金字塔階層體系模式植入其權力管轄範圍內的所有機構。人們不僅生活在帝國之內，帝國也生活在人民之內。梅爾仔細提出文獻證明，帝國如何自然地出手，將基層機構內化為其由上而下的權力機器：他們（帝國）的「特權和參與梯度向外、向下延伸到社會中……他們在所有空間層次上，無論是宏觀還是微觀的角度，都在複製自己的一套階層結構及區隔，範圍涵蓋社群、工作場所甚至是整個大陸上……所有層次都概括了整體的結構。」[5] 這個重複帝國結構的傾向也有助於解釋，為什麼基督宗教運動中有一大部分，一開始先提供了一個替代羅馬帝國的想望、成為被追殺的受害者，然後轉變為低三下四的逢迎馬屁，最後淪為聽命於帝國的打手。6

就是這三種變化，呈現我們現在所看到的基督宗教歷史——它的多態性樣貌、不同的權力模式、以及其領導人（而不是一般信眾）對帝國前倨後恭的事實。這些見解可讓基督宗教進入二十一世紀後有更多的不同可能，特別是在幾個方面，本世紀和基督宗教剛出現的最初幾世紀之間，有著顯著的相似處。對「當時究竟是怎麼回事」有了更準確的說明，不只是歷史研究的結果，也是那些沒那麼受西方世界觀左右的聖經研究與宗教體系學者帶來的結果。特別是神學解放主義和女權聖經研究對現代學術的假設紛紛提出質疑，藉此描繪出更可靠的基督宗教起源輪廓。我們在後面的章節會回顧這點，但在此

5. Charles Maier, *Among Empires:American Ascendancy and Its Predecessors*（Cambridge, MA:Harvard University Press, 2006）, p. 10.

6. 在帝國對新約聖經與早期基督宗教之影響的研究領域中，侯士黎（Richard Horsley）始終是學界先驅。特別推薦他的作品 *Jesus and Empire:The Kingdom of God and the New World Disorder*（Minneapolis, MN:Fortress, 2002）. 也請參見Pui-Lan Kwok, Dan H. Compier, and Jeorg Rieger, eds., *Empire and The Christian Tradition:New Readings of Classical Theologians*（Minneapolis, MN:Fortress, 2007），本書匯集了多篇精彩文章，探討基督宗教與各個帝國（從羅馬帝國至今）的關係。也請參見Elizabeth Schussler Fiorenza, *The Power of the Word:Scripture and the Rhetoric of Empire*（Minneapolis, MN:Fortress, 2007）.

之前，我們要先更仔細地看一下，基督宗教由多樣的神學觀降級為僵化的正統觀、從靈性團體變為「宗徒的」威權主義，以及立場從反帝國主義到支持帝國主義的轉換，究竟是**如何**發生的。

Chapter 5

從信仰到信念的退化

道中之人與信條主義

基督宗教以聖靈運動之姿在歷史上闖出名號。這場聖靈運動以信仰為號召——希望並深信耶穌所諭示且彰顯的「沙洛姆」時代即將到來，而猶太人和外邦人都是這「神的國度」內的子民。在這個國度裡，窮人將不再潦倒，外來者也將被納入大家庭中。「信仰時代」就這樣蓬勃發展了將近三個世紀。然而，之後在一段相對短暫的時間內，信仰的元素在這廣納百川的新國度中漸漸淡去，原本轟轟烈烈的全民運動隨著階層體系的鐵腕，逐漸僵化成強制性的信念，像一棟頭重腳輕的大廈。

來自各種不同背景的神學家，多年來不斷嘗試解釋這種墮落出現的原因，並做出了幾種不同的診斷。宗教改革先驅馬丁．路德（Martin Luther, 1483-1546）即認為，他所謂的「教會的墮落」，和教宗權勢的日益顯赫有著藕斷絲連的關係；其他的宗教改革者則懷疑，這種墮落在更早以前就顯現出端倪了。十六世紀的重洗派（Anabaptist）人士則主張，基督徒在君士坦丁和其後幾位繼任者在位期間，選了一條錯誤的路線，使得他們最後變成一群為老大服務的小嘍囉。最早的一些貴格會士則認為，當經文被傳抄下來時，錯誤就已經造成了，因為這扼殺了聖靈的自由流動。希臘和俄羅斯東正教神學家認為這樣的分裂大約出現在西元一〇〇〇年，當羅馬天主教會對東方教會的排斥急速增升，最終促成了東西教會大分裂，並在一〇五四年正式將位於君士坦丁堡的東正教大主教逐出羅馬天主教。當然了，對於教理時代，天主教徒比任何人都抱持一個更樂觀的看法。他們堅決主張，問題起源於早期的「異端」，他們活躍了整個中世紀，並在宗教改革時最為猖狂。儘管大家都有各自的想法，但幾乎每個人都認為，在某個時間點，事情開始變得很不對勁。

近期學者們重新探索了部分的早期基督宗教史料，為這些爭論投下一道曙光。從這些新發現中，我們開始拼湊出一個新的樣貌，凸顯出耶穌死後幾十年內開始成型的許多小變化，在第三世紀末與第四世紀初成為長期狀態的大變化。而當時基督宗教領袖也開始架設階層體系、編織信條，要求信徒接受。在此之後，製造信條迅速成為一種習慣（有些人會認為這是一種癮頭），這種習慣一直延續至今，成為後來所有的基本教義派的理論溫床。在整個中世紀早期，大量粗製濫造的信條不斷生成，也無可避免地產生了各種惡鬥。到了十六世紀宗教改革時期，教會領袖仍在絞盡腦汁捏造各種自相矛盾的信念式教義。甚至到了一九五〇年，教宗庇護十二世（Pope Pius XII）還頒布過一則信理，宣告童貞馬利亞升天，從今以後所有的天主教徒都必須堅守。

今天，新教的基本教義派仍緊抓住信念的教條清單，堅稱如果不相信這些，就不能成為真正的基督徒。在教理時代，生產強制性信條的結果，便是扼殺對一個「不同世界」

的盼望——它就是早期基督宗教能如此活躍的最大因素。在教理時代時期，天主教神學家視其教會為「神的國度」，許多新教徒則將神的國度推給來世。同時，強制的信念體系讓信仰和希望通通黯然失色。

有些學者替這樣的信條熱潮開脫，認為這是一個必要的調整，因為想在羅馬帝國境內傳播、擴展基督宗教運動，除此之外別無他法。這當然是一種調整，但真的需要嗎？會不會有什麼重要的東西在這過程中遺失了？我們雖然不是要編織充滿想像力的「事情如果……可能會怎麼樣」之類的歷史小說，但仔細留意歷史上的哪些時刻人們做了哪些選擇，主要是為了能更清楚地思考未來的可能性。

信條主義

信條，是他們那個時代的產物，是基督宗教歷史中的關鍵路標。信條更是讓我們瞭解某些基督徒（雖然並非所有基督徒）在過去如何回應這種內部糾紛的寶貴指標。但是，若想把人們對信條的「相信」當作今日基督宗教的一個永久特徵，就是誤解了這些信條的寶貴功能。好幾個世紀以來，眾多神學家們設計的各種信條，讓我們能夠一窺他們在當時的環境下所面臨的挑戰。但是，他們的情況和我們是不一樣的。在漫長的基督宗教歷史中，如果我們更留意信條在歷史中的標誌性意義、而不是其樹立的障礙，可以幫助我們面對目前的困難和機遇。

關於信條的另一個問題，是我們是否應該按字面意思理解信條，或把它們當作詩歌來看待。羅馬天主教神學家史蒂芬．羅溫（Stephen C. Rowan）在著作中討論到〈尼西亞信經〉（Nicene Creed），他認為只有將信條當作譬喻和詩歌來欣賞，它們在今天才能發揮正面作用。他說，詩歌並不是一種**不太**確切、反而是一種**更**確切的語言形式，我們要學會「用象徵性方式瞭解象徵性的語言符號」。他稱今天的世界是一個只閱讀字面意涵、「散文體的平凡世界」是恰如其分的，因為大家對繆斯女神的詩意話音已經幾乎充耳不聞。[1] 他承認，在這樣的世界裡，很難用象徵性方式，瞭解象徵性的語言符號。

可悲的是，基督宗教本身也罹患了寫實主義帶來的語性耳聾。新教基本教義派的主要特徵，就是其具備的寫實主義。因此，當信條被理解為對於上帝和基督的真實描述、而且人們仍應該「相信」它們，那它們就不會是信仰的幫手，反而成為一道障礙。也許，當今保存信條真正價值的方式，就是將它們唱出來，或像過去常用的方式改編成舞

1. Stephen C. Rowan, *Nicene Creed:Poetic Words for a Prosaic World*（Mystic, CT:Twenty-Third Publications, 1991）.

蹈或抑揚格五音步的詩歌。正如使徒保羅所寫的：「字面上的法律帶來死亡，但是聖靈賜生命。」（哥林多後書 3:6）

繼續從字面意義解讀信條，對基督宗教的信仰可說是越幫越忙。它們會將人們深鎖在過時的「教理時代」。然而，也有跡象顯示它們的重要性在今天日漸低落。我們眼前的「後基督宗教」時代，與西元一世紀的情況越來越類似，反而不像西元一世紀以後到現在那一千多年充滿各種信條制定的「基督教文明」時期。加州橘郡馬鞍峰教會深具影響力的福音派牧師華理克（Rick Warren）認為，現在教會需要的是「第二次改革」，而且這種改革必須基於「行動，而不是信條」[2]。因此，詩歌、戲劇和舞蹈又重登了大雅之堂。這也許可以解釋，為什麼聖餐禮（聖體聖事）又在許多教堂中重新活躍起來。

幾年前，有一位不屬於任何教會、名叫莎拉．邁爾斯（Sara Miles）的年輕女子，在好奇心驅使下，信步走進了舊金山的聖格列高里聖公會教堂（St. Gregory's Episcopal）。她當時一定比較晚到，因為當她踏入教堂時，正是領聖餐的時間。她注視了一會兒，然後純粹出於衝動決定接受麵餅和葡萄酒。接著，有些她認為無法用筆墨形容的事情發生了。雖然她真的非常不喜歡信條和「喃喃自語的儀式」，但她仍深受吸引，因而一次又一次地上教會。不久，她開始為街上的流浪漢與飢餓的遊民籌辦一個食品賑濟中心，並將他們聚集在教堂的大殿裡，祭壇則充當餐桌。然後在很短的時間內，每次就有兩百五十人擠進教會，莎拉先募集教會成員、再來是一般人，一同加入幫助準備和供應飯菜的行列。她雖然不太瞭解早期教會的歷史，但她實際上卻重新實踐了早期基督宗教的一個習俗（今天的學者也都同意）：窮人也可以在「主的晚餐」中得到溫飽。[3]

莎拉．邁爾斯的經驗表達了幾個重點：我們應該仔細回想「前信條時期」那幾百年的樣貌，並思考而後我們可以稱為「競爭性信條主義」的潮流又是如何產生的；最重要的是，我們必須認知到早期的「前信條時期」習俗又如何在現代得到重現。

「道」的退化

在最初那幾年，人們將耶穌和其門徒發起的運動稱為「道」（the Way），而耶穌本人則被形容為「忠實地把上帝的道教導人」（馬太福音 22:16）。這些追隨他的人，被形容為走在「和平的道路」（路加福音 1:79）和「真理的道路」（彼得後書 2:2）上。當保羅動身

2. 引自Frances Fitzgerald, "The New Evangelicals," *New Yorker*, June 20, 2008, p. 31.
3. Sara Miles, *Take This Bread*（New York:Ballantine, 2007）.

前往大馬色、去逮捕那裡的基督徒時，他攜帶了逮捕令，「准許他搜捕跟從主道路的人，無論男女，都押解到耶路撒冷去」（使徒行傳 9:2）。這便是「道」這個字最初的用法。但今天這個字（way）也很常用，因為我們通常的用法是「方式」，譬如當人們說到一種「生活方式」（way of life）時就會用到這個字。

耶穌誕生後的兩百年，是基督宗教前所未有的活力成長期。當時基督徒的唯一「信條」並不是強制性的信念清單，而是一句簡單的肯定：「耶穌基督是主」。這更像是一種宣誓效忠，因為這表示：「我效忠耶穌，而非其他統治者。」這也代表基督徒效忠耶穌更勝於效忠羅馬皇帝，這最終自然惹來致命的麻煩。但爭議並非來自信條的衝突，而是效忠對象的衝突，因為這是兩種不同的生活方式。

甫出現未久的基督宗教運動（即上帝的「道」）一路蓬勃發展到西元二五〇年左右，雖然不時仍遭受宗教迫害，卻完全沒有仰賴任何神學上的共識。而我們現在所說的教義或教條，當時都還沒出現，更不用說綱領般的信條。研究該時期的史學家們都同意，凝聚地方教會基督徒向心力的要素包括下面幾點：共同參與以聖靈為中心的生活，共享禱告和聖餐的生活方式，殷切地盼望上帝的沙洛姆降臨塵世，以及具體實踐耶穌的楷模，特別是關懷社會邊緣人。只要討論到神學問題，總會有很大的意見分歧。換句話說，在基督宗教歷史上這個最具活力的時期，追隨耶穌才是重點；沒有一個大家必須堅守的教條，同時豐富多樣的神學觀點也在蓬勃發展。這是一個百花爭艷的時代，而「異端」的想法還沒有浮上檯面。

重新啟用「道」和「上帝之道的追隨者」來形容基督宗教和基督徒，現在正是時候，而且遠比「信徒」更準確、更原始，卻又更當代。如果有人錯誤地認為基督宗教只是一個關於教條的宗教、其他的宗教卻只是各種不同的「生活方式」，那這個「道」有辦法安撫這些因誤認而氣餒的人。西元一世紀的祖先們能帶給我們的，就是這非常珍貴的資產，我們沒有必要認為信條式的基督宗教才是唯一選擇。但是，「道」又是怎麼退化成信念體系的？

當耶穌運動出現爆炸性的地域擴張時，這種退化就蠢蠢欲動了。耶穌最初在巴勒斯坦地區發起運動，然後迅速蔓延到帝國境內地中海沿岸的其他區域、甚至更遠的地方；它遇到了許多新的挑戰，首當其衝的便是語言問題。耶穌和祂的追隨者說話時用阿拉姆語（Aramaic）、祈禱時則用希伯來語；但在當時的時空背景下，希臘語才是所謂的通用語。因此，福音都必須經過翻譯。但是，翻譯當然不單是轉譯的措辭精確與否的問題，不同的語言體現了對世界的不同看法，希臘語地區的世界觀自然和巴勒斯坦地區的世界觀有許多顯著的不同。只要我們記得，整部新約聖經並不是以耶穌的母語所寫、而是以希臘文寫的，而且完成時間是耶穌死後幾十年內，我們應該就可以瞭解：環境對語言變化所起的推力，是如此巨大了。

但是，新環境並不是促使某些基督徒開始塑造信條的原因。隨著新生的基督宗教運動逐漸拓展影響範圍，所遭遇到的其他挑戰也在增加；這些無數個「新興宗教」伴隨著基督宗教，從東部邊境一鼓作氣朝帝國席捲而來。譬如說起源於波斯的密特拉教（Mithraism），其崇拜儀式的重點便是宰殺牛隻，祭司會將溫暖的牛血灑濺在密特拉導師身上。這樣的祭典保佑其追隨者永生不死，所以在士兵中特別受到歡迎。

幾年前，我參觀了一個太陽式洞穴（Mithraeum），也就是密特拉教崇拜中心；這個洞穴是在開挖羅馬聖克萊門特教會（Church of San Clemente）底部時發現的。後來我去聖馬利諾參觀了另外一個太陽式洞穴壁畫，畫中密特拉斯（Mithras，密特拉教主神）戴著弗里吉亞斗篷（Phrygian cape），徒手宰殺一隻公牛。有一隻狗和一條蛇舔公牛的血，還有一隻蠍子在啃公牛的生殖器官。雖然血色已經沒那麼驚悚醒目，但仍足以在兩千年後的今天，喚起人類心中既迷戀又厭惡的混雜感受。這種極致的野蠻與赤裸裸的暴力場景，似乎解釋為什麼崇拜密特拉的教士和軍人，會拒絕允許婦女參加。當然，耶穌受難的描繪可能一樣可怕，但關於受難的血腥描繪，直到君士坦丁大帝改信基督宗教、將原本拒服兵役的基督徒徵為士兵之後才出現；在那之前的兩三百年，基督宗教的主要象徵是魚和「好牧人」。

有些歷史學家聲稱，密特拉教是基督宗教的勁敵，兩者對抗超過兩百年。試圖恢復羅馬萬神殿、同時也被基督宗教史學家稱為「叛教者」的羅馬皇帝朱利安（Julian），也是最初受到密特拉教奧秘吸引的人之一。但對大地之母（Magna Mater）以及伊西斯（Isis）和奧西里斯（Osiris）的膜拜，以及其他較不為人所知的地方神壇或家庭祭祀也一樣蓬勃發展。帝國裡簡直可說神祇滿街走。

在最初幾個世紀，各個宗教百家爭鳴，從這方面來看，當時世界各地的基督徒生活環境明顯與今天的我們相似。雖然各種預測都認為神祇終將不復存在，但直到今天，神祇似乎完全沒有消亡。相反地，我們在全球各地看到神祇開始復甦起來，有男神有女神，有好的也有壞的。在美國，你會看到清真寺和佛教寶塔如雨後春筍般，出現在基督宗教的教堂和猶太教堂旁。在全球各個角落，我們也看到曾被認為是垂死宗教的復興：日本首相招搖地參拜東京神社，克里姆林宮的統治者則在修復過的鍍金圓頂東正教教堂內祈禱。伊斯蘭武裝份子發起抗爭，以取代他們所厭惡的埃及和沙烏地阿拉伯「古蘭經」

政制。在緬甸，佛教僧侶身穿橘黃色長袍走上街頭，帶領示威人潮抗議軍法統治。有些約旦河西岸的猶太居民，要求以色列成為遵循猶太律法（Torah）治國的國家。二十一世紀的世界，似乎完全不世俗。今天的世界與最初幾代基督徒經歷的世界，相似度非常驚人，和基督宗教壟斷（至少在西方）中間那段空洞的一千五百年反而不那麼相像。

毫無疑問地，今天很多對耶穌的一生與祂傳達的福音有著強烈依戀的人，卻早已看清基督宗教歷史的醜陋真面目，甚至對此感到反感。這段歷史雖然有許多光榮的時刻，但整個脈絡的確經常醜態百出。但只要我們認知到下面兩點——歷史上的基督宗教有多麼背離其核心價值，以及今天最活躍、最有潛力的基督宗教運動現在正在擺脫歷史的包袱——我們就可以將整個脈絡看得更清楚。

早期的對手

然而，早期基督宗教最念茲在茲的對手不是密特拉教士、也不是奧西里斯的狂熱信徒，而是另外兩種宗教。這兩個宗教一個比較新，另外一個則很老。比較新的那個宗教，就是定制的羅馬帝國皇帝祭禮，皇帝自然就是受崇拜的神祇。我們今天甚至可以將這個宗教稱為「公民宗教」；它有自己的節日、遊行，帝國各處都有聖地供大眾參拜。所有皇帝的臣民都必須敬拜羅馬皇帝，無論他們住在哪裡、是否還拜其他任何神祇。就是這樣一種將宗教和意識形態綁死在一起的千斤頂，才能支撐這幅員遼闊的帝國。

另一種比較老的宗教，則是古典的「異端」：崇拜宙斯和阿波羅、朱諾和戴奧尼索斯，以及其他奧林匹亞眾神們無盡的爾虞我詐、荒誕不羈與縱慾行為。這些神祇彼此間嗜血的鬥爭，其實非常巧妙地反映了人類的弱點。在基督宗教開始滲透進希臘眾神的領地以前，就已經有許多人用隱喻的方式改寫了這些神祇的故事，這個奧林匹亞多神宗教也繼續發揮著強大的文化和道德影響力。它還有一個優勢，那就是可以很容易地與皇帝祭禮融合在一起：畢竟你都已經崇拜多神了，再多一個又何妨？

面對上述兩個競爭對手——皇帝祭禮和異教眾神，基督徒發展出兩種不同的應對策略，但這兩個對手都沒有逼使基督宗教推出正式的教義和信條。至於崇拜羅馬皇帝，基督徒的回應直截了當：不。他們聲稱耶穌基督是上帝的 kyrios（即希臘語「受膏者」之意），但由於 kyrios 是敬稱羅馬皇帝的用語之一，所以基督徒們拒絕參加皇帝祭禮。他們願意**為**皇帝和他的健康而祈禱，但他們對於**向**皇帝祈禱或提供宗教儀式的供品採取頑抗的態度。他們發現一個人不能同時當耶穌的跟隨者、忠於祂和祂的「王國」，又朝拜祂的競爭對手。所以，「皇帝祭壇一炷香也不上」。這種對帝國政治性宗教的蔑視，毫無意外地招來了顛覆的的罪名，更讓其中一些人被送進競技場，讓飢腸轆轆的獅子果腹。而今，在我們身處的當代，十字架和國旗結合的標誌變得如此受歡迎、充滿宗教意涵的民族主義也在世界各地逐漸興起，這時回顧早期基督宗教拒絕與政治同流合汙的過往，對我們不啻是一個警惕。

早期基督徒的敵人，對他們提出的第二個指控是：他們是吃人肉、飲人血的食人族。這項指控明顯源於對聖餐禮中的用詞出現誤解——因為聖餐象徵著基督的身體和血液。對於鄙視基督徒的人來說，當然還有很多其他原因讓他們借題發揮，大肆將聖餐禮渲染成一則繪聲繪影的情色謠言。但是，真正值得關注的問題在於，儘管基督徒矢口否認自己是食人族，他們對信徒食用麵餅和葡萄酒時，耶穌的體血究竟是「真實的臨在」（real presence）或「變體」（transubstantiation）語焉不詳，卻希望其他基督徒相信這個教義。這些教義很晚才出現，而且是來自基督宗教運動內部的矛盾，而不是為了回應外來的道聽塗說。

基督徒對古典希臘（當時還包括羅馬）宗教，以及其所催生的哲學反應相當微妙。基督徒一方面聲稱，荷馬、柏拉圖和亞里斯多德為基督預備了道路。但另一方面他們也堅稱，既然現在基督來了，就算我們依舊欽佩這些偉大的前輩們，但他們已經被取代了。他們還想方設法將這些古典前輩納入新的基督宗教故事裡。於是，有些人聲稱因為基督是神的永恆 *logos*（「言」或「聖靈」之意）、存在於所有的時代，所以基督已經和古聖先賢進行過對話並啟發了他們，使他們寫出了《會飲篇》（*Symposium*，柏拉圖著）或《尼各馬可倫理學》（*Nichomachean Ethics*，亞里斯多德著）之類的典籍。其他人則聲稱，希臘哲學家、甚至包括荷馬在內，想必都已經熟悉舊約聖經，而他們傳授的優秀觀念其實都是源於摩西（梅瑟）和眾先知們。基督徒對這種一廂情願的事後補充細節有些爭論，他們會爭辯，但並沒有將自己的意見強加在他人身上。他們應付來自希臘哲學、異教、東方異教和皇帝祭祀的種種挑戰，而沒有訴諸信條。

基督宗教雖然歷經種種迫害，仍舊茁壯成長。它的地域範圍持續拓展，並很快吸納了西哥德人（Visigoths）、希臘人、敘利亞人、埃及人，以及其他文化和種族背景十分殊異的民族。這時，一些基督宗教顯要人士開始認為有必要制定信條，並非為了抵抗外來威脅，而是要區隔內部不斷增長的、各種類型的信徒。這點與金錢和權力誘惑結合起來，便將本質上是聖靈引導的信仰運動，改造為一個「以信念區分的」聯盟。

從現在回顧當時，也不難看出這一切是如何發生的。我們已經注意到，基本的基督宗教教義，是在西元三世紀左右被化約為教義概要，而且隨處可見，目的主要是指導新進成員。但基督徒領袖漸漸開始將這些教義轉變成強制的義務。今天的信條史學家常將這種義務解釋為藩籬，也就是界定圈內或圈外人的高牆。然而，更合適的比喻是「隔牆」。因為藩籬設在建築物的**外緣**，而隔牆則位於建築物**內部**，用以分隔居住在不同空間的人。早期的基督宗教信條，對於密特拉神、宙斯或羅馬皇帝隻字未提。信條的說詞，無一例外地都不是排斥外人的，而是隔開那些神學觀點不同的基督徒同工。然而，這些基督徒就這樣被隔開來了——或者更精確地說，被請出門外了。歷史學家所稱為「多元神學玄想」的時代、也就是被我稱為「信仰時代」的時代，正在走向盡頭。而且，信條障礙不僅排擠了弟兄姊妹們，現在回想起來，簡直是太過火、太慘痛了；他們排擠了整群、整個地區甚至最終整個國家（如第一個基督宗教國家——亞美尼亞）的基督徒，因為這些人在眾多信條中的某一條或某幾條與他們的意見相左。

幾乎現在每個人都同意，這些堅壁清野的區隔是錯誤的。但是，看到若望保祿二世教宗和許多普世基督宗教組織，痛苦地在全球基督宗教社群中努力搭橋、為的卻是向原本不該被分隔開來的家人伸出友誼的手，也是很沉痛的。階層體系的禍根，以及信條、權力和金錢的誘惑，無疑很早就已經開始危及基督宗教運動。但是，在君士坦丁皇帝信奉基督宗教、並在四世紀初時由其繼位者欽定為官方宗教（這很可能是基督宗教歷史上最重大的事件）時，這些潮流卻佔了上風。這個時期，「道中之人」正漸漸成為一個具教會結構的「帝國治權」，信念也漸漸將信仰排擠到邊陲。在我們討論君士坦丁合併兩大古老體系如何帶來了上述這種毀滅性的變化以前，我們必須先往回退一步，看看羅馬各各他山（髑髏地）的十字架變成皇帝欽定盾牌標誌的曲折過程。

Chapter 6

神職階層的崛起

主教就是大祭司和全能君王？

THE FUTURE OF FAITH

一九九一年二月，世界基督教協進會（World Council of Churches，WCC）四千名代表在澳洲坎培拉聚首，當時幾乎沒有人預期開幕式將引起一陣騷動。騷動的確出現了。一名年輕的韓國女神學家在十九名敲著鑼、鈴和敲敲木（clap sticks）的舞者簇擁下堂皇進場，領隊的則是兩名塗滿人體彩繪、身纏腰布的原住民。這自然引起了群眾的一聲驚呼。這場活動中，德國主教、美國衛理公會教徒還有東正教教長們依舊在學著接受一點（對很多人來說甚至是第一次）：歐美教會主導的時代已經結束了。未來的基督宗教，在文化上、種族上和神學上都會是異質性的。

而基督宗教在其歷史上的最初三百年，也面臨類似的挑戰。當時的基督宗教就像今天一樣，擴展到各色各樣的文化背景中，並且在當地開始成長。這些文化背景都各有自己的風俗、語言和宗教，有時甚至是互斥的。東至敘利亞、西至西班牙，還有北方的高盧人和哥特人，大量的不同神學和禮儀在各地不同族群中逐漸萌芽。這樣複雜的信仰譜系，對那些希望自己的宗教整齊劃一、易於掌握的人來說，無疑是種困擾。面對五花八門的文化，**最早的**基督徒並未試圖強加一套教義和儀式體系來應付它們，而是歡迎各種形式的表達方式，並且相信聖靈可以讓所有人在愛之中團結一致，而不是靠信條教義或階層體系來維持。

新約聖經學者柯斯特（Helmut Koester）在他的權威著作《保羅與他的世界》（*Paul and His World*）的〈聖靈的權威〉（The Authority of the Spirit）章節中表示，這些信徒活在聖靈中，聖靈是牽起早期教友們的一條線。他主張，保羅的書信不應解讀為神學經句集，而應當看作是特別針對幾處地方性教會所做的政治和行政建議。保羅無意建立一統性，而是掛念耶穌的追隨者們——無論是猶太人還是外邦人——是否意識到他們現在都屬於同一個社群。這個社群便是〈使徒行傳〉裡描述的、在五旬節降臨的聖靈已經催生的：「上帝說：這是我在世界的末期所要做的：我要把我的靈傾注給每一個人。」（2:17）[1]

但不出幾十年，這樣翻騰的多樣性卻讓新一代的基督徒領袖開始擔心起來。這些領袖渴望更多標準化的商品，他們開始到處挑毛病，說如果這樣或那樣的做法並非從馬太、保羅和約翰的時代流傳下來的，那肯定是不合法的邪門歪道。今天，許多企業行號仍在用同樣一招：僅限你購買「原廠」名牌商品，還有「不接受退換」。這可是歷久彌堅的一招啊。即使羅馬天主教會千百年來不斷被新教和東正教批評在教義上要新花招，他們仍得不厭其煩地辯稱，每一次的「創新」——從「教宗無謬誤」（papal infallibility）到童貞女馬利亞升天——都是理論上從最一開始就有跡可循的真理。老派的新教徒也用同

1. Helmut Koester, *Paul and His World*（Minneapolis, MN:Fortress, 2007）, p. 217.

樣的策略，他們最喜歡管那些自己不認同的群體叫做「現代主義者」。

這樣的邏輯非常單純且直接：如果不是純種的、不是一開始就存在的，那麼就是虛構的、非法的。但是反過來說，當我們發現被第三和第四世紀的基督宗教純正主義者標為「新創」的東西，事實上卻是「從一開始就有的」，又該怎麼辦呢？深受敬重的早期基督宗教學者詹姆士．羅賓遜（James Robinson）表示，他所鑽研的歷史時代中，信仰和習俗都是「有各種解讀、轉譯或傳播方式的」。正如他所說：「似乎還沒有一個從異端學說中區隔出來的正統核心學說……所以在這個意義上，使用**異端**和**正統**兩詞是不合時宜的。」[2]總之，無論是「宗徒權柄」這種自行補充的偏見，還是「真實性來自於原始」的說法，我們後來都沒有發現史實根據。但是，這些偏頗的虛構說法一旦建立，就會隨著時間流逝變得根深蒂固，人們便會開始相信這是真理——即使事實並非如此。

而且，根深蒂固並不需要很長的時間。早在西元三世紀初，基督徒作家戴都良（Tertullian, 160-225）便在作品《異端者的藥方》（*De praescriptione haereticorum*）中對他所謂的「異端」提出尖銳的批判：他們「一開始並不存在」。從此以後，古往今來任何反對「異端」的人，理由都是那句老生常談：他們是「後到者」。但現在，他們的說法已不再可信。其實，他們所譴責的事情，從一開始就**已經存在**了。按時間順序來看，〈多馬福音〉和〈馬可福音〉一樣屬於「元老級」福音、甚至可能比〈約翰福音〉還要「原始」。[3] 對許多人來說，這個認知令人頭痛；有些人根本不能接受可能有五個、而不是四個「原版」福音書這件事。有些人則對〈多馬福音〉內的神秘神學和其他四部福音書出現分歧感到困擾。此外，〈多馬福音〉看待女性的觀點十分低下，這也讓許多人感到不快。不過，〈多馬福音〉的發現仍讓人耳目一新，它為第一世紀基督徒生活開啟了一扇認識之門。如果今天的新教基本教義派和天主教傳統主義者才是真正的「現代主義者」和「後到者」，那又會是怎樣的光景呢？

所以，就如同我在神學院上課時偶爾會打瞌睡一樣，我不能因為〈多馬福音〉還安靜地躺在埃及沙漠中一處涼爽的洞穴，而責怪我的老師未盡教導之責。他們當時並無法預見，有個巨大的發現將很快到來。然而，今天我們也不能不探索由來已久的異端／正統二分法，對今天變化萬千的基督宗教意義為何，以及這樣巨大的久遠改變對我們的未來有何影響。

2. James Robinson and Helmut Koester, *Trajectories Through Early Christianity,*（Philadelphia:Fortress, 1973）, pp. 62, 69, 引自Karen King, *What IsGnosticism?*（Cambridge, MA:Harvard University Press, 2003）, p. 152; 重點標註的黑體字出自原文。

3. 關於〈約翰福音〉的成書年代，至今仍有許多爭議，但各界的共識是其成書年代晚於〈馬可福音〉。

虛假的宗徒權柄

所以，上一代的教師仍津津樂道、如此理直氣壯地談論異端和正統之別，是很容易理解的。但是，異端與正統論除了與聖經研究脫節以外，他們為什麼也如此輕易地接受了「宗徒權柄」是古老傳統的說法（此說到了今天已被全盤拋棄）？不幸的是，他們太過信任古老的基督宗教作家說過的話，而這些話語只會引出另一個問題——為什麼這些令人尊敬的人，其中不乏像主教優西比烏（Eusebius, 275-339）這樣的人物，會一下就咬上了這誆人的假餌呢？

之所以有這種行為，是因為對權力的執著與癡迷實為人之常情。隨著保羅、馬可和其他元老級使徒一個個凋零，他們的威信和地位也開始提高，原因可能就和藝術品市場的道理一樣：藝術家去世的那一刻起，他留下的畫布價格便水漲船高，而古董店的東西也基於此因才能大發利市。這樣我們就不難理解，為何使徒們從未表示要將這種「權柄」傳給下一代，但他們死後沒多久，主導基督宗教運動的人卻憑空捏造了自己繼承「宗徒權柄」的觀念。於是，這些覬覦領袖大位的人，便聲稱自己是這群元老使徒們真正的接班人，並且宣稱自己可以行使這些使徒所行使過的權力。

另外，新一代領導人當中，也有不肖份子開始杜撰福音書和書信集，宣稱這些文件出自剛去世的使徒之手，以確保自己的權威。這些文本（有些同樣是拿戈瑪第洞窟發現的）並不像它們封面上所紀載的那樣，真正出於巴拿巴（巴爾納伯）、腓立比（斐理伯）、多馬、抹大拉的馬利亞（瑪利亞．瑪達肋納）和猶大（猶達）之手，這些典籍就像今天路旁小店裡的八卦雜誌，目的是挖掘出更多令人震撼的宗教八卦，而使徒則是賣點，他們自然就成了封面人物。

所以說，這些「失落的福音書」，以現代的觀點來看，當然是偽造的。但是，當時並沒人發現這些福音書是偽造的，更何況這些贗品還寫得維妙維肖、讀來相當引人入勝呢。就像新約學者帕格爾斯（Elaine Pagels）所說的，也許它們算不上正典，但也不應該直接扔進廢紙簍。如果我們想看得更清楚，基督宗教運動在耶穌死後的一百多年，虛假的「宗徒權柄」是如何發明並被狂施濫用（在某些情況下甚至非常成功），這些文本是必不可少的。

我可以舉個例子來說明這一招是怎麼玩的。看來，隔著亞得里亞海與羅馬遙遙對望的哥林多（格林多），也就是保羅寫了兩封信致當地教會信徒的地方，當時正發生一場青年叛亂。有些年輕信徒取代了年紀較大的信徒，擔任領導的角色。這種吵嘴的嚴重性其實可大可小。但是，當羅馬的教會得知此事、想要試著解決這個問題時，出現了一封信，大約寫於西元九六年，那就是《革利免一書》（克肋孟一書）。這封信是促成基督宗教由原先較平等的領導方式轉變成為統治模式、也就是我們後來所謂的「階層體系」（hierarchy，意為「由聖者統治」）的關鍵因素。

《革利免一書》告誡哥林多的信眾應將年長的信徒復職，但其背後的動機實在是昭然若揭。這封信沒有提到究竟是什麼問題造成了這道裂痕，它沒提到異端、不道德或虛構的教義，也完全沒有提到任何一個信條。這封信完全只關心一件事：誰應該掌權，以及為什麼應該由他們掌權。奇怪的是，這封信出現在羅馬軍隊處決耶穌僅僅七十年之後，信中卻讚揚了羅馬軍隊嚴守權威的明確界線，並認為只有被流放的哥林多領導人才是（信中所聲稱的）正宗的使徒接班人，因此有權統治教會。隨後，當教會出現其他的理念衝突時，這封信就時常被拿出來引述，它對之後發生的事情無疑是具有標誌意義的。

很自然地，《革利免一書》出現之後，認同在「宗徒權柄」的基礎上用階層體系治理教會的人，都會舉出這封信來證明宗教機構很早就出現了。而那些主張羅馬主教的話應該更有特殊意義的人，甚至更喜歡《革利免一書》，即使在與羅馬有一段距離的台伯河（Tiber）七丘，也深受此信的影響。

但《革利免一書》可以用另一種方式來讀。如果羅馬的基督徒需要說服哥林多的弟兄姐妹們某些使徒的接班人擁有特權，這似乎表示哥林多人（至少是年輕一代的）並沒有權威的概念。至於羅馬主教的特權，文字內容本身並未指明作者是誰，只是後人歸納出作者應該是羅馬教會中**一個**（也可能是多個）名為「革利免」的主教。更後來，同一個革利免更被認為就是第四任教宗，也是彼得的直接繼承人、天主教教義中認定的第一任羅馬主教。

不過，《革利免一書》產生了影響，有的人甚至希望將它列入新約聖經中。它最終雖仍未被列入，但知名的教會權威史學家坎彭豪森（Hans von Campenhausen），總結了此信對哥林多人的警訊以及其巨大的影響如下：

> （這些警訊）並非針對異端而發，內容也並非長老們堅守的宗教或道德訓諭……相反地，長老體系本身便是他們單純為了權力而組成的……只要能確保使徒訓諭得到彰顯……長老們便能獲得前所未有的地位和重要性。[4]

4. Hans von Campenhausen, *Ecclesiastical Authority and Spiritual Power in the Church of the First Three Centuries*（Stanford, CA:Stanford University Press, 1969）, pp. 91-92.

儘管《革利免一書》沒能順利被列入新約聖經，但它確實是一個轉折點，為日後的「教會法」（canon law）埋下伏筆，也構成後來所謂「宗徒傳承」觀念的基本要素。同樣必須要強調的是，《革利免一書》的一或多名作者，心中想的既不是異端也不是信條，而單純是**誰在上位**的問題。軍事化的指揮結構在這裡便開始出現端倪。就在西元一世紀末葉，早期基督徒之間「人人平等的團體」就已經變質，至少在一些教會中是如此。雖然絕對的平等並無可能，但這些變質的教會卻已開始演變成一個分段、分結構的金字塔。雖然這個過程才剛開始，但它無疑預示了在不遠的將來，階層體系將席捲而來。建立權威代表著同時建立法統，而最終誰是天子、誰是庶民，也將由信條來確定。基督宗教的《革利免一書》列車開出車站以後，下一站便是君士坦丁的帝國教會和「教理時代」，這些最終也催生出基督宗教的基本教義派。

兩位獨裁者

儘管如此，基督宗教運動進入了第二世紀，還是欣欣向榮，不但發展出有著多種語言的神學觀，也有多樣的治理模式，有時還會遭遇嚴重的迫害。在神學院的日子裡，當我們讀到這段正史中的動盪時期，我發現好幾位早期教父雖然有點古怪，但十分有趣。譬如說，我很感興趣的是，安提阿主教依納爵（Ignatius，卒於西元一一〇年）曾公開表示，他非常期待並一心想成為一個殉道者，甚至誇口說，就算野獸不餓，他也會刺激野獸，「使牠們的腹作為自己的墳墓」。根據史實，他最終的確被逮捕並被帶去羅馬餵獅子，一圓殉道美夢，不過史書並沒有紀錄獅子當時是否餓了。

第二世紀時，流通中的福音書有超過十部。另一名有趣的神學家、里昂的愛任紐（Irenaeus of Lyons，約 142-200），也加入關於哪些福音書應列入新約聖經的熱烈討論。他推論出一條很有邏輯的脈絡，然後得出了結論：正典福音書必定只有四部。他的理由是，因為「四」這個數字也是〈以西結書〉（厄則克耳）提到的景象——四種活物（一個人、一頭獅子、一頭牛和一隻老鷹）的四張臉孔（1:10）。雖然他這個邏輯用今天的角度來看有些奇怪，但他在這場爭論中獲得了最終勝利。除了新約聖經中只有四部福音書以外，千百年後的朝聖者和遊客都從自己的旅遊指南中認識到福音書與其代表符號：馬太（天使）、馬可（獅子）、路加（牛）和約翰（一隻老鷹），儘管大家通常不知道來源便是〈以西結書〉。

依納爵和愛任紐對管理年輕基督徒有著明確的想法；這兩個人都是「獨裁者」，幾乎不提倡參與式民主。儘管如此，他們還是尊重各個教會的顯著差異，並沒有嘗試採取任何標準化措施。這兩個人雖有燦爛的人生和英勇的死亡，但他們的影響力最終卻讓基督宗教陷入信條和階層體系的深淵。他們都是很複雜的人物。標準的教科書說法是，他們鞏固階層體系的做法貢獻良多，因為如此才強化了早期教會打擊「異端」的力道。但這也只對了一部分。

依納爵自己也是一名主教，他強調主教一職的統治權；而愛任紐更是邁出重大的下一步——將主教集權的觀念和宗徒傳承結合在一起。同樣地，對我的老師而言，這個發展似乎是循序漸進、幾乎無法避免的。但是，如果我們在西元二世紀已知的基督宗教高度複雜的背景下，重新審視這些作家的作品，就能用不同的方式解讀。毫無疑問，依納爵對於信眾的管理，採取的是嚴厲專制的觀點。他如果參加今天的信徒會議或教區議會，肯定會耐不住性子。但是，他雖強調主教是唯一的領袖，卻也堅定地相信，信徒們在愛中團結，才是最為重要的事情。此外，他也從未表示自己想為各地的基督徒強迫灌輸一套統一的信念，他關心的只有如何領導個別的教會。

至於愛任紐，他雖然沒有依納爵那麼民主，也對宗徒權柄抱持更崇高的觀點，但他也堅決反對將任何人排除在會眾以外，就算是「假先知」也不應受此待遇。他的著作還表明一件事情：依納爵發現了各地的信眾間，都有信念或初始信條正逐漸成形，但他對這些信條與信念間的不同並沒有感到困擾。他認為沒有必要擬出一套具有普遍約束力的信條。儘管如此，愛任紐仍用宗徒傳承為主教量身打造了權力基礎，他推出了一項至今仍然在運作的慣例，這點我直到與樞機主教拉辛格私下聊天後才恍然大悟（詳見第八章）。[5]

顯然，這些地方教會領袖最擔心的並不是「異端」；他們擔心的反而是自己底下的信徒不斷擁有願景和夢想，並覺得上帝或聖靈直接與他們對話。今天，我們稱這樣的人為「靈恩派」（charismatics）。今天，靈恩派有數百萬信徒，分布在全球各地的靈恩派教會或其他教會中。早在保羅的時代，這些靈恩派信徒就已被稱為「先知」，所以他們並不是什麼「新的麻煩」；靈恩派信徒顯然就是保羅寫信的對象，但是保羅不希望他們被掃出門外。保羅只是提醒他們，他自己也曾見證過神蹟異象，也能「說方言」，並能和「方言」說得比較清楚的人溝通。不過，保羅堅信，所有這些上帝給予的禮物和預示，應納入愛的法則之下。

無論是保羅、依納爵還是愛任紐，都沒有解決「靈恩」的問題。狂喜和秩序、靈性

5. Jaraslav Pelikan, *The Emergence of the Catholic Tradition*（100-600）（Chicago:University of Chicago Press, 1971）,p. 117.

自由與團體凝聚、神秘主義和制度管理之間的緊張關係，貫串了基督宗教整整兩千年的歷史。時至今日，這些緊張的關係並沒有顯露出減弱的跡象。神秘主義者總是讓高階神職人員相當緊張，但這種人似乎隨時都在你我身旁。每個世紀的天主教會內部和邊緣都有神秘主義者的身影，從來不曾消失殆盡；這種人在某些時候可能被放逐、可能被燒死在火刑柱上，也可能在其他某些時候（在他們善終以後）被冊封為聖人。

今天的靈恩派被社會學家瑪格麗特．波洛馬（Margaret Poloma）恰當地稱為「大街神秘主義者」，是目前世界上增長最快的基督宗教支派，他們熱情洋溢的「聖潔翻滾」（holy rollers）敬拜歌曲，依舊讓那些穩重的教派十分頭痛。[6] 他們是全新「聖靈時代」的活生生的例子。他們激昂的敬拜，以及對世界上受壓迫和忽略的人抱持的關懷，凸顯了當今跳脫出「教理時代」的過渡期。我們會在後面的章節回顧這一點。

第三世紀的發展

今天就連許多信仰羅馬天主教的地區，也有一種接近靈恩性的「動感」運動正在轟轟烈烈地發展起來，主教和神父們則在一旁憂心忡忡地關注著。但今天的問題和早期教會一樣，並不是信條或信念能解決的；過去的問題和現在一樣，它和階級有關，需要一個適當的指揮系統。靈恩派人士聲稱，聖靈直接對他們說話，並沒有透過任何媒介。這當然引起階層體系支持者的擔心，而「階層體系」意味著不在這個體系內的人都有欠組織，因此他們不但經常在爭論中獲勝，還成了實際上的領袖——至少是暫時的。他們就是那些訂定規則和寫書的人。在第二和第三世紀，就是發生了這件事情，所以我們才必須去瞭解，依納爵和愛任紐其實記得「他們的」基督宗教只是當時存在的眾多基督宗教的其中一種。基督宗教是他們當時建立系統並傳布的宗教，但循著階層體系在當時並非追隨耶穌的唯一方式，就像今天有這麼多的流派一樣。

第三世紀，基督宗教從地方團體式的鬆散網絡（缺乏統一的信仰、政體或禮儀模式）發展成跨國的神職體系集團，這是十分快速的發展。就像今天任何一個跨國集團需要進行品管並提升品牌知名度一樣，當時的基督宗教領袖們也越來越著重這些事情。這樣的趨勢很大程度上是新的神職貴族階級發起的。這種階級由主教組成，並對外宣稱他們擁有元老級使徒傳承下來的權威，藉此不斷擴大自己的權力，普通教友幾乎完全分不到一杯羹。

6. Margaret Poloma, *Main Street Mystics*（Lanham, MD:AltaMira Press, 2003）.

有一份特別不祥的文件，預示了這種奪權的跡象，也就是第三世紀出現在敘利亞的《宗徒訓誨錄》（*Didascalia Apostolorum*）。我還記得，在某個研討會上，我對這種散漫的文字百思不得其解。據說，這些文字是由元老級使徒們所寫下，但今天的學者一致認為並非如此。這份文獻將主教權力捧至最高，完全在一般信徒之上，並賦予主教們近乎半神性的地位。它告訴一般信徒，主教是「你的大祭司、導師、中介人，地位僅次於上帝、你的父親、王子和官員。主教就是你的全能君王。對統治上帝殿堂的主教，你要獻上同樣的榮耀……（他）得到來自上帝的生殺大權」。[7] 這和耶穌為門徒洗腳、表明門徒對彼此（和對耶穌自己）都應該像對「朋友」一樣，差了十萬八千里。這和保羅警告所有信徒「上對下不應作威作福」，也相去甚遠。

西元三世紀著名的神學家、亞歷山大的教父俄利根（Origen of Alexandria, 185-254）則極度強調主教權力，主教的權力因而日益膨脹。我在神學院念書時讀到俄利根時，我發現他是個博學多聞但也有點可憐的人物。據說俄利根是基督宗教史上第一個真正的「神學家」，而我正有著培養自己成為神學家的憧憬和野心，他因此讓我印象深刻。但俄利根的人生非常悲慘。他的基督徒父親在西元二〇二年殉教，從此他一肩扛起撫養母親和六個弟弟的責任。此外，他對保持貞潔非常地狂熱，至少據四世紀歷史學家優西比烏的記載，他甚至閹割了自己。他也稱讚殉教精神，但在西元二五〇年輪到他自己面臨殉教關頭時，他卻沒被殺害，而是被關押和拷打。他也從未完全康復。

俄利根認為自己是一個很正統、很「寬容」的神學家，但即使他在今日得到許多尊重，他的想法卻很難通過梵蒂岡教廷信理部的審核。例如，他不認為聖子在各方面都與聖父平起平坐，所以如果他活在尼西亞會議的時代（也不過就是他去世後八十年），他肯定會被視為異端。對於耶穌復活，他則抱持一種靈性化的意見；換言之，他不會是美國基本教義派所謂的「真正的基督徒」。他的想法和現在的摩門教徒類似，認為靈魂是先在（preexistent）的；此外他也和尼采（以及印度教徒）一致認為，歷史的進程是有週期循環的。他還認為，沒有人會永遠失落，就算是撒旦也有一天會得到救贖。撇開他生活的年代是一千八百年前以外，俄利根絕對算得上一個「新時代」派的思想家。

雖然俄利根在反思中展露了不受羈絆的性格和理智的創意，但他仍免不了在信條組成的階層體系城垛，砌上了另一塊磚頭。他擔心主教可能濫用其神聖權威，這樣的擔憂雖是正確的，但他也警告人們，就算主教不公正，大家仍必須服從，畢竟他們身上背負的聖職已經賦予他們神聖不可侵犯的特質，也讓他們變得高人一等。

7. 引自Campenhausen, *Ecclesiastical Authority and Spiritual Power*, p. 242.

另一位第三世紀的神學家居普良（Cyprian，卒於二五八年），則讓聖職中心化（clericalization）又往前了一步。居普良出生於迦太基一個富裕的異教徒家庭，當他皈依基督宗教時，他賣掉了自己所有的財產，將換來的錢分發給窮人。後來，居普良被選為迦太基主教，成為信徒在艱難時期的典範領袖。在羅馬皇帝瓦勒良（Valerian）的迫害下，居普良在西元二五八年被斬首。但不幸的是，居普良對主教權力的觀點加深了教會內部的階級裂痕，並進一步削弱了一般教友的角色。像是居普良在他的《合一的大公教會》（*De Catholicae Ecclesiae Unitate*）中呼應了保羅關於信眾之間的團結與和諧的一再呼籲，卻為此想法添加了一個可能會讓保羅很訝異的全新轉折。他主張「主教之間」的團結對基督徒的團結至關重要，因此，一群信眾、甚至是整個基督徒社群內的男女老幼，已經不再需要彼此相愛；言下之意是，他們可能沒有能力這麼做了。反過來說，應該發揮博愛精神的人是主教，因為他們現在代表了整個基督宗教社群。

居普良將「教會」和「神職人員」畫上等號，這樣的概念已經延續了一段時間。直到不久以前，當人們說到「進入教堂」時都還有「成為神職」的意涵，由此可見一斑。直到羅馬天主教會在第二次梵蒂岡大公會議（1962-1965）中做了用詞上的修改，將**全體**教會指涉的對象改為「天主子民」（People of God），但這樣的訊息仍沒有修改關於何謂

「教會」的普遍觀點。無論如何，到了第三世紀末，早前人人平等的團體已經淡化成一段模糊的記憶，而帝國版本的基督宗教（上有君王下有臣民）贏得了勝利——至少在菁英當中便是如此。

西元四世紀起，這個粗劣的基督宗教贗品雖然打著一樣的名號，但它可不只有大幅顛覆耶穌和其門徒的訓誨而已，它也同樣劇烈地顛覆了「信仰」一詞的原始意義。念語言史的學生們都知道，詞彙的意思會隨不斷變化的語境而變動，這同樣也發生在「信仰」一詞上。隨著教會的「帝國化」、主教的「尊榮化」，現在「信仰」的意思就成了「服從主教並完全同意他的教導」。信仰淪為粗糙的信念，這樣的扭曲從此讓基督宗教的發展步履維艱。

但最糟糕的還在後頭。信仰墮落為信念以後，人們的信仰行為於是從**信任**神轉變成完全同意關於神的主張——至少在主教之間是這樣的。君士坦丁的統治加上主教驅使教會向帝國投懷送抱，結局就很清楚了——那就是教會與帝國實際上將合為一體。兩個古老的體系合併以後所產生的後果，就是皇帝和主教連袂奮力執行一個基本信條：「這就是你**必須**相信的東西。」

Chapter 7

異端的發明

君士坦丁最後的晚餐

西元二八〇年左右的某一年，在二月十七日這一天，一個嬰兒出生在馬其頓一個名叫奈索斯（Naissus）的小鎮，他的名字是弗拉維·瓦萊里烏斯·君士坦丁（Flavius Valerius Constantinus）。他的出生和成長背景，與兩百五十年前那位在猶太行省伯利恆（白冷）誕生的嬰兒完全不同。儘管如此，史稱君士坦丁大帝的弗拉維，對基督宗教產生的影響僅次於耶穌（使徒保羅的影響除外）。這名出身馬其頓的孩子，是由君士坦提烏斯一世（Constantius I）和其第一任妻子海倫娜（Helena）所生。耶穌出生後的命運，是父母舉家逃亡到埃及以躲避暴君追殺；年輕的弗拉維則幸運多了，他在宮廷中含著金湯匙長大。當弗拉維的父親獲得羅馬皇帝的稱號時，他正坐在戴克里先皇帝（Diocletian）的宮廷中；此外，他也很可能見證了西元三〇三年對基督徒的殘酷迫害。

弗拉維年紀輕輕就成為極有才華的軍事指揮官，統率駐紮在高盧一帶的羅馬軍隊。當他的父親去世時，他的部隊便擁立他為新的皇帝。然而，就在他的家鄉羅馬，也有一個叫做馬克西勉（Maxentius）的競爭者渴望穿上紫色皇袍。馬克西勉為了收買君士坦丁，便提議他出任高盧皇帝，但區區一個高盧皇帝的名號，對野心勃勃的年輕戰士來說自然是不夠的。君士坦丁率軍回到義大利，在多場戰役中不斷擊敗馬克西勉。戰況在米爾維安大橋（Milvian Bridge）之役來到高峰。最終，馬克西勉戰死，而君士坦丁與其軍團凱旋進駐羅馬，成為羅馬帝國不二君主。

米爾維安大橋之役不過就是羅馬帝國歷史上眾多血腥事件之一，卻有一個很特殊的理由使這件事情不會埋沒在史書無盡的註腳之中。根據基督宗教史家、同時也是皇帝狂熱崇拜者優西比烏的說法，君士坦丁即位多年後曾表示，米爾維安之戰前，他曾看到天空中出現一個十字架。君士坦丁聲稱，這個十字架由一根長矛和橫條紋章構成，上書「依此得勝」。故事的結局便是，君士坦丁指示部隊以蠟紙印出這個標誌並配戴在所有武器上，然後贏得了這場戰鬥。他以皇帝身分下旨詔示，戴上凱旋桂冠花環的十字架應成為皇軍旗幟的標誌。

由於君士坦丁在事發數十年後才說明此一事件，史家的紀錄也因此擔負起宣傳樣板的責任。羅馬人始終相信，招喚神祇是在戰前確保獲勝的唯一途徑，而最強大的神祇將獲得最終勝利。君士坦丁顯然相信這一點。他幾乎稱不上是個一神論者，因為他除了基督宗教的上帝外，仍繼續崇拜另外兩個神：機緣女神堤喀（Tyche）和太陽神赫利烏斯，而且他直到臨終前才接受洗禮。君士坦丁也不算是基督徒的好榜樣，殺了自己的兒子和兒子的媽是他無法開脫的事實。我們是否可以推導出他信仰上「皈依」的真正理由？這究竟是不是犬儒的利己主義心態？他只是個機會主義者，還是一個精明的政治家？或者他的確經歷了一次真正的頓悟？當然也有一個可能，就是他在那個當下突然認為基督徒的上帝比其他的神更強大，所以祂是一個很好的盟友，能與自己一同終結永無止境的戰事。這些說法究竟是真是假，永遠都不會有一個定論。

總而言之，基督宗教史家對於君士坦丁有兩種評價：要麼讚揚他看到了正直善良的光、把一個異教帝國轉型成為基督宗教帝國，要麼貶謫他摧毀了一個單純的宗教。我自己的觀點是，這兩種批判都過於集中於皇帝這個身分上。畢竟要決定步上紅毯、締結婚約的兩人，無論出於真愛、還是僅出於互相誘惑，都是經過自主決定的。就算教會和帝國之間的私通是一種不自然的行為，至少雙方是兩廂情願的；但基督宗教的階層體制所染患的病因，卻嚴重到精神分析學家可能會使用「帝國戀慕」這種詞語來形容。他們對於帝國官員、特別是軍隊裡的職位非常垂涎，希望哪天能夠對下屬頤指氣使。他們經過算計，發現讓自己與帝國合併也許可以從帝國的影響力中獲得利益。

至於君士坦丁自己，無論他表現出的虔誠是深刻還是淺薄，他仍是基於國家利益，有道理地選擇了這個做法。對於羅馬人來說，宗教（此詞的拉丁文字面意思是「綑綁、約束」）的主要目的是將人們匯聚在一起。宗教能將社會凝聚起來，而當古老宗教的影響力逐漸下降時，君士坦丁（他一直都是個現實主義者）便認為有必要讓新的事物出台，站上這個位置。他對基督宗教知之甚少，但他知道（或者他認為自己知道）這是他和他的帝國所需要的。

雖然我們根本不可能揭露君士坦丁腦海中真正的想法，但他的行動所帶來的結果是顯而易見的。突然之間，基督宗教不再只是帝國眾多宗教中的其中一個。的確，君士坦丁在世時，其他宗教仍具有合法性，而且一些史學家認為這些宗教從未完全消失。然而，加利利人耶穌的宗教成了皇帝的最愛，而且很快地成為帝國的首選。帝國採行投機的「皈依」政策，產生的驚人逆轉是很容易想像的：十字架曾經是羅馬軍隊在各各他山凌虐並處死激進猶太祭司的酷刑工具，也曾是騷擾和迫害少數民族的標誌之一（另一個標誌是魚），現在卻成了同一支軍隊盾牌上的裝飾。

十字符號也很快地廣受上層階級的喜愛，權貴們連忙向皇帝的新宗教輸誠。從十四世紀中葉開始，石棺上也開始出現桂冠與十字架，而且會固定在十字形皇標上。此外，當君士坦丁的母親海倫娜前往「聖地」（Holy Land，即今天的巴勒斯坦地區）朝聖時，帶回了一塊她認為是「真十字架」的木頭，這個符號也成為基督宗教眾多的代表標誌之一。這樣的效果到今天依然存在。

統治者的擔憂

如果想從第四世紀的災難性事件中得到一些收穫，我們就先別一味地抨擊君士坦丁或嘲諷那些聽話的主教。君士坦丁很清楚自己在做什麼。而那些擔任基督徒領袖的主教們，顯然也有自己的動機。如果有一個皇帝願意和你私下打交道、而不是直接把你丟去餵獅子，你肯定會鬆一口氣——就算這個皇帝也打著自己的如意算盤。但還有其他因素正在發揮作用。

今天，許多人不知道的是，君士坦丁不只宣稱自己是一名基督宗教的皈依者，他還是基督宗教的主要贊助人兼首席官員。此外，他還公告周知，根據他個人的神學理論，上帝在歷史上為他準備了一個特別的位置：他不只要來統治帝國，還要管理教會。君士坦丁的邏輯中，至少有一個部分是清楚的：只要是統治者（無論是宗教或世俗的），總想找出或編造出一種能夠將其管轄範圍聯合起來的意識形態，君士坦丁也不例外。反而是當時許多主教聽到君士坦丁的國教諭令，卻因為太過開心而忘記了合作的重要；帝國灑下的金錢和權力誘餌便趁隙而入，成了加速信條產生、信仰僵化為信念的主要因素。

君士坦丁身為基督宗教的最大贊助者，提撥龐大的款額分配給各方，用以維繫教會慈善事業、維修教會建築，以及——我們都猜得到的，協助教會的神職人員。但這些錢究竟應該送到哪些人手上，金額又該是多少？本來基督徒必須四處勸募才會得到獻金，偶爾才有一筆巨額贊助款，現在他們卻發現自己的金庫已經滿出來了。所以，這些基督徒們爭先恐後地搶奪資源，吃相非常難看，也不難理解。而不同陣營的主教之間更是卯起來攻訐、中傷與人格抹黑，並從對手的觀點中雞蛋裡挑骨頭，好讓自己佔上風。這個情況讓內鬥成為必然，而身兼皇帝與金主兩職的君士坦丁，他所關注的另一個問題卻又讓鬥爭用一種特別醜陋的方式爆發出來。

這位皇帝的第二個擔憂是：他一廂情願地認為基督宗教可以成為統一帝國的宗教意識形態，但這個做法顯然行不通。他的帝國臣民中，異教徒仍佔絕大多數，這些異教徒通常也是最死忠力挺自己的，但這些人卻對他頒布基督宗教為國教的政策怨聲載道。除此此外，基督徒主教和神學家之間的爭執日益頻繁；有些與神學見解相關的歧見原本看起來並不怎麼要緊，卻由於彼此的猜忌、憤恨和野心而讓爭執四起，矛盾無所不在。於是，關於耶穌和上帝之間關係的確切性質便引發一場論戰。參戰的其中一方是亞流（Arius，又譯阿里烏，卒於西元約三三五年），是亞歷山大（Alexandria）教區一名很有想法的神父。亞流同時也是俄利根（請見第六章）神學理論的崇拜者，他認為雖然耶穌的確是上帝之子、聖言（devine logos）的化身以及神所創世界的代理人，但耶穌並沒有與神永遠共存。「曾經有一段時間，」他說：「是沒有基督的。」

亞流的神學觀點獲得帝國某些區域的主教的大力支持，但也有人嚴厲譴責亞流的支持者。君士坦丁自然擔心教會的內部競爭會威脅帝國自身的團結，因此拼命想出各種辦法結束爭吵。在戰場上他是個勇敢的戰士、在宮廷內則是手腕高明的官員，但他對神學爭議其實一竅不通，甚至可能根本不在意哪方才是正確的。他只想快刀斬亂麻，越快收拾一切越好。君士坦丁於是寫信給參與論戰的各個陣營，告訴他們這個歧見「微小且瑣碎」，而且「太虛無縹緲，以至於無法用任何定見解決爭端」。他也認為，對大多數人來說這個問題完全是不著邊際的，而且他更懷疑主教和神學家們發起這場論戰，是因為他們手頭上的空閒時間實在太多了。為了盡快平息事端，他打算點到為止，於是敦促各方冷靜下來、音量放低，用「同等程度的自制」[1]善待對方。

沒想到，君士坦丁發出的克制呼籲竟然無人理睬，爭執不斷升溫。皇帝的大一統野望失敗後面臨的沮喪與威脅感，促使他採取了下一步行動。他召開了一場「大公會議」，也是世界上所有主教第一次聚首。我們應該注意的是，這場在西元三二五年舉行的首次大公會議，是由皇帝召開的，而不是眾多主教、信眾或羅馬主教發起的。此外，前來開會的兩百二十名主教們可不是聚集在一個教堂建築內，而是在皇帝位於尼西亞（今土耳其西岸）的一座豪華宮殿內，宮殿依山傍海、奢華壯麗，完全符合皇帝自我指定的「高級神職兼官員」的全新角色。

尼西亞會議

當年在神學院，我們可是花了好幾堂課來談尼西亞大公會議。老師們向我們保證，這場會議很可能是基督宗教史上最重要的一次會議。我們聽了許多相關的有趣講座，也試圖檢索不同派別關於上帝和耶穌關係的各種觀點與其邏輯。我的一位教授很有創意，將全班分為亞流派和亞流的主要對手亞他那修（Athanasius, 295-373）派，這樣我們就可以體驗一下辯論的感受。我被分到了亞他那修陣營。分組辯論中，亞流派幾乎沒有勝算。我們老師已經指出，尼西亞會議成功平息「亞流主義」（Arianism）這樣的早期異端，維持了教會的和平（雖然之後亞流主義仍持續了幾個世紀、並以其他形式重現）。有些更虔誠的教會史學家甚至宣稱，聖靈在主教審議異端時絕對有從旁引導。

1. Paul Johnson, *A History of Christianity*（New York:Athenaeum, 1976）, p. 88.

我當然不會知道聖靈是否在尼西亞王宮上空盤旋，但幾乎可以確定的是：君士坦丁絕對在會場內來回走動，因為他就是在會場內最強大的世俗影響力。他不但主辦整個會議、精心安排各種禮節儀式，而且他雖然還未受洗成為基督徒、也沒有經過任何神學訓練、對神學幾乎可說毫無興趣可言，卻主持了討論流程。他自己的神學顧問科多瓦的奧塞思（Osiosus of Cordoba）曾提議使用希臘詞 homoousios（意為「同一種物質」）來形容上帝與耶穌的關係；君士坦丁認為這個提議是解決辦法，所以促請眾主教們採納。但有些主教猶豫不決。由於這個詞沒有出現在聖經中，所以有些人傾向不妄言自己可以如此準確定義這神秘的關係，他們寧願就此息事寧人、大家相安無事，並接受皇帝早先提出的說法——「這個問題其實是渺小且微不足道的」。但此時的君士坦丁強烈堅持自己的顧問提出的計劃，同時故技重施，搬出他的拿手好戲——權力和金錢，繼續催促主教們支持這個說法。同時君士坦丁還以宮廷的華麗排場宴請眾主教，優西比烏的《君士坦丁誌》（*Life of Constantine*）中，對於宴請主教的奢華排場有一段很著名的描述：

保鑣與親衛隊拔著亮晃晃的劍，圍住宮殿的入口並將皇帝與其他人隔開。上帝之子在眾隨扈的簇擁下，堂而皇之走入宮殿內堂；有幾位皇帝的同伴坐在餐桌前，另一些人則慵懶地靠在兩側的臥榻上。見者可能認為，這是基督國度的未來樣貌，但更像仙境而非真實。[2]

可惜達文西從沒畫過這個糜爛場景，否則這個場景應該可以和他的《最後的晚餐》形成很好的對比。《最後的晚餐》中，躲避追捕的耶穌和門徒們躲在借來的二樓客房、每個人面前都有適量的餐點，而眾人看不到的畫面之外，皇帝之劍已經出鞘，目的不是保護這個帶來麻煩的拉比，而是要逮捕並把祂釘上十字架。

在尼西亞會議上，君士坦丁才是獨當一面的主導人物，而不是耶穌。這也難怪，幾乎所有的主教為了討皇帝歡心，一同達成幾乎沒有異議的決定，唯獨亞流自己及其他三名不屈從的主教頑強地抗命。君士坦丁便迅速將亞流放逐到利哩古（Illyricum）的偏遠省分。然後，他下了一道聖旨，採取的立場似乎表示他完全忘了自己過去所持的「這個歧見微小且瑣碎，應用同等的自制善待對方」觀點：

> 如果發現任何亞流所寫的文集，把它們用熊熊大火燒光吧……如果藏匿亞流的作

2. 引自Johnson, *A History of Christianity*, p. 88.

品、且未即刻繳出並燒毀，則應處以死刑；犯人經定須後必須立即受刑。3

但皇帝的嚴刑峻罰卻未能奏效。這場歷史性的尼西亞會議，用強加信條的方式試圖一統教會與帝國，最後卻證明是一場令人沮喪的失敗，因為不出幾個月，爭論再度死灰復燃。有一位出席尼西亞會議、但沒有支持最終決定的主教，名叫波提亞的希拉流（Hilary of Poitiers，卒於約西元三六七年），最後被流放到亞洲。毫無疑問，他對尼西亞會議信條的意見受到了他個人體驗的影響，但他在流放地寫了一封信，信中直指尼西亞會議達到的目標是多麼有限，以及這場會議釀成了什麼樣的災害。希拉流說：

在一群人當中，如果信條和人的意見一樣多，是危險且令人遺憾的；因為我們如此任意地製造這麼多的教義，也如此武斷地解釋它們的意涵……每年，不，甚至是每個月，我們都在製造新的信條，並捏造那些看不見的奧秘。我們用新的信條為過去做過的事情懺悔，然後我們捍衛那些因著新信條懺悔的人，再將那些我們曾捍衛過、因著舊信條懺悔的人開除教籍。而我們不但譴責自己心中他人的教義，也譴責他人心中自己的教義；我們相互撕扯彼此，也一直造成了彼此的毀滅。4

基督宗教的歷史在君士坦丁時期過後的幾十年，讀起來十分沉悶。教會成為宗教帝國的顛覆性變化仍在持續。主教們一邊延續彼此之間的鬥爭，一邊借用更多國家的權力來對付與自己神學立場相左的敵人。貪汙腐敗也持續增加。

在西元三六〇到三六三年在位的朱利安皇帝，大概任誰都會寄予同情吧。朱利安年少時就接受基督宗教的教育，並見證了當時一連串教會結黨分派的事件，以及當局的視而不見。對此他很快就感到厭惡，並做出決定：羅馬必須回歸其傳統的古典價值，包括其原本具有的傳統宗教。朱利安並沒有像一些反對者所言、試圖廢除基督宗教，他只是去除了君士坦丁和其他繼任者們賦予它的特權地位。他想創造一個所有神祇可以公平競爭的場域。然而，他在位沒多久就死於遠征波斯的戰場上，來不及實現理想就被冠上「叛教者朱利安」的惡名。

同時，基督徒主教們持續爭辯著神學理論中的其他細節。現在，他們爭論的主題變成何謂 *homoousios* 的真正含義，以及馬利亞和上帝與基督關係的性質。他們製造了越來越多的信條，也把越來越多人的教籍開除。羅馬在西元四七六年淪陷後，其後數百年的

3. 引自Johnson, *A History of Christianity*, p. 88.
4. 引自Edward Gibbon, *The Decline and Fall of the Roman Empire*, *Great Books of the Western World*, vol. 40（Chicago:University of Chicago Press, 1952）, p. 311.

情況都慘澹無比。不斷使用信條和開除教籍的結果，除了進一步累積民怨以外，完全沒有取得任何成果。如果像某些心理學家所說的，心理疾病的其中一種形式是頑固地一次次重複著同樣的戰術（即使每次都失敗），那麼我們其實可以將「製造信條」視為一種長期心理障礙的症狀。

被迎回教會的異端

歷史上有許多自詡為基督宗教運動的團體，卻被某些主教或大公會議定義為異端的例子。在神學院我們學到了很多名字，例如撒伯流派（Sabellians）、蘇西尼派（Socinians）、以便尼派（Ebionates）、伊拉斯都派（Erastians，又稱政府集權派）、重洗派和反律法派（Antinomians，又稱唯信仰派）。這樣的例子還有很多，簡直不勝枚舉。有時我們甚至必須背下這些流派帶來的意義，以及他們如何偏離一些所謂的基準。這些流派有許多早已徹底消失，而倖存下來的則往往逐漸被公認為「不同但合法」的基督宗教變種。這同樣也發生在個人身上。西元一四三一年，貞德（Joan of Arc）以異端罪名被燒死，結果到了二十世紀，她被封為聖人。

詩人哲學家愛默生（Ralph Waldo Emerson, 1803-82）曾經說過「我們斥之為錯的宗教，曾經一度是對的」，但這句話也可以說成，在基督宗教內一度被認為是異端的運動，現在經常會被迎回大家庭內。而今，所有的新教教會都屬於這一類，雖然梵蒂岡當局在二〇〇七年依舊堅持反對的立場，認為它們不能稱為真正的「教會」。同時，梵蒂岡卻對東正教給予肯定，認為它雖然「有些缺陷」，仍可稱為真正的「教會」。這樣的聲明，建立在羅馬天主教教宗和東正教大主教過去曾將彼此逐出教會的過往上，更是難能可貴。教宗若望保祿二世一直希望能重新將他所謂教會的「兩個肺」（即天主教和東正教）結合起來，他也為此目標鞠躬盡瘁。昨日的異端和教會分裂者，變成了今日的「分袂的弟兄」。

說到「異端」組織經過數百年來禁教、迫害甚至流亡，最後成為基督宗教家庭中一個小而重要的支派，我自己最喜歡的例子是瓦勒度派（Waldensians）。瓦勒度派最早是由彼得．瓦勒度（Peter Waldo）在一一七六年左右成立的「里昂的窮人」組織所發起的，他們強調簡單樸素的生活。瓦勒度是一位富有的商人，他把所有的財產奉獻出去，並認為如果教會也和他從事一樣的行為，傳遞耶穌的福音時便更能使人信服。瓦勒度派的中心思想裡，聖經應是唯一的權威，因此他們最終開始質疑教宗的權威，同時駁斥煉獄的觀念以及贖罪券的做法。瓦勒度派就像差不多同時出現的方濟會士一樣，雖然都是平信徒（指教會中未被授以聖職的成員，聖方濟也是平信徒），卻積極地在大街小巷宣教。然而與方濟會不同的是，瓦勒度派允許婦女宣教，也未曾試圖尋求教宗的許可。羅馬教廷的反應便是將他們斥為異端，並指示道明會士用宗教裁判所將他們根除殆盡。但是這樣的壓制並沒有成功。瓦勒度派的殘存信徒們逃往義大利和法國的偏遠山區，直到十九世紀末期義大利終於實行宗教寬容，才生存了下來。

今天，瓦勒度派在距離梵蒂岡僅幾步之遙的羅馬正義宮（Palazzo di Giustizia）擁有一間教堂、書店和神學院，而且行之有年。一九九六年，我在瓦勒度神學院停留數日，碰巧遇上了教宗若望保祿二世對他們發出了出人意料的邀請（教宗都用義大利文稱他們為 Valdese），在聖伯多祿大殿與他們進行一次特別的聚會。那時教宗剛從斯洛伐克之旅回來，大概是因為他在那裡看到當地立有許多次宗教衝突中新教徒殉道者的紀念碑而深受感動，才對瓦勒度信徒發出這份邀請。我當然不能錯過如此難得的邀請，於是便跟著瓦勒度信徒們沿著台伯河漫步至聖伯多祿廣場。

當我們到達時，出乎意料的是梵蒂岡工作人員並未如我們所預期、將我們集合在小小的接待室裡，反而讓我們圍繞聖伯多祿大殿裡的高壇旁。我們在那裡站了幾分鐘，抬頭仰望殿內的圓頂內側，還可以看到上面刻有聖經經文：「你是彼得，是磐石；在這磐石上，我要建立我的教會。」幾分鐘後，彼得的繼承人身披閃閃發光的白色教宗長袍進入殿內、慢慢走向祭壇。然後他用真誠的口吻緩緩對我們說道，現在該是放下彼此差異之處、找出彼此的共同點的時候了。然後，他在人群間四處穿梭，與大家一一握手，祝福整個參訪團，然後就離開了。我相信，這是教宗首次接待並祝福一群瓦勒度派的信徒，這一天瓦勒度派的信徒可是等了八百年哪。

有時候，某些基督宗教領袖（無論是天主教或基督新教）似乎用一種很隨意的態度看待信條經句，這點讓我很詫異——畢竟他們的前輩們可是用這些東西來判人火刑、或是因此而被判火刑啊。譬如說，查理曼大帝統治時期，西方教會曾任意將一句短語：filioque（「和（源自）子」）安插到〈使徒信經〉（Apostles' Creed）中，這句話代表聖靈不只有從聖父中衍生（他們使用的詞是「產生」）出來，聖子也會衍生出聖靈。東正教教會領袖自然被激怒了。用今天的角度來看，問題的癥結點是微不足道的；但對東正教領袖們來說，西方教會將聖靈的地位降至基督之下，是很清楚的事實，而且這威脅了三位一體觀念中三者的平等地位。關於這個語句安插的激烈爭論，已經吵了一千多年，特別是當誦唸信經成為彌撒儀式的一部分之後更是越演越烈。有神學家認為「和子說」是結合「兩個肺」的一大障礙。不過，後來教宗若望保祿二世在羅馬接待了東正教大主教、並一起主持大公彌撒，教宗很乾脆地略過那句引發麻煩的短語，但只有非常少數人注意到這點。

至少若望保祿二世以自己的方式接納了異端和教會分裂者，不啻是一道曙光；這說明了即使在天主教的核心當中，堅持信條一致性和教條正確性的「教理時代」也不敵「聖靈時代」，前者也在天主教中慢慢衰退，後者則是蓄勢待發。然而，這樣的轉換期並不會是一路順暢的。這點是我和一名男子的深刻對話中學到的，而他後來坐上聖伯多祿大殿寶座，成為若望保祿二世的接班人。

Chapter 8

如何重整教宗之職
沒和信理部長吃到午餐

THE FUTURE OF FAITH

我曾經與拉辛格（Joseph Ratzinger）進行過一次對話，他就是後來成為教宗本篤十六世的那個人。這次對話讓我學到了有益的一課。在那次對話之前，我的理解是，雖然最近披露關於早期基督宗教的寶貴新知可能對其未來有著深遠意涵，但也可能沒有。我們瞭解過去的方式一旦出現變化，往往會改變我們看待未來的方式；但就在一九八八年一個冷冽的一月天，我在羅馬學了一課，至今仍令我印象深刻——它告訴我為何我們可能**不會**改變。

因為我當時正打算要參觀羅馬這座永恆之城，想說何不乾脆順道拜訪梵諦岡信理部（也就是羅馬天主教正統理論的首要護衛）部長拉辛格主教。於是我匆匆寫了一封信給他，告訴他因為我即將前往羅馬，希望有幸能與他見面，並進行一次非正式的會談。得到回音時，我小小吃了一驚：我收到一個來自梵蒂岡市的大型淺藍色信封，信封上印有教宗盾徽，裡面則裝了一張帶有浮雕的精緻信紙，內容是部長很樂意在下午一點與我見面。我立刻接受了邀請，然後馬上詢問我一些知悉羅馬風俗民情的朋友，信中指定的時間是否表示部長將邀我與他共進午餐。

「不不，不是約午餐，在羅馬不是這樣的，」知情人士這麼告訴我。「約下午一點鐘是表示，如果他很享受這段談話、想邀你共進午餐，那他就會這麼做；否則的話，就是沒有這回事。」

在與主教部長約好的前一天，我抵達羅馬並下榻道明會所經營的會館。但是，就在我與部長見面的前一晚，我幾乎整夜沒睡。那裡正好有大約三十名來自第三世界的修女，來羅馬參加神學修練課程，她們也待在這個會館裡。我便和她們一起共進晚餐。當我告訴她們我要和拉辛格部長見面時，她們先是笑出來，然後看起來一臉狐疑。而她們提到部長時，流露出的疑慮讓我頗為驚訝：她們顯然認為與他會面是浪費我的時間。「你為什麼想要見他？」拉丁美洲的一名修女代表問道。我告訴她們，我覺得交流會讓我獲益良多，但她們似乎都抱持著懷疑的態度。捫心自問，我其實也不知道這次的會面會進行得如何，所以我擔心了整晚，徹夜難眠。

事實上，的確很難想像一個人該怎麼做，才能真正**享受**與「教會官方教義守護人」的對話。過去他已經善盡職權，壓制了幾名他認為接近或超過異端底線的神學家，其中有兩位神學家與我有私交，包括拉辛格的前同事、德國的孔漢思（Hans Kung），以及拉辛格以前的學生、巴西解放神學家里奧納多．鮑夫（Leonardo Boff）。[1] 到了約定的那

1. 請參見Harvey Cox, *The Silencing of Leonardo Boff:The Vatican and the Future of World Christianity*（Oak Park, IL:Meyer Stone Books, 1988）.

天早晨，儘管我幾乎徹夜未眠，還是早早爬下床來，穿上白色襯衫、繫上色調保守的領帶，然後搭上計程車，一路顛簸地穿過羅馬危險的大街小巷，抵達部長的總部。

「宗教裁判所聖部」（Holy Office of the Inquisition）的名稱經歷多次變更，最近一次是一九六五年第二次梵蒂岡大公會議（Second Vatican Council）更改後的名稱，現被稱為信理部。不過，羅馬城倒是從未改變信理部所在的街道名：「聖部大道」（Largo Sant'Uffizio）。梵蒂岡教廷共有十個「聖部」（Congregations），相當於其他國家中的「部門」。每個聖部都有自己的責任，如教育、外交政策或家庭生活等。但是，這些聖部有時也不免俗地像其他國家政府機關一樣，權力有所重疊、或是抵銷彼此的影響力。十個聖部中，有八個都位於「協和大道」（Via della Conciliazione）兩旁對稱的兩座巨型辦公建築中。這兩座辦公建築龐大的結構，完全無法讓羅馬優雅的建築有所增色。協和大道的「協和」，指的是與墨索里尼的義大利在一九二九年簽訂的拉特蘭條約（Lateran Treaty），這個條約承認聖座在梵蒂岡的合法性，梵蒂岡城邦也得以正式成立。另外兩個聖部則坐落在其他地方，一個位於西班牙廣場（Piazza di Spagna），另一個則位於聖部大道上，也就是我下計程車的地方。這兩個聖部並沒有與梵蒂岡市的主要區域相連，但法律上仍屬於梵蒂岡市的一部分，因此享有一種治外法權的地位。

我從聖部大道過馬路來到對街，在一間小快餐店快速喝完一杯卡布奇諾，然後穿過街道，在一座石頭噴泉前停下來，端詳並解讀上面的銘文。這座噴泉是由普世教會的最高領袖——庇護九世所建（根據我所讀出的結果）。庇護九世從一八四六年起擔任教宗至一八七八年為止，在位時間長達三十一年。他是第一位由自由派教會選出的教宗，後來卻變得越來越保守。後人記得他的原因不外乎發行《謬說舉要》（*Syllabus of Errors*）是一種民主的逆行倒施。這對我的到訪來說，似乎不是個好兆頭。

正式會面

當我通過一座氣勢磅礴的鐵門、走進信理部米黃色外牆內的五層文藝復興宮殿，我感覺自己不僅跨越了國界，甚至還走進了倒流的時光。我也猛然想起，前一晚我才和道明會修女們共進晚餐，而道明會正是十三世紀晚期受教宗欽命主持宗教裁判所的團體。台伯河的靜水，看盡了多少歷史的波濤啊！

我從雄偉的古老正門走進大殿，警衛將我帶進一個挑高的等候室。等候室中有三張鋪有錦緞的木椅，還有一張乳白與金黃色相間的桌子，上面的漆色有些剝落。桌上放有兩本相簿，主要都是在若望保祿二世造訪全球各地時所拍攝的集錦。牆上掛有四幅畫，其中一幅描繪一名我不認識的紅衣主教，另外二幅的主角則是聖母馬利亞——一幅描繪她的胸口穿過一把劍，另一幅則描繪她坐在天上母后（Queen of Heaven）的寶座上。還有一小幅畫描繪笑容滿面的若望保祿二世。

我幾乎還沒機會好好端詳周遭環境，拉辛格主教就大步走入，微笑著用英語歡迎我的到來並和我握手，然後把我引進隔壁房間。他穿著一件鑲紅滾邊的黑色長袍、頭頂黑色小圓帽，胸前掛著一枚中等大小的十字架。他的眼神看上去有些疲憊，但他表現出精力充沛的樣子，雖然有那麼一點唐突。

經過了一陣寒暄談笑以後，我便問他所認為現今的「異端」主要來源是什麼。他立即回答說，他剛從非洲出差回來，這個問題主要並不是歐洲的自由主義者如孔漢思、或甚至是左翼政治神學主義者如鮑夫造成的；相反地，他說，「融合」才是非西方世界的主要危險特徵。他表示，基督徒修練時融合了當地原住民的靈修法，而後者如果模糊了基督宗教的本質，那就很危險了。他舉的例子是將非洲部落的入會習俗與基督徒的入教儀式混合，如受洗和堅信禮（Confirmation）。當我問該如何「辨正邪、明善惡」，他笑著搖了搖頭，承認要做到這點並不容易。但他隨即冷靜地看著我，說：「我們會與主教們密切合作，一同處理它。」

這幾句話簡直就像泰山壓頂——沒錯，他就是在說，基督奧體（mystical body）上那些亙古的惡性腫瘤仍然存在。這些「腫瘤」可能以新的樣貌呈現，但它們終將被以一貫的方式——由那些元老使徒唯一合法接班人，行使他們獨一無二的權力——處理掉。他、也就是信理部部長，還有教宗和主教們將會「處理它」。他們擁有的權力來自於當了一千九百年的宗徒傳統監管人，他們代表的是衡量事物的準則，以此來評估世界各地可能出現的所有偏差——無論是在巴西、奈及利亞、泰國或世界任何地方。

在我們交談的同時，我很明顯感覺到拉辛格是一個名實相符、充滿智慧與自信的人。他給人的印象是：在他心目中，他正在糾正的許多錯誤並非帶有不良的意圖，而是方針上出現偏差。他很清楚地暗示：如果可以邀集天主教世界所有的神學家和教會領袖，一起舒舒服服地泡個溫泉、與他們聊上一兩個星期，那些問題就會不攻自破。

過了大概四十五分鐘，一名工作人員急急敲了門，探頭往裡面看了看，然後用英語（特別為了我？）說，有一名梵蒂岡國務院的人士在外頭等著見他。紅衣主教對我歪著頭笑了笑，兩手手心向上一攤，擺出一副「還能怎麼辦呢？」的手勢。然後，他起身與我握手，在我離開時他遞給我一本他那時剛寫完、關於復活節冥想的小書《追尋那至高無上的存在》（*Seek That Which Is Above*）[2]，裡面附有他的親筆簽名。這本書的封面圖片出自一本十一世紀的手抄本，該手抄本目前存放在科隆大教堂。圖片背景是紅色和金色，描繪了兩個身穿紅色長袍、手托膏油的女人，她們的眼睛盯著一個天使的紅色頭髮和紅色翅膀；天使則坐在一具打開的棺木上，可以看得出來裡面有東西用屍布包著。畫中的天使舉起右手，祝福兩位女人。當他把我送到門口時，我們再握了一次手，他並沒有邀請我共進午餐。

當我走出大門、來到聖部大道，再經過庇護九世噴泉，然後前往騎士門大道（Porta Cavalleggeri）招計程車時，我完全不懷疑剛才與我聊天的那個人，有一天會成為普世教會的最高領袖。當拉辛格在二〇〇五年真的升任教宗時，我不知道他會是什麼樣的教宗；他上任以後，還會繼續依賴過去幾千年來教會不斷使用的控管機制嗎？就算史實證明這套機制本身已經飽受懷疑？當初那些行遍天下的虛構小說現在都只能退居一旁，讓史實說明一切。但拉辛格似乎仍將今天新的全球化天主教會看作是歐洲的某種延伸。一年後，他在紐倫堡向他的前同事進行演講時，證實了他仍抱持這種態度：他宣稱福音與希臘哲學的融合為當今世界基督宗教提供了最可靠的知識載體。

拉辛格是個土生土長的道地歐洲人，但現在的天主教會卻比以往任何時候更「不歐洲」。因為，基督徒在二十一世紀面臨的情況，與前人在漫長的君士坦丁時代、「教理時代」面臨的情況完全不同。拉辛格是一個具有專業素養的學者，也寫過幾篇關於早期教會中教會機構權威的歷史發展文章，但面對這幅員遼闊的宗教，他的策略依然本著一樣的信條統整性和服從的觀念。在他掌權期間，討論是允許的、甚至是得到鼓勵的，但只到一定的限度。最後，就像那句古老格言所說的那樣：羅馬一發言，問題就解決（*Roma locuta, causa finite est*）。

背負著教宗本篤十六世頭銜的拉辛格，可說是聖伯多祿大殿寶座上有史以來最有學養的神學家之一。他的確沒有像某些人所擔心的那麼嚴苛，但我仍然不知道他是否能夠廣納百川。如果他聽得進其他人的意見，我前面猜想的溫泉閒聊之約辦起來就會很有趣。不過，如果我是他的話，我會找一些比較不一樣的人來參加。

首先，我想找幾位來自亞洲、非洲和拉丁美洲的基督徒，他們專精於自己的文化傳統，但從未踏上歐洲大陸，更不要說羅馬或科隆大教堂；我還想邀請幾名孜孜矻矻想重建基督宗教最初幾世紀的歷史學者，一同與會。如果上等的香醇葡萄酒可以讓會議的氣

2. Joseph Ratzinger, *Seek That Which Is Above*（San Francisco:Ignatius, 2007）. 也請參見Joseph Cardinal Ratzinger with Vittorio Messori, *The Ratzinger Report:An Exclusive Interview on the State of the Church*（San Francisco:Ignatius, 1986）.

氛更融洽，那天主教會和基督教可能也更容易達成普遍的共識，讓二十一世紀成為信仰的時代、聖靈的新時代。但是，如果教宗在基督宗教史上的新頁終究有一席之地、我也相信教宗應該要有一席之地，那麼教宗的角色將不得不改變。可是，要如何改變呢？

教宗無謬誤

一八七〇年召開的第一次梵蒂岡大公會議，是羅馬天主教嘗試將基督宗教定義為教條和階層體系的一個高峰。教宗庇護九世要求並獲得（雖然經過投票）「教宗無謬誤」的教義。這項教義與新教基本教義派的某些原則非常相像：當教宗「以宗座權威」（*ex cathedra*）、也就是當他以教宗的身分向整個教會宣布與信仰或道德相關的事項時，聖靈不會讓他犯下謬誤。在這些精心界定的情況下，教宗——基督的世俗教區代理人——代表著不變的真理。任何大公會議都不能質疑或撤銷教宗的敕令，很可能連繼任的教宗都不能。教宗也無須得到教會以其全體名義所做的建議或批准。雖然這種權力看起來真是帥呆了，但從一八七〇年以來只被行使過一次，那就是一九五〇年，教宗庇護十二世宣告童貞馬利亞升天——也就是說她的肉身未經過死亡之門、直接進入天堂——是今後所有天主教徒都接受和相信的教條。

儘管這個信念好幾百年來已被公認為是「虔誠的信念」，這項教義的布達仍引起了新教和東正教基督徒相當大的關注，雖然原因不盡相同。許多天主教徒對這項教條的回應也相當冷淡。但從那時起，雖然總是有些新的教義即將產生的傳聞，如馬利亞應被尊為與基督地位相等的「同救主」（Co-Redemptrix）的想法，但這些終究沒有發生。

天主教神學家可以爭論每一份教宗聲明或通諭所具有的權威程度，但是，這樣一來焦點就模糊了。「絕無謬誤」概念的缺陷不在於教宗應不應該擁有這個權力，而是根據另外一種邏輯：不管誰擁有、或者誰沒有「絕無謬誤」權，這個概念本身就是一種誤導。「絕無謬誤」用在思想、教義和主張上，就代表這些主張是精確無誤的，並且大家必須同意其真實性；它需要的不是信仰，而是信念。一八七〇年可說是基督宗教史上的一個轉捩點：耶穌在生命中體現的、追尋將臨的神之國度的生活取向與動力，幾乎完全消失了。這似乎表示，至少在一個教會裡，信念已經完全征服了信仰。階層體系和信條獲得了勝利。

我說「幾乎」和「似乎」，因為這些事情並沒有真的發生；相反地，庇護九世之後的教宗，除了庇護十二世之外，沒有任何一位動用這個絕無謬誤的終極武器。有些教宗改變態度，以勸說和論證的方式溝通，並更仔細聽取一般信徒的建議，甚至有些教宗（若望二十三世首開先例）接受非天主教的基督徒團體。第一次梵蒂岡大公會議之後至今過了一百四十多年，天主教會培養出無數的聖人、學者和殉道者，這些人證實了一個以耶穌為中心、對神之國度的信仰的純粹堅持，就算在一個持續以神職階層體制與正確教義自我定位的宗教裡也不放棄。

我坦承，我雖然是一個局外人，但我一生中大多數的時間都對教宗感到非常著迷。我曾親眼見過三位教宗。其中一位（保祿六世）稱讚我的第一本書，另一位（本篤十六世，當時他的身分仍是主教）則在他的一篇文章中引述我的說法並贊同我的觀點。此外我還見過若望保祿二世。在本書其他章節我提到了這幾次會面的內容，但最讓我深切遺憾的是，我從沒見過我（以及許多人）最愛的教宗：若望二十三世（John XXIII）。我對教宗和教宗一職的接觸經驗雖然有限，但這些經驗使我相信，教宗的作用對未來基督宗教其實至關重要。雖然有「絕無謬誤」之說，我仍希望未來教宗有一個確立的地位——當然不是靠「絕無謬誤」論。

一九三九年二月，我九歲那年，第一次發現有「教宗」這號人物存在。當時我走在賓州馬爾文（Malvern）、也就是我出身的小鎮街上，我注意到，幾乎就在我們兩戶連棟房隔壁、與浸信會教會同一街區，外觀莊嚴宏偉、以灰石蓋成的聖派翠克教堂（St. Patrick's Church），大門和門楣上都掛著陰鬱的黑色絲帶。當晚，我的父親下班回家後，我問他那代表什麼意思。我的祖父母是虔誠的浸信會信徒，但我父親卻沒有上教會。他過了好一會兒才回答我的問題：「呃，」他最後總算說：「他們的教宗去世了。他住在義大利，但是他死了，那些黑絲帶都是為了表達哀悼之意。這是他們表達悲傷的方式。」

他也許希望我對這個答案感到滿意，但我當然不滿意。我想知道的是：教宗是什麼（因為我從沒聽過這個詞彙），還有為什麼馬爾文的居民會為一個住那麼遠的人的死去感到如此悲傷。他頓了頓，然後試著用他可以做到的最清楚方式解釋教宗對天主教徒的意義。

許多年過去了，當初他的回答最打動我的一點，是他的回答中完全沒有對教宗的偏見或恨意，那些偏見與恨意我直到很久以後才聽人講過，而不曾在家裡或教會裡聽過。我父母的態度似乎是：天主教徒的行事風格本來就有點神秘，他們如果想讓一位遠在大洋彼岸的義大利人當領袖，那是他們的自由，對我們來說沒什麼關係。而天主教徒唯一會讓我父母生氣的一點，是他們當中有些人似乎認為自己是唯一會上天堂的人。

那次談話，開啟了我後來對教宗及其職位持續不斷的興趣。隨著我年紀漸長，我也慢慢發現自己雖然不是天主教徒，但教宗的確還是和我們有些關係。在一九三九年那個寒冷的二月天去世的教宗，就是庇護十一世。曾任梵蒂岡圖書館館員兼外交官的他，人們對其印象往往被他的亮眼門生以及後來的繼任者——庇護十二世——給蓋過，他的臉和無框眼鏡在我邁入青少年時期開始植入我的腦海。我從不認為他是一個熱心或熱情的人物，但我也發現許多天主教徒和我觀點一樣。

不過，當我開始研讀歷史——最早在高中，然後在大學——之後，有一個無法迴避的事實是，無論我在何時讀到關於天主教的哪些問題，近兩千年來隨時都有個教宗在那裡（至少在西方世界）。你可以試試看，在研讀政治制度、哲學、藝術、科學或文學等領域的歷史時，哪個領域不會碰到教宗？他們的確和我們有些關聯，畢竟他們在我們共有的過往歷史中扮演重要的角色。此外，先不論你怎麼看待他們，你可能找不到比歷任教宗包羅更多種特質的男人列表了（我略過「驚世女教皇」〔Pope Joan〕這部電影，因為其可信度與史實性似乎仍有爭議）。歷代羅馬主教無所不包，有聖人、浪蕩子、學者、謀士、行政天才、改革家、自大狂、暴君、藝術收藏家、戰士、建築工人，甚至偶爾才出一位對神學有興趣的角色。

不知為什麼，當我更深入鑽研歷史、然後再投入神學和宗教史的世界，教宗的存在讓我印象最深刻的一點，就是橫貫古今和無處不在，無論這是福是禍。我開始有點相信天主教徒所說的：儘管歷任教宗出過通敵者和自大狂，但教宗一職既然可以生存這麼久，就應該要給予一定程度的尊重。如果聖經中的上帝如我所相信的那樣，貫串整個人類歷史並起了許多作用，那麼我們必須承認教宗佔據了歷史中一個頗有分量的位置，而且不只是在西方。

教宗扮演的角色

一九五八年，當我已經在哈佛大學攻讀歷史和宗教哲學博士學位時，庇護十二世去世了，一個名為龍嘉利（Roncalli）、外表酷似不倒翁的樞機主教被選為聖伯多祿寶座的主人，而且選用了若望二十三世的名號。對我們這些略懂教宗歷史的人來說，他選擇這個名號是有點令人費解的，因為前一個在位的若望、也就是七百多年前的若望二十二世，是教會的一個尷尬過去。若望二十二世執掌的教區位於法國南部的亞維儂，他在教會歷史中曾上演一齣插曲，是某些天主教徒心中的痛：他仔細講述了最後的審判後會發生的神秘異象，使得許多審慎的神學家憂心忡忡。但是，還是老話一句：教宗橫貫古今。天主教會雖等待了七百年，但一九五八年似乎就是重新使用、甚至翻新這個完美聖經人名的大好時機（至少對龍嘉利來說）。

我最近重讀了賀伯維（Peter Hebblethwaite）為龍嘉利寫的傳記[3]，發現一個幾乎完全被我遺忘的片段；令我很感動的是，龍嘉利臨終的最後遺言就是「願他們都合而為一」（*ut omnes unum sint*，見約翰福音17章21節，耶穌為門徒禱告）。我可以很肯定地說：多虧龍嘉利在短暫的任期中大放異彩，才洗刷臭名並重振了「若望」的名號。不過呢，天主教會對重不重振名聲這種事情，似乎不特別著急。

若望二十三世所做的，更不只有重振教宗的名聲。他證實了一點：只要教宗願意，就能用激動人心且充滿想像力的方式給予自由。若望二十三世不僅發表許多通諭、如享譽至今的《和平於世》（*Pacem in Terris*），還召開了永久改變教會體制的大公會議；他還重新定義了**教宗本身的宗教、文化和道德意義**。而且，他僅靠自己的生活方式就做到了這一點，而非風行草偃的體制改革。我慢慢回想起，當時不只有新教徒、猶太教徒和其他宗教的成員對他非常欽佩，連無神論者、懷疑論者和不可知論者好像也很欣賞、甚至可說是敬愛他，他的死訊著實讓數以億計的人震驚，而且由衷感到難過。

對於這個現象，我甚至感到有些困惑。為什麼有這麼多的人（就像我的父母）會認為教宗是一個無害又好玩的職業，而且對於教宗的為人是否慷慨、坦率和謙和很感興趣？這幾乎說明了無論過去還是現在，即使在對教宗最冷感（相對於反對教宗）的人心裡，都希望教宗是我們都能喜歡的人物。然而，在我平常看到對教宗一職的未來的相關評論中，教宗在文化、靈性與道德層面的角色演變卻常常被忽略。也許是因為大多數參與這些討論的都是天主教徒，而且他們往往很關注教廷的其他面向，所以才忽略了這種演變。或許，你幾乎一定得當個局外人，才不會受到共治（collegiality）、絕無謬誤、教廷權力等羈絆，而能好好欣賞、思考這個角色。

我個人見過的第一位教宗是保祿六世。那是一次在羅馬的策進會議，由當時梵蒂岡新成立的「非教徒事務秘書處」（Secretariat for Nonbelievers）主辦，當時的處長是維也納的柯寧樞機主教。這次的會議永久地改變了我對教宗還有未來發展軌跡的想法。不過我並不是以非教徒的身分應邀參加會議的。梵蒂岡第二次大公會議曾明確表示，必須用一個更正面的態度看待新教信徒，而且「基督徒合一秘書處」（Secretariat for Christian Unity）也才剛剛成立。我被邀請的理由是因為當時我的《世俗之城》（*The Secular City*）一書才剛出版，而梵蒂岡當局（甚至可能是教宗親自提點）覺得我應該對世俗化和現代

3. Peter Hebblethwaite, *John XXIII:The Pope of the Council*（London:Chapman, 1984）.

的「不信」有些瞭解。我們的會談結束後，教宗保祿六世接見出席的學者；他拉著我的手，溫柔的目光順著他的鷹勾鼻向我投來，然後告訴我，他一直在讀我的書，而且，雖然他有些不同意的地方，但仍「懷著極大的興趣」閱讀。當時我是非常高興的，但也很遺憾隔天沒有請他把這句話寫下來，以便後來改版時用來當作宣傳。

至於策進會議的重點，並不是和教宗見面（不過當時秘書處的主管大人在眾人面前告訴我們：「與會時和教宗見面，就像你造訪紐約時要參觀自由女神像一樣。」）。最重要的是，這是梵蒂岡教廷的一個官方機構主辦的會議，受邀對象不僅有新教信徒和猶太教徒，還包含了非教徒甚至馬克思主義者。這場會議揭示了教宗的全新領導舞台，讓梵蒂岡成為一個跨越國界的平台，每個具有非常不同、甚至互相衝突世界觀的代表都能在這裡一起進行自由坦率的交流。這就像歷史學家、梵蒂岡觀察家齊佐拉（Giancarlo Zizola）提出的呼籲，希望梵蒂岡可以成為「所有基督徒和各國人民眼中的靈性權威中心，使梵蒂岡成為集中所有正面推力的統一機構，同時也不能失去與過去良善的一致性。」[4]這代表了基督的祈禱「願他們都合而為一」可能代表的一個天主教的真正願景。

在羅馬的那次會議，絕對是一次特別的聚會，但我必須很遺憾地說，「非教徒事務秘書處」的苦日子很快就到來了。這麼說或許有點太武斷、也言之過早；不過，我還是認為「非教徒事務秘書處」的勇敢作為似乎是象徵未來、以至於末世的局面。畢竟，羅馬主教在早期基督宗教史上的權威，是建立在審理與裁決教會不同派別之間的糾紛，而且不經由羅馬主教就無法解決。因此，我所參加的會議，可說是羅馬主教仲裁傳統的合理延伸。幾年前流傳一則傳聞，「非教徒事務秘書處」最終走向衰微命運的原因，是羅馬的神職人員對教廷內部的強硬政治應對都不夠小心，包括二〇〇四年以九十八歲高齡去世的柯寧樞機主教在內。雖然這很可能就是原因，但說不定一個非天主教信徒、或是幸運地未涉入羅馬權鬥的信徒，才能領會這場歷史性的聚會是多麼強大、多麼充滿希望。我仍然相信，儘管最近遭遇了許多挫折，它預示著教宗——也很可能只有教宗——能在基督宗教史的下一頁扮演的角色。

同時，基督新教也不斷奮力地超越基本教義的桎梏，我們將會在下面幾章討論到。

4. Giancarlo Zizola, *The Utopia of John XXIII*（Maryknoll, NY:Orbis Books, 1978）, p. 171.

Chapter 9

超越信仰的對話

住在鬼屋裡，就代表你相信有鬼存在？

THE FUTURE OF FAITH

在我八歲或九歲那年，某個冬季的雨天我感覺異常躁動，因此決定到家中的閣樓翻箱倒櫃一下。閣樓裡有幾個布滿灰塵的行李箱，在行李箱和一些磨損的樸素法國藍寢具後面，我發現了一疊老百科全書。我漫不經心地翻閱著，突然看到一張摺頁地圖，上面寫著「世界宗教分布圖」。

這張地圖挑動了我的好奇心，我仔細地盯著它看。它是一份彩色編碼色塊的地圖，這份地圖上，整個印度半島標示了紅色的「印度教」區塊。而「佛教」則使用相稱的橘色，分布範圍橫貫整個東南亞地區，南至泰國和柬埔寨，北達日本。由於這份地圖是毛澤東革命以前印製的，所以中國的宗教仍是「儒教」，並著上淺灰色。而編輯所謂的「穆罕默德教」與黃色代表色，在整個北非、中東直到東邊的印尼構成一條悠長的水花。基督宗教則在美洲和歐洲兩地慵懶地延伸開來。

這份地圖讓我十分驚訝：在我住的小鎮上，我們有長老會、衛理公會、浸信會、貴格會和天主教徒，但我很想知道，其他宗教的信徒是哪些人，他們的宗教又是什麼樣貌？我想，這個下著毛毛細雨的下午，就是我對神學和比較宗教學一生志趣的開端。

這份全彩地圖雖然精美好看，但現在是完全過時的產物。今天，你在各個地方都看得到所有這些宗教。而基督徒如果重新審視自己的真實來歷的話，他們也發現自己在其他傳統的地域中，也只是夾縫中的少數，和其他傳統的距離也沒那麼大。其他宗教都在我們身處的「此端」，不只是在「彼端」，所有的宗教現在也被塞進一個縮小的世界中。大批印度教、佛教和穆斯林信徒已循著移民模式魚貫進入歐洲和美國，佛教寶塔和清真寺就坐落在基督宗教的教堂和猶太教堂旁。世界上不同宗教的信徒已經無法再迴避對方，所以瞭解對方已不再僅僅是一種選擇，而是一種必要。但殘酷的事實是，親暱生狎侮，彼此接近卻不總是帶來尊重。在我們的時代，宗教已變得更像是一種力量，因而在許多地方宗教彼此接近帶來的反而是懷疑和鄙視，不同傳統之間的關係也面臨了一個新的危機時刻。

我們人類同時生活在自然和歷史之中，融合了兩種存在的模式。我們都有一具軀體，但我們穿上的衣著可以是纏腰布，也可以是名牌普拉達。我們都會講話，但講的卻是數百種不同語言，可能是孟加拉語或塞爾維亞—克羅埃西亞語。同樣的，我們都是「正在信仰」的動物，我們的生活不能沒有某種程度的信心，才能讓生活更有連貫性以及目的。這種信心來源可以是好運、自己的先人、自己的金錢、頭腦，或是親朋好友。這種信心甚至也可以是「上面那些都不可信」，也可以每年或每小時就出現變化。無論如何，就是要有一種信心。我們都是「信仰者」，但我們將自己的信仰投射在無數種不同的存在體之上。

我們所身處的宗教與文化背景，會以完全無法逃避的方式，塑造我們的語言和思考模式。猶太教徒和基督徒如果後來否認「神」的存在，他們必定是透過自己原本的猶太教或基督宗教傳統來否定的。即使皈依另一種宗教，也無法解決這個問題。原本信仰基督宗教、後來皈依佛教的人，也肯定免不了偶爾使用基督宗教的方式來理解佛法（dharma）。

我遇過一些來自其他傳統信仰、後來改信佛教的人，但他們無一例外地有兩種反應：貶低自己原本的信仰（通常是基督宗教或猶太教）、大力讚揚新的信仰，或是在佛教信仰中添增基督宗教或猶太教的元素。無論我們是否喜歡自己的傳統，它都會滲透進我們的語言、思想形態、習俗和社會價值觀之中。這些傳統穿透我們骨髓和大腦中的突觸，它們不只寄存在我們的意識思維中，更潛伏在我們的本能反應裡。關於這項人類生存所不可避免的元素，印度教著名學者沙爾瑪（Arvind Sharma）教授面對記者提問時曾用過一記天外飛來一筆的回應。當被問到自己是「相信印度教義」或「實踐印度教義」的信徒，沙爾瑪教授微笑回答說：「嗯，如果你住在一棟鬼屋裡，這是否代表你相信有鬼存在？」[1]

宗教間的對立

某種程度上，我們的確都生活在各種鬼屋裡。雖然這些鬼屋可能在同一個日益縮小的地球村中，但它們仍是獨立的房子。我們同樣都需要一個信仰（無論是宗教的或非宗教的），但我們會發現自己置身於各種眼花撩亂的、象徵信仰與所信的事物中。世界宗教地圖仍是繽紛多彩、充滿許多不同顏色的，但色彩的樣貌卻出現越來越多漸層與斑點。這份地圖現在看起來並不像胡安．米羅（Joan Miro）那種色調界定明確的繪畫，反而比較像傑克森．波拉克（Jackson Pollock）的畫——到處都有大面積色塊，但整幅畫面潑灑著各種大小斑滴。

更重要的是，從歷史的角度來看，畫面上的顏色對比越強，各種激烈又殘暴的事件便會不斷發生下去，像天主教的十字軍運動（crusades）、伊斯蘭的聖戰（jihad）、宗教

1. 想參考更多沙爾瑪教授的著作，請參見 *Part of the Problem, Part of the Solution:Religion Today and Tomorrow*（Westport, CT:Praeger, 2008）；*Hermeneutics and Hindu Thought:Toward a Fusion of Horizons*（New York:Springer, 2008）；*Fundamentalism and Women in World Religions*（New York:Clark, 2007）；*New Focus on Hindu Studies*（New Delhi:D. K. Printworld, 2005）；*A New Curve in the Ganges*（New Delhi:D. K. Printworld, 2005）；*A Guide to Hindu Spirituality*（Bloomington, IL:World Wisdom, 2006）；*Hindu Egalitarianism:Equality or Justice?*（New Delhi:Rupa, 2006）.

裁判所，以及各種宗教迫害。有人說，人們不僅願意「為信仰而死」，還願意「為信仰殺人」。但到了二十世紀以後，我們更須補充一點：除了有宗教信仰的人會殘殺無神論者和異端以外，無神論者也會殘殺有宗教信仰的人，原因是後者的宗教不為自己所容。這是一段醜陋的歷史，而在各種宗教傳統中，基督宗教累積起來的血債也是積重難返。但有一些證據表明，基督宗教目前正慢慢把其核心信仰找回來，尤其是在基督徒身為少數族群、其他宗教信徒為多的地區，可能會讓基督宗教產生一種更加尊重、合作和富有同情心的態度。

基督宗教團體一開始是由一個鬆散的猶太人群體組成，接著很快就吸納了外邦人，他們都追隨耶穌並延續祂一生的事功。耶穌的事功在「山上寶訓」中，祂向弟子朋友們討論禱告一事就是最佳說明：上帝為王的和平與正義「國度」，將會「在地上實現，如同實現在天上」。但是，耶穌從來沒有見過任何印度教徒、佛教徒或穆斯林，關於人們應該如何和不同宗教的人共同生活，祂並沒有明確的開示。因此，要釐清眼下信仰的再起，對各路不同宗教的意義與對彼此關係的影響，必須用更創新的思維。

但隨著新世紀的開始，我們面臨著一個迥異的弔詭情況：這是最好的時代，也是最壞的時代。一方面，比起過去歷史上任何一個時期，現代的我們有更多的組織、會議和研討會，能促進跨宗教之間的對話；然而，我們也生活在宗教之間——以及宗教內部的可怖仇恨之中。在印度半島上，印度教徒和穆斯林互相屠殺；極端正統派的猶太教徒和穆斯林激進份子加劇了以色列與巴勒斯坦間的對立，他們各自聲稱耶和華和阿拉賜給他們同一塊土地。與此同時，猶太人和穆斯林內部也在自相殘殺。

也許，這兩種矛盾的趨勢有著一個共同的解釋：我們再也無法迴避對方了。曾幾何時，大部分宗教的信徒（猶太教徒除外）都能生活在無知的幸福中，就算其他宗教存在於世界的其他地方；現在，一切都變得不同了。除了移民潮以外，飛機旅行、網際網路和電影在在都讓各種宗教分散在全球各地，無論我們喜不喜歡，現在人人都是彼此的鄰居。在這個躁動的地球村裡，我們如果誠實地評估彼此的關係，就再也不能迴避「宗教的他者」這個議題。

對話的困境

我念大學時去過一個國際學生俱樂部，遇見許多印度教信徒與穆斯林，那時我就意識到「不同信仰間對話」的急迫性日益增加。然後，當我開始教學生涯後，我在許多不同的地點熱情地參與對話討論，其中某些地方非常具有異國風情。我在印度溫達文（Vrindavan）的印度教毗濕奴（Vaishnavite）信徒集合住宅待過一週的時間，赤腳坐在地上與來自鄰近區域的苦行僧（sadhu）們交換意見長達數個小時。我也曾前往日本的寺廟之城——京都——參加佛教團體主辦的研討會。後來，我去了耶路撒冷的沙洛姆哈特曼研究中心（Shalom Hartman Center），與穆斯林和猶太教徒一起進行古代典籍的三方研究。在科羅拉多州波德市（Boulder）的那洛巴學院（Naropa Institute，由藏傳佛教丘揚創巴仁波切〔Chogyam Trungpa〕所成立），我也曾教過兩門關於耶穌的暑期班課程。而在我現居的劍橋市（Cambridge），我經常走訪當地的禪宗精舍，並和眾多造訪哈佛世界宗教研究中心的訪問學者共進午餐。

我越來越習於這種四處飛行兼橫跨各種信仰的交流方式，我家書架上各種異國紀念品就是明證。但我也漸漸發現，我遇到的人都很像我。他們屬於自己所在的傳統中的「對話翼」，而另外一翼卻總是鬧失蹤。很明顯，在這條路上繼續前進，只會把路越走越死。我們還需要與我們所屬的傳統中以及其他傳統中的基本教「翼」對話，特別是因為今天許多宗教仇恨導致的暴力事件是在某個宗教團體內部、而不是不同團體間發生的。雖然美國的「宗教右派」發言人經常嘲諷他們所謂的「自由媒體」（也就是好萊塢）是

「激進法官」和「幹細胞研究者」，但他們最強大的炮火還是朝向與他們意見不同的其他基督徒，而且開炮範圍橫跨各種大小議題。今日宗教右派最關心的問題，大多不是聖經的正確性或贖罪的教條（雖然它過去曾經是右派關心的問題），而是他們口中的「社會問題」，也就是政治和文化問題。比如說，同性戀者在教會中的適當定位，就是目前讓許多教派產生意見分歧的最大問題之一。

而在特定的傳統中，這種內部鬥爭激化就可能導致混亂和傷亡。殺害墮胎診所工作人員的美國基督徒，在被定罪後毫無悔意，因為他相信自己是遵循「神的話語」，同時拯救未出生嬰孩的無辜生命。以色列前總理拉賓（Yitzhak Rabin）並不是被巴勒斯坦人暗殺，下手的卻是虔誠的猶太教信徒，因為他堅信猶太律法的指示，認為這麼做可以保全猶太人的性命，同時防止上帝賜給其子民的土地不會落入他人手中。殺了印度聖雄甘地的兇手並不是穆斯林，而是他的印度同鄉。暗殺巴基斯坦前總理貝娜齊爾・布托（Benazir Bhutto）的人，也是她的穆斯林同胞。世界上的所有宗教都會出現「關起門來自成一國」的派系，他們對自己的教友批判力道並不亞於針對其他宗教。

這類「基本教義派」運動的爆發，會讓不同信仰間的對話日益困難。每個傳統下的基本教義派可能各有許多意見不同之處，但他們都同意的一個論點是：堅決反對不同信仰間的對話。對他們來說，這種對話根本就是出賣自己人的行為。對任何試圖在各宗教間尋求和平的人來說，這種拒絕對話的行為著實令人抓狂，但取而代之的狀況卻也往往令人失望。大多數（雖然也有些例外）參與不同信仰對話的人，非常容易滿足於最簡單的討論內容。比如說，參與對話的基督徒常用一種強烈的同理心和猶太人、穆斯林、印度教徒和佛教徒交談，但他們很少試著與自己陣營中最桀驁不馴的一派溝通。這是可以理解的。假設你是個喜歡與人對話的基督徒，你比較想和達賴喇嘛（Dalai Lama）聊一個下午，還是和帕特．羅伯遜（Pat Robertson，美國右翼福音派牧師）吵一個下午？

當然，與來自不同傳統的人對話（例如基督徒和佛教徒）時，會產生許多的差異，這的確就是對話的目的之一。可是，不去理會這些差異似乎又很安全，畢竟來自不同傳統的參與者並不是「大家庭」的一員，我們可以把這些差異歸類為「有趣的不同」，然後擱置一旁不管。但是，當同一組織裡開放的「跨信仰派」嘗試與那些保守的「抱殘守缺派」認真對話時，雙方將注定出現很大的落差，情況也就會很不同了。這種情況下，氣氛會變得緊繃，人們也常按捺不住脾氣，氣到跳腳直接結束對話者大有人在；但是，這種現象的危害範圍可是非常之大。很多人雖然嘗試對話，但過了一下子就放棄了，而放棄只會讓整個跨信仰的大業走向死胡同。它似乎也投射了一幅令人不安的前景：在每種宗教裡，心態開放的成員會怡然自得地與其他宗教的成員閒談，而極端保守的成員則變得更加孤立與好戰。

當我開始相信必須大破才能大立時，我突然有了個極端的想法。一九八三年，我曾建議我的同事們邀請法威爾牧師（Jerry Falwell）和他所創辦並擔任校長的維吉尼亞州私立自由大學（Liberty University，位於林渠堡〔Lynchburg〕）的一些代表，到我們哈佛大學訪問。二〇〇七年去世的法威爾牧師完全不諱言自己是「基本教義派」，並誇口說他的神學和政治立場是「保守到你無法想像」。

我們學校的某些教師和學生都被我的提議給嚇壞了。他們極力反對邀請他到校園，並告誡我千萬不要「冒險給他舞台」。但我堅持邀請他來，甚至獲得甘迺迪政府學院（John F. Kennedy School of Government）同僚的支持，因為他們已經習慣接待飽受爭議的來賓了。經過許多次的折衝談判，我們最終達成了共同主辦活動的協議。我會開場並介紹法威爾，然後兩名宗教學系研究生會簡短回應他的問題，再來是問答時間；最後我們一行人在甘迺迪學院的豪華頂樓共進晚餐，遠眺查爾斯河。

法威爾來訪那天，學校裡出現了一些動盪；有些同性戀學生穿著大紅大紫的亮眼服飾舉牌抗議，但並沒有太多的針對性。法威爾的團隊則興奮地對著他們錄影。我知道，這些穿著迷你裙的竹竿腿男孩們以及燕尾服女孩們很快就會被放進他的每週電視節目「往昔福音時光」（The Old Time Gospel Hour），然後配上一句溫情呼籲：「請看我們到底在反對什麼東西」，以確保背後金主的支票可以源源不絕地進帳。

甘迺迪學院最大的禮堂坐滿聽眾，我親切地用常春藤名校歷史悠久的矜持態度來介紹法威爾。當法威爾演講時，台下有些人對著他喊著侮辱性的言論，但我很成功地維持場面的和氣。觀眾當中有些人很顯然希望他說溜嘴、或是口齒不清，但他並沒有發生這類問題，他反而非常享受這一天，而且針對所有問題給出非常洗練的答案。例如，當有人質疑他在自由大學的種族結構，法威爾揮著一張紙說，上面證明自由大學招的少數人種比例比哈佛還高。另一名學生問他如果自己家裡遭人闖入，他是否會以非暴力的方式對付竊賊。法威爾回答說他不會，但姿態有點侷促不安。他說，他在自己的臥室放了把槍，然後會用它把不速之客送去來世。演講結束後，大家圍在茶水區，喝了點葡萄酒，吞了些乳酪，然後一起共進晚餐（法威爾和他的幕僚們用餐時喝的是礦泉水）。席間談話雖然有些緊張，但還是十分愉快的。而在一切都順利落幕後，沒人認為不該促成這次的訪問。

在法威爾訪問的幾年之後，我們又接待了一批來自帕特．羅伯遜創立的瑞景大學（Regent University，位於維吉尼亞海灘）的幾位教職員。他們的參訪行程包括與我們系上的幾名教師私下交流，談談如何讓宗教價值觀在公共領域得到彰顯，以及出席公開論壇——這場論壇引來爆滿的聽眾，哈佛神學院最大的演講廳可是擠得水洩不通。雖然這幾次訪問都沒讓大環境產生任何戲劇性的變化，但它們呈現一個清楚的事實：「跟那些人講理簡直是不可能的」的想法並不一定是真的。我們不僅可以和他們對話——我們「必須」對話，而且我們做到了。

開放對話的願景

誠然，這種**同一信仰內**的對話，往往比**不同信仰間**的對話更加困難。雙方都有各種理由避免與對彼此對話，但這只會造成一種結果：每個傳統中不同派系間的緊張關係不斷加深，我們將不再溝通，而是搧風點火、製造對立、誹謗謫貶，以及假分裂之名行恐嚇之實。隨著情勢的持續惡化，我們越來越看對方不順眼、也更不想和他們對談，因為很多人開始認為就是他們歪曲和貶低我們同樣信奉的宗教。手足之爭，其實是最讓人難受的一種競爭。首宗兄弟殘殺的案子：該隱殺亞伯，爭執的起因便是向神獻祭方式的不同，他們兩人的鬥爭可說是同一信仰內的紛爭。

不過，同一信仰內的對話並非像之前那樣毫無可能性，有一件事實已經改變了基督宗教的兩個翼，那就是目前耶穌的福音從信條的牢籠裡重新得到解放，並觸及了這兩翼。老話一句，這個解放起源於重新發現聖經中的耶穌，以及「後西方」基督宗教的崛起。首先，保守基督徒也聽過關於基督宗教最初幾百年歷史「小說」的翻案說法，何況他們也不曾對「宗徒傳承」理論抱有任何好感。真正的耶穌運動熬過了千年寒冬終於開花，現在已經開始在世界各地尋求結果的契機。如果福音派將更多以耶穌為中心的展望融匯到自己的思想裡，他們與「自由派」——曾被他們視為第五縱隊（即內奸）的成員——對話時，就會覺得輕鬆一點。這種發展也讓光譜兩端的大家能與「南半球」的基督徒有更密切的接觸，而南半球正是基督徒對其他宗教信徒的態度出現一些非常重大變化的地方。

在亞洲和非洲的基督徒當中，同一信仰內或不同信仰間對話方式的變化，出乎很多觀察家的意料之外。當亞洲和非洲的教會主要還是由美國和歐洲傳教士創辦並主導時，與其他宗教的對話仍受盡懷疑。這些國家的基督徒想強調自己的特殊性，彰顯自己所代表的新穎與不同。但隨著這些「新教會」益臻成熟、第二代和第三代領導相繼出現，這樣的觀點便開始發生變化。第一批皈依者的後代們，越來越有興趣找出和鄰居的共同點，尤其是一同面對依舊在各地肆虐的貧困問題。

亞洲基督教協會（Christian Conference of Asia）是一個大型基督教協會，匯聚了來自西北亞的巴基斯坦，以及泰國、柬埔寨、中國到東北亞的韓國和日本的基督徒。二〇〇三年，我在香港這個驚人的超現代都市出席了亞洲基督教協會的年會。我驚訝地發現，這兩百名與會代表的核心問題，是如何在婦女權利、生態與和平議題上，與其非基督徒鄰居們發展出最佳的合作模式。而且我明顯感受到，他們覺得爭論教義和信念太「西方」了，而且覺得有點無聊。他們發起不同信仰間的對話，主要構想是與任何宗教的亞洲同胞攜手邁向耶穌啟示的「王國」（無論其他人用什麼字眼稱呼），並以基督徒的身分去努力追求這終極目標。他們既不是「基本教義派」，也不是「現代主義派」；他們似乎更能切中基督宗教中奧秘的要領，以及對未來公平正義的展望。他們對許多至今仍困擾美國教會的派系與路線之爭，顯然已經失去耐性了。

保守福音派的基本教義信徒的社群，既不是鐵板一塊，也並非無法動搖；他們因著神學、種族、性別、地域、教派和政治路線的不同，而細分為許多支派。這些派系間的傾軋與衝突，以及因此產生的內鬥，炮火往往比他們攻訐圈外人時更加直接且猛烈。保守派的宗教社群產生分裂，引起了廣泛的關注。二〇〇五年二月，全國福音派聯盟（National Association of Evangelicals，簡稱NAE）副會長羅伯特·溫澤爾（Robert Wenzl）曾抨擊他福音派的同胞們「失去了自己的願景」。攤開歷史一看，溫澤爾還曾抨擊法威爾成立的「道德多數」（Moral Majority，上世紀八〇年代非常活躍的團體），並斥之為「偏離正軌、令人遺憾」，因為這個組織的「自大傲慢是其致命缺陷」。他暗示，安穩座落於郊區的「超級大教會」應可避免同樣的缺陷，但市區的教會得要更有正義感才能抵抗墮落的誘惑。如果這樣的批評言出美國基督教協進會（National Council of Churches）的某一名自由派發言人，很可能就會被忽視。但是，做出這樣抨擊的可是全國福音派聯盟一名高級成員，還引來《波士頓環球報》（*Boston Globe*）的報導，報導的標題是「官方譴責基督教右翼」。

美國福音派當中，現在也出現一種開放的神學態度。過去他們曾視辯論為禁忌，現在他們卻能坦率地辯論許多議題，譬如聖經權威的性質，以及在其他宗教中是否存在神的救贖的可能性。此外，關於末世論（eschatology）的神學教義，以及世界將如何結束的討論，也引發一場激烈的爭執。全球已賣出超過五千萬本的《末日迷蹤》系列小說，就是根據基本教義派末日神學觀寫成的小說。而露肚裝和搖滾音樂是否適合敬拜（這些元素似乎逐漸受到歡迎）以及女性是否可以授以聖職，[2]勢必會引發更多的口水戰。

美國（以及世界上其他許多地方）的基督宗教保守派，並不是一個僵化的方陣。聖靈是四處流動的，信仰也漸漸變得比信念更加突出。目前的研究跡象顯示，拉丁美洲的福音派和靈恩派運動，並未發展出和北美宗教右派一樣的產物。例如在巴西，福音派選民把民主左派的勞工黨候選人魯拉（Lula，即路易斯．伊納西奧．魯拉．達席爾瓦〔Luiz Inacio Lula da Silva〕）推上總統的大位。[3]在全球各地，福音派運動都在移動、變化和分裂。他們在許多方面，是轟轟烈烈搞出一番事業，但又常常對自己的使命感到模棱兩可。他們的許多領導人都曾譴責過「社會福音」（social gospel）運動，現在也都在尋找自己的社會神學理論，包括追求和平、爭取種族平等以及消弭貧困。與「另一翼」進行具體對話的機會，可能會比以往任何時候都更有希望。

我們應該善加把握這個機會。我們如果不能把握這個機會，我們眼前的未來將會是非黑即白的：不同宗教的開朗成員們交流越來越頻繁、投注越來越多時間在志同道合的朋友們上，而每個宗教的保守派則會升高敵對意識，變得更難親近。這樣下去，我們會發現史無前例的深刻裂痕將從我們腳下、自己人的圈子裡裂開，而不是圈外的其他地

2. 請參見Gary Dorrien, *The Remaking of Evangelical Theology*（Louisville, KY:Westminster John Knox, 1998）.
3. John Burdick, *Looking for God in Brazil*（Berkeley:University of California Press, 1993）.

方。也就是說，很諷刺的是，**不同信仰間**的運動會被我們自己的成功給打敗。

我承認，反對接觸基本教義派的理由有難以反駁的道理在，就像人們所認為的，「跟那些人講理簡直是不可能的」。大家都認為，基本教義派的核心原則是「反對對話」，而參與對話者則認為自己的核心原則是「開放對話」。所以，你和基本教義派根本不可能有任何的溝通。但這種觀點的邏輯並不完全符合事實。一個傳統中的超級保守派，不願意與光譜另一端交流，有一個原因是他們常常感到所謂的「自由主義者」用傲慢和不尊重的態度看待自己。在美國，他們往往被輕蔑地視為觀念狹隘保守的鄉巴佬，既愚昧又跟不上時代。這些刻板觀念往往使他們難以參與對話。然而，既然前面已經驗證過，「同一信仰內的交流很困難」這個想法是禁不起考驗的，那我們不但不應該迴避，更應該積極嘗試促成這樣的交流。

在當代跨信仰大業裡，我們面對的弔詭現象，就是我們生活在一個最好的時代，它同時卻也是最壞的時代。我們的對話比以往還要頻繁，卻也面臨比以往還要多的衝突。我們需要將注意力轉移到政治鬥爭的宗教層面，以及宗教紛爭的政治層面。我們需要面對三個方向：面向其他的信仰，面向我們自己傳統中的「另一翼」，以及面向我們破碎世界中複雜的政治環境。

Chapter 10

基本教義派的悲情

把能拉的人都拉上救生艇

THE FUTURE OF FAITH

基本教義派是目前基督新教的一種變體，也是在基督宗教歷史的早期就潛入其脈絡的毒素。基本教義派讓信仰萎縮成了信念。他們定位自己的方式，就是將自己的**信仰**建構在堅定不屈地**相信**特定的「基本要義」之上。除了這一點外，基本教義派還認為「被拯救」或「重獲新生」，以及告訴別人自己的信仰（也就是所謂的「見證」），都能使一個人成為「真正的基督徒」。

當然，很多基本教義派人士也虔敬地相信上帝，他們理解上帝的想法並試著去愛自己的鄰人。也有很多人透過各種靈性的途徑獲得了重大體驗，喚醒自己的內心，甚或改變了自己的生活方式，雖然他們可能不會稱之為「重獲新生」。然而，基本教義派如此依戀所謂正確的信念，使信仰從聖經角度來看，變得更加難以捉摸。「正確的信念」用某些強硬規定的教義思想取代了宗教在人生中的重要取向，而這些規定往往又讓靈性緊綳成一道高不可攀的防火牆，耶穌對愛的倫理觀也被拒於牆外。

我過去曾是基本教義派的一員，雖然為時甚短；因此，我覺得自己算是很明白基本教義派的想法。前面提到過，我在賓州大學念大一的最初幾個月，適應得並不好。高中時代的我曾是高年級班長，這可是一種榮耀；而且我還是學校舞蹈樂隊「高禮帽」舉足輕重的薩克斯風手。但是在大學，我發現全校多達幾十個同學曾當過班長、住在我宿舍同一條走廊上的就有三個，我自己的室友則全是資優生。我雖然還是擠進了八十人軍樂隊，但與我一起在美式足球比賽中場休息時上場表演的兩排薩克斯風樂手中，大都吹得比我好。此外，我也不喜歡喧鬧的兄弟會飲宴，因為在大家戲謔地誇耀自己的性事時，我常感覺自己被冷落了，而他們談的豐功偉績——我後來才發現，大部分都是虛構的。儘管如此，校園的社交生活完全圍繞著兄弟會運作，我知道自己如果不參加兄弟會，就會錯過大學生活的一個重要元素。此外，我私下忍不住狐疑是否真的有任何一個社團想要我，而如果我毛遂自薦結果沒被接受，光用想的就覺得真是太丟臉了。

正當我焦急地琢磨著該怎麼辦才好時，有天晚上我發現我宿舍門上釘了一張紙條，邀請我參加一個由「賓州大學基督徒團契」（Penn Christian Fellowship）主辦的新澤西州湖畔週末郊遊。紙條上面還說，布林莫爾學院（Bryn Mawr）的一些年輕女學生以及護校學生也會受邀參加。紙條上署名的是兩位高年級學長，前幾天我才在小吃攤與他們短暫聊過天。整個內容看起來挺吸引我的，所以我就照著紙條上的號碼撥了通電話過去，告訴他們我願意參加。

郊遊活動那個週末的天氣非常宜人、風和日麗，我發現自己喜歡這場更像是分享會、而不只是郊遊的活動。我們唱了幾首激動昂揚的讚美詩，這些讚美詩我小時候就在教會唱過、後來的活力讀經小組也唱過。我們吃的食物都很精緻，休閒時間則打打壘球、在湖上划獨木舟。當我試著把獨木舟划向岸邊時，笨拙的動作使我翻船，看到這一幕所有人都開懷大笑，旁邊有個同學借我一條乾的休閒褲讓我換上。唯一困擾我的的事情是，我分配到的室友希望我們可以一同下床、雙膝落地，一起禱告。原來他懷疑我是否確知自己能否得救（他懷疑得一點也沒錯），他更不想在我感受到「有福的確據」以前，就讓夜晚時光悄悄溜走。

那個週末我交了一些朋友。回到費城後，我開始參加一些由其他學生領導的讀經小組，他們都不具神職身分。雖然在讀經小組中，我常不同意他人提供的解經方式，但我求知若渴，想要努力學習課堂上一切可以學到的東西；既然課表中沒有關於聖經的課程，讀經小組便成了一個重要的課外補充。我也開始與那個週末遇到的一名年輕女孩約會，但為時不久，特別是因為共度了三個愉快的夜晚後，她竟然還是不願意在互道晚安時讓我與她吻別。

「賓州大學基督徒團契」隸屬於發跡於英國的「校園基督徒團契」（InterVarsity Christian Fellowship），是一個以校園為基礎的組織。其目標之一是為基本教義派帶來一些知識上的尊嚴和學術的風氣，畢竟基督宗教的基本教義派常被指控為反智——這種指控也並非空穴來風。

美國的第一個「校園基督徒團契」，一九八三年創立於密西根大學。校園團契的理念迅速蔓延；當我在一九四〇年代末進入賓州大學時，全美各地的校園已經有五百個分部。這個運動至少在一定程度上獲得了許多成功，因為他們說服了成千上萬的學生：當一個保守的福音派或基本教義派，並不等於鄉下人或土包子。但我很快就注意到，對聖經的認真考究並不在這些保守派的理性嚴謹範圍內。此外，這群人完全無視基督宗教的社會正義原則，而且不跳舞、不喝啤酒又擺出清高的樣子，這也讓我感到不太舒服。連那名不讓我吻別、讓我抱憾而歸的年輕女孩也不例外。

不過，隨後的暑假，我決定參加在新澤西州一個樹木繁茂的營地凱希克（Keswick）舉辦、為期一週的「校園基督徒團契」會議。在那裡，我們的歌聲比上次更昂揚，也做了更多的祈禱，還更常跳進湖裡游泳。那裡也有更多的讀經小組，也有更多女學生來自周圍的學校。到場以後我也才發現，當時基本教義派掌門人之一——唐納德．巴恩豪斯（Donald Gray Barnhouse）的兒子也在那裡。唐納德．巴恩豪斯是口才便給、雄辯滔滔的牧師，我曾在費城第十七街、也是他成立的第十個長老教會聽過他講道。幸好呢，這時的我已經學會如何安全地讓獨木舟靠岸，我的室友們顯然也認為和我同船就像選了約旦河的安全的一邊。

然而，在凱希克的這一週，我也開始產生嚴重懷疑，思考這個團體是否真的適合我。這些人不但對聖經文本的作者與年代等歷史考證不太嚴謹，他們甚至對此抱以懷疑的態度。當我提到，我曾寫過一篇關於神學家尼布爾的期中論文，很多人不知道他是誰，而那些聽過他名號的人，竟然認為他又是另一個「現代主義者」，也就是基本教義派最喜歡給非其族類貼上的標籤。此外，一九四八年我支持亨利．華萊士（Henry Wallace），也就是第三勢力（進步黨）總統候選人；那時我常別著支持華萊士的小徽章，很多人看到我這麼做，還會立刻反擊我的立場。這些人不只懷疑華萊士是共產黨員，還反對基督徒參與任何公開的政治活動——因為這只會轉移人們拯救靈魂的真正任務。

對「校園基督徒團契」來說，定義信仰的基本層面似乎等同於嚴格遵守教義信條、培養規律的靈性生活，以及向不信者作「見證」。但這次的凱希克夏日會議中，我也開始注意到團體內部各級成員間的關係有些緊繃。某天晚餐時間，我聽到一個年輕男生向另一名男生吐露，禮堂內的溫度如此之高、令人不安，是因為聖靈就在我們頭上盤旋不下。那天晚上我對另一個同是賓州大學、也參加會議的夥伴提到了這個言論，他抿緊嘴唇、搖了搖頭，然後翻了個白眼。顯然，他也對聖靈生熱的功率表示懷疑。

內部的分裂

幾年後，我開始進行關於基本教義派的研究，才開始瞭解一些當時在凱希克「校園基督徒團契」注意到的內部分裂是怎麼造成的。「凱希克」這個詞來自一八七五年發起於英國凱希克地區的一項基督宗教運動；當時一群英國基督徒在凱希克聚會，目的是尋求基督徒「超越的生命」（higher life）。這個想法來自衛理公會的創始人約翰・衛斯理（John Wesley, 1703-1791），他主張單純被救贖或悔改是不夠的；根據他的說法，基督徒必須與基督產生個人的內在體驗，然後爭取越來越多的「聖潔」，最終達到無罪的完美。但這種觀念從一開始就受到其他基督徒、特別是喀爾文主義者的譴責。喀爾文主義者相信，救恩是上帝給予的一次性禮物，並對基督徒生命的層次與階段變化抱持著懷疑的態度。[1]

在美國基督宗教的基本教義派中，喀爾文派和衛理公會派的摩擦從發起以來就未曾停歇，至今仍是如此。喀爾文派信徒對「體驗」往往更為謹慎，也更堅持正確的教義。

1. 想瞭解凱希克運動的簡述，可以參見Ernest R. Sandeen, *The Roots of Fundamentalism:British and American Millenarianism, 1800-1930*（Grand Rapids, MI:Baker, 1970）, pp. 176-77.

而衛理公會信徒則宣稱，如果沒有親身與上帝接觸，再怎麼強調教條的正確也是枉然。這個論點也在二十世紀的最初十幾年浮現，當時靈恩派與謹守教條的基本教義派（也就是「基要主義者」）相互攻訐時，前者除了謹守某些「基要真理」外，更大力強調直接體驗聖靈的重要性。基本教義派把靈恩派看作是過度情緒化、信念不夠健全的一群人，並與他們保持距離。他們懷疑靈恩派不是有精神疾病，就是太愛出風頭。前面提過的傑瑞・法威爾牧師也是一名嚴守喀爾文主義的基本教義派信徒，他曾說過當靈恩派人士呼喊、呻吟甚至「說起方言」，很可能是因為他們吃了些沒煮熟的魚肉。這種敵對關係從未獲得解決。[2]

而賓州大學基督徒團契內，也有這種對峙的跡象。在接下來的幾個月裡，雖然我和團契裡幾位成員保持聯繫，但我和團契卻是漸行漸遠。但我從來沒有懷著「前社員」常有的心態，用一種充滿敵意的眼神將之前待過的團體看成「邪教」。它**並不是**邪教，從來沒有人誤導我或欺騙我。那些邀請我的人，他們的動機都是真誠無私的。不過，「賓州大學基督徒團契」和其隸屬的「校園基督徒團契」，都是更廣泛的基本教義派運動脈絡下的特定支派，而且真實地表達了自己的立場。與他們相處的時光裡，我學到了很多，至今也仍滿懷感激。我已經遠離了他們緊綳的世界觀，但接觸過他們以後，我更能明白他們的初衷。因為大學四年來，雖然經歷各種曲折，我都對基本教義派抱持著濃厚的興趣在關注他們的運動，雖然他們經常讓我失望、有時甚至憤怒，但我對他們從來沒有失去一定程度的同情。

要說我絕對無法同意基本教義派其中一派的哪個觀點的話，那就是充滿破壞性和自利的「末日時間」觀點。基督會很快再臨的信念，斷斷續續出現在整個基督宗教史當中。但它卻在十九世紀的美國和英國以一種復仇者的姿態浮上檯面，焦慮的人們從〈以西結書〉、〈帖撒羅尼迦書〉（得撒洛尼）和〈啟示錄〉中硬拉了幾個章節片段，只為了羅織出基督的回歸與最後的審判前將顯現的「末世的跡象」時間表。

十九世紀愛爾蘭聖公會士約翰・納爾遜・達秘（John Nelson Darby, 1800-1882）就是其中一位。他將時代做了精細的切分，並管這樣的切劃叫做「時代論」（dispensationalism）。這個理論認為，歷史可分為七個時代，而目前這個時代就是最後一個時代。達秘和他的追隨者還補充說，真正的信徒不用擔心，因為最可怕的時代以及磨難到來以前，他們會得到「被提」（rapture），不死而上天堂。《末日迷蹤》系列小說與其中可怕的「被提」的

2. 請參見Harvey Cox, *Fire from Heaven:The Rise of Pentecostal Spirituality and the Reshaping of Religion in the Twenty-First Century*（Reading, MA:Addison-Wesley, 1995）.

「磨難」內容，還有哈米吉多頓末日大決戰的血腥描述，都是基於這樣一種可疑的神學結構。3

基本教義派時代論者最糟的一個信念特徵是，他們認為地球離世界末日僅有咫尺之遙，這種觀念讓任何對地球海洋、空氣和森林的關心都顯得多餘。另一種信念特徵則是，除非「基督」和「敵基督」（Antichrist）在巴勒斯坦展開一場終極死鬥，否則基督將永不到來。這種宿命觀削弱了以和平方式解決以色列和巴勒斯坦之間衝突的努力。幸運的是，並非所有的基本教義派都抱持這樣的極端觀點，但其勢力仍足以抹煞其他基督徒或憂心人士促進環保、締造和平的努力。

基要真理

基本教義派在很多地方生根，但其發源地是美國。基本教義派第一次出現，是在二十世紀的最初十到二十年；創造這個派別的人相信，基督徒正在失去、更可說揮霍自己的信仰，如此一來教會和社會都將走向災難。他們的憂心並非毫無根據。一九一〇年，時任哈佛大學榮譽教授的的查爾斯・艾略特（Charles Eliot, 1834-1926），發表一篇名為

「宗教的未來」的演講。他主張，新的基督宗教不再有十誡，而將只有一誡——把服侍上帝的愛傳達給其他人。神學、教堂、經典或敬拜，通通不再需要。艾略特並不是唯一一個提出這樣看法的人，這種看法幾乎嚇壞了所有的基督徒，而基本教義派便用特別有力、有組織的方式進行了反擊。

一九一〇年起，他們發布了一系列（共十二本）小冊子，名叫《基要真理》（*The Fundamentals*）。這些冊子廣為流傳，裡頭宣稱目前許多自稱基督徒的人，都任由基督教在現代文化中流失，這種「現代主義」使這些自稱信徒的人們失去了基督教的本質。這些核心的「基要真理」構成了一個基督徒必須絕對堅持的信念，而且責無旁貸、沒有商量餘地。「基要真理」一共有五項，第一項、也是最突出的「基要真理」，即聖經就是神的啟示，而且聖經內容完全無誤。這種信念是一切其他真理的基礎。第二個真理是，耶穌是童貞女所生，這就證明了其所具備的神性。接下來的兩項基要真理則是基督在十字架上為世人的罪進行了「代贖」，以及祂經歷了肉體復活。最後，他們宣稱耶穌即將「充滿榮耀」地「再臨」；這並不是一個可有可無的信念，而是和他們信條中其他信念一樣「基要」的。

3. Tim LaHaye and Jerry B. Jenkins, *Left Behind*（Wheaton, IL:Tyndale, 1995）.

乍看之下，這五個信念的選擇似乎頗為武斷，甚至可說奇特。值得注意的是，這些「真理」都沒有提到耶穌的**人生**。祂濟貧賑飢和醫治病人的內容也都沒有提到，用過的諸多比喻和「登山寶訓」也都失踪了。而祂反對當時政治和宗教菁英作威作福——這完全就是祂被逮捕和釘死在十字架上的理由——當然也沒有出現。為什麼基要主義者要挑出這五項教條作為基督教不可或缺的核心，而不是其他教條？

但如果瞭解美國二十世紀初的文化和宗教氛圍，就不難看出為什麼他們選擇了這五項「基要真理」。堅持聖經無誤的目的，是為了抗衡歷史研究方法日益應用在聖經研究上，但這也將導致人們懷疑摩西是否真的寫過〈摩西五經〉（梅瑟五書）以及某些書信是否真的出自保羅之手。強調童貞女生子和贖罪，則和將耶穌理解為一名偉大的精神導師或道德典範產生直接牴觸。強調「基督即將再臨」，是為了削弱任何逐漸往「神的國度」前進的概念。按照這種觀點，基督再臨前會發生瘟疫、飢荒，世界各地的情況也會急遽惡化；在世界到了盡頭以前，事情會變得更糟，而且會糟糕得多。

許多保守派商人出資印行《基要真理》並免費發行，這些冊子因此廣泛流通於新教牧師和全國各地信徒領袖之間。一九二〇年，《浸信新聞報》（*Baptist Standard*）刊登了一篇文章，文中認為捍衛這些基要原則的勇敢基督徒，才夠格被稱為「基要主義者」。這個標籤就此牢牢貼死。雖然「基本教義派」現在廣泛地用來指稱不同宗教團體中激進的保守派別（如伊斯蘭教和猶太教內的保守派）而且往往帶有貶義，但當初發明這個詞的卻是美國的新教徒，甚至自豪地把它用在自己身上。

基本教義派始終認為他們的信仰受到攻擊，因此他們在兩條戰線上不斷進行反擊。第一條戰線是，他們認為整個世界陷入了頹廢、墮落和異端的惡性循環——特別是美國。他們對「社會福音」運動抱持嘲諷的態度，認為這是在修補一艘正在不斷下沉、已經沒救的破船。正如偉大的基督教復興運動人士德懷特・穆迪（Dwight Moody, 1837-1899）所說的那樣：「主告訴我，『穆迪，把你能拉的人都拉上救生艇。』」[4]但是，他們也與內部更加危險的敵人搏鬥，這就是他們的第二條戰線：敵人就是他們認為當前背叛基督宗教神學趨勢的「現代主義者」。他們認為，這些現代主義者想讓基督宗教永恆的福音配合瞬息萬變的、如流沙般墮落的世界，是徒勞的努力。基本教義派領袖的帶頭牧師們經常猛烈抨擊他們身邊各種不檢點的「巴比倫」，但他們其實把最狠的鬥爭招數用在其他為「一碗紅豆湯」而出賣自己信仰的牧師身上。

4. 引自George M. Marsden, *Understanding Fundamentalism and Evangelicalism*（Grand Rapids, MI:Eerdmans, 1991）, p. 21.也請參考George M. Marsden的*Fundamentalism and American Culture:The Shaping of American Evangelicalism 1870-1925*（New York:Oxford University Press, 1980）.

而且，與大家對基本教義派的印象相反，他們的主要成員並非來自農村，也不是不學無術或半吊子的呆頭鵝。他們大肆宣揚自己的行列中也有幾位知名學者，而他們的主要論點之一是：現代主義和自由派是思考不夠清晰嚴謹、無精打采的笨蛋。在這場辯論中，絕對無誤的聖經與其權威變成了試金石。

普林斯頓大學備受推崇的希臘文和新約學者梅欽（J. Gresham Machen, 1881-1937），在他一九二三年的著作《基督教與自由主義》（*Christianity and Liberalism*）中，堅稱只有「相信聖經完全無誤」能拯救基督徒，使其不致墮入困惑的情感深淵。他認為，聖經不僅是信仰方面的權威，更是道德、歷史和宇宙萬物的標竿。他還強力主張說，聖經本身不需要詮釋，因為它就是定義一切事理的框架。聖經本身就很明確、很充足了；聖經說了什麼，就是那個意思。他宣稱如果擅自解經，會導致對聖經原始說法的意見分歧，結果絕對是弱化了聖經的權威。他斷然駁斥了「信仰體驗」之說，認為這是模糊且反智的，並認為現代主義者、甚至許多福音派人士都傾心於這樣的體驗。體驗是一根纖細的蘆葦，對權威來說是漂泊不定、不可靠的基礎，只有神的話語是永恆不變的。

他們不只樂於與自家門外看得見的野蠻敵人作戰，在關起門來時，也會針對家門內的隱形敵人進行整肅；這些內外鬥爭讓他們的領袖們得到「戰鬥的基本教義派」的名號，他們也覺得名符其實。

從創始之初，美國的基督教基本教義派就是一個激進好辯的派別；世界上的確也有非常多的事情可以反對，他們的炮口也常常往回頭對著自己人。激進的基本教義派會互相開炮，爭論的內容則是該如何對外開炮。有的人用字面上的聖經訓誡「離開他們，從他們當中分離出來」（哥林多後書 6:17），脫離了所屬的教派；其他人選擇留下來，與隨處可見的現代主義者進行鬥爭。但是，後來那些離開的人必須決定是否要繼續與留下來的人待在同個團契裡，然後雙方就這點又開始吵起來。

現今的基要派

關於末世觀點，有些人相信「世界末期」一定有某種表定時間存在，而且他們認為自己正在迎來基督的「再臨」。另外一些人對這類時程表則持懷疑態度。甚至連「無誤」一詞的意涵都免不了引起一番爭論：什麼是沒有錯誤的？是字詞本身，或是字詞表達的想法，還是一封書信或一本福音書的整體內容？一些基本教義派人士甚至大膽提出，聖經抄本的原始語境背景其實可能是具有關聯性的，畢竟，保羅可是專門為羅馬人和加拉太人寫了信，而不是為芝加哥人和克利夫蘭人。瞭解這一點的話，怎麼會無助於我們掌握保羅對他們說的話（可能也是對我們說的）呢？但也有人認為，這種策略迎來了無限的詮釋與爭論可能，如此一來，大家就會失去對「聖經上清楚地說」的信心。

這些分歧對今天某些人來說，根本是微不足道、甚至是矯揉造作的；但基本教義派內部卻不斷就此相互開火，然後時常上演「切割」與自己意見不合者的戲碼。雖然基本教義派的首要目標原本是用堅持「神的話語是不可質疑的」來反抗通往多元教義的趨勢，但這樣的首要目標卻受到了這種內鬥內傷的破壞。

儘管基督新教的基本教義派不斷地出現內部分化，但二十一世紀開始之後，他們的確逐漸衰微，卻尚未徹底消失。雖然，「基本教義派」一詞的原始意義和今天被冠上這詞的各種不同宗教運動有著很大的差異，但這些運動都證明了一種「家族相似」（family resemblance）性：這些宗教運動都用一種非常挑剔的態度重新採納過去的文本、禮儀、習俗以及組織模式，然後用在他們目前的戰鬥之中。

譬如說，現在一些人所謂的「伊斯蘭激進份子」拒絕被稱為「基本教義派」，因為後者就像再一次企圖強加一個外國、西方的範疇在他們身上。但他們的確試圖重振穆斯林歷史中那段最早的時期、也就是「四大正統哈里發」在位的時期，以作為改革現代社會的典範。而那些死守聖經經文中「應許之地」的字面解讀、因此聲稱擁有整個巴勒斯坦地區的猶太教徒，有時也被稱為「土地基本教義派」。類似的現象也出現在自詡為「傳統主義者」的天主教徒身上。他們緊抓住拉丁語彌撒日漸衰微的現象，痛批自己的教會「生病了」。

每種運動雖然都戮力攘外，但他們卻更關心自己內部是否有「第五縱隊」的存在。伊斯蘭激進份子反對西方世界，主因是他們認為西方世界扶植的許多穆斯林政權，都是不純的非法冒牌貨。[5] 而在猶太復國主義派中的「土地基本教義派」，如遇自己的猶太同胞反對自己從宗教立場出發、宣稱擁有巴勒斯坦，鞭撻的力道特別兇猛、有時甚至還帶有暴力色彩。[6] 至於天主教傳統主義者，他們也鮮少浪費力氣批評新教徒，而是針對自家教會的現任領袖發起激動的論戰，對象有時甚至包括教宗。[7]

因為我曾稍微體驗過基本教義派的志氣與魄力，所以我對他們的發展方向充滿好

5. 這項伊斯蘭運動「宣言」，出自庫特布（Seyyid Qutb）的作品*Milestones*（Damascus:Dar al-Ilm, n.d.）. 也請參考Gilles Kepel, *The War for Muslim Minds:Islam and the West*（Cambridge, MA:Harvard University Press, 2004）.
6. 欲瞭解約旦河西岸猶太屯墾區的居民，請參見Idith Zertal and Akiva Eldar, *Lords of the Land:The War over Israel's Settlements in the Occupied Territories, 1967-2007*, trans.Vivian Eden（New York:Nation Books, 2007）.
7. 請參見Christopher A. Ferrara and Thomas E. Woods, Jr., *The GreatFaçade:Vatican IIand the Regime of Novelty in the Roman Catholic Church*（Wyoming, MN:Remnant, 2002）.

奇，並時常寄予一絲同情。我不禁深深佩服他們的決心和幹勁。有時候我也會哼哼他們教我唱的激昂讚美詩。不過，我也知道當個基本教義派需要費多大的勁，這可以是很累人的。你除了得不斷對抗自己周遭的猜疑外，還要對抗來自自己內心的疑慮。基本教義派喚起我心中一種莫名感傷，而他們的悲哀之處在於，耗費如此多的努力在一條必敗的道路上前進。

Chapter 11

聖經信徒要信哪本聖經？

洛基、瑪吉和巴瑞的登場

已故的傑瑞・法威爾牧師有次曾向雷根總統（Ronald Reagan）介紹他的一群同行牧師；他用燦爛的微笑告訴總統，說他們都是「相信聖經的牧師」，雷根聽了很是高興。事實上，基本教義派很喜歡稱自己為「相信聖經的基督徒」。

十九世紀末葉、特別是在美國，「相信聖經」開始成為一種獨一無二的試金石，常被拿來判斷一個人是不是「真正的基督徒」。當一個時代出現各種動盪和不確定性，有些人認為自己需要一個絕對可靠、萬無一失的權威，這也是可以理解的。一八七〇年宣布的「教宗無謬誤」教義，也呼應了某些天主教徒同樣的渴望。如果我們將基本教義派對聖經的觀點理解為「聖經是一種『紙上教宗』」，從歷史的角度來看算是相當貼切的；但是，在上述兩種情況下，其結果都是深具毀滅性的，因為信仰從此便降格為廉價的輕信。

如果你貿然詢問一名相信聖經的人：「你信的是哪本聖經？」這可能很不禮貌，但這個問題能幫我們理解，聖經在一個信仰社群中的適當位置。而要回答這個問題，首先必須承認沒有所謂的「唯一聖經」。聖經有很多不同的版本，猶太教徒、天主教徒、新教徒所謂的「聖經」，都是不同的書籍。猶太教的聖經被稱為《塔納赫》（*Tanakh*），最早以希伯來文寫成，納入了「摩西五書」（創世記、出埃及記〔出谷紀〕、利未記〔肋未紀〕、民數記〔戶籍紀〕和申命記），還包括先知書和文集。而基督新教的「聖經」則包括前述所有經書（雖然排序不同），再加上基督徒所謂的「新約聖經」，其原文為希臘文。而天主教的聖經除了包括上述所有經書以外，還加上多部「次經」，如〈友弟德傳〉、〈訓道篇〉（傳道書）、〈瑪加伯〉上和下，以及其他幾部短書。新教徒在宗教改革時期已經將上述幾部通通屏除於聖經之外，甚至根據可靠資料，馬丁．路德還想將〈雅各書〉（雅各伯書）從新約聖經中擯除，說到底是因為裡面出現了一句話：「信心若沒有行為就是死的」，讓這位個性容易激動的威登堡（Wittenberg）學者兼經籍潔癖者，將〈雅各書〉貶稱為「草芥書信」。馬丁．路德是「得救來自恩典」觀的忠誠擁護者，因此他擔心〈雅各書〉可能會讓人們誤認為，良好的行為最終仍可使人得救。[1]

相信哪種翻譯？

我們所說的「聖經」，每個世紀都在改變，內含的經籍也隨著當時的神學風氣而有所差異。所以，如果讓所謂「相信聖經」的基督徒們來一場想像實驗，應該能發揮照妖鏡

1. "Apocrypha, NT," in *The Interpreter's Dictionary of the Bible*, Supplementary Volume（Nashville, TN:Abingdon, 1976）, p. 34.

的效果。想像一下，如果這些聖經信徒們生活在西元二世紀的話，會是什麼光景呢？當時，基督徒所擁有的聖經只有舊約而已，新約尚未編譯完成。而他們如果生活在《革利免一書》和《彼得啟示錄》（伯多祿默示錄）出現的時代、同時還有許多保羅的書信流傳於各個教會之間，那又是什麼光景呢？雖然上述這些經書最終沒能納入新約聖經，但當時可是有很多基督徒希望它們能夠被納入。如果我們的聖經信徒們生活在十五世紀，看到多部「次經」在幾十年後被新教徒排除在正典之外、但當時的教會（還有現在的天主教會）卻依舊將那些次經奉為聖經正典，他們該作何感想呢？「聖經」始終是同一本書，你要麼相信，要麼不信——這個想法可能很是安慰人心，但它並沒有現實的根據。

一旦確定了他們相信的是何種版本的聖經，我們就可以再問那些自稱「聖經信徒」的基督徒們下一個問題：他們相信哪種翻譯？聖經的譯本可是有一大堆，就連英文譯本也不例外；並且，在某些時間點，這些不同譯本在特定章句的翻譯上，也有很大的出入。[2]

這就說明了，為什麼一九五二年新教的修訂標準譯本（Revised Standard Version，簡稱 RSV）首次發行時，基本教義派是如此的慌張。在欽定版聖經的舊約聖經中，從一六一一年起就出現一段大家耳熟能詳的話：「看哪，必有童女懷孕生子，給他起名叫以馬內利。」（以賽亞書 7:14）這段經文在過去通常解讀為童貞女生下耶穌基督的明確預言，也與當時基督徒（現代某些群體依舊如此）看待希伯來文聖經的方式一致，它也是人們在聖誕節時最喜歡讀的段落之一。但是，重譯聖經的學者們注意到一個啟人疑竇的希伯來文單字：*almah*，這個字的意思其實就是性徵成熟的年輕女子，但並沒有指明她是不是童貞女。此外，這個疑竇還有一部分來自於舊約的希臘文譯本（即七十士譯本），其使用了 *parthenos* 一字，也就是「童貞女」的意思。不過，修訂標準譯本的譯者們想依照原始的希伯來文版本翻譯，這是正確的；但當他們發現 *almah* 一詞出現在希伯來文聖經時，這詞絕對只有「年輕女子」之意，所以他們決定依照原意翻譯。他們這麼做是基於語言上的理由，而不是神學上的立場。

然而，這版「新聖經」才剛印刷出廠，就引起基本教義派的一陣暴怒，他們將修訂標準譯本視為褻瀆。還有些人注意到，修訂標準譯本的封面是紅色的，而不是通行的黑色仿皮（或供新娘在婚禮上使用的白色仿皮），便將其諷為「紅皮聖經」。當年時值美國和蘇聯之間的冷戰，而紅皮新聖經在此時貿然登場，引發的猜疑可是一點也不客氣：包藏禍心、具有顛覆意圖，這個版本簡直就是共產黨的陰謀。

2. Sakae Kudo and Walter F. Specht, So *Many Versions?Twentieth-Century English Versions of the Bible*（Grand Rapids, MI:Zondervan, 1983）.

版本與翻譯之爭

從事修訂標準譯本的學者們，對周遭所引發如此激烈的反應感到相當驚訝。他們或許率直得有些天真，認為自己只是用語言學觀點將最真確的翻譯呈現出來。在翻譯 *almah* 這個希伯來詞彙時，他們選擇了翻出字面上的意思。但是，這樣的直譯卻威脅到了先入為主的基本教義派，因為他們也強烈堅持自己相信聖經的「字面意涵」。要他們決定自己會相信的聖經是哪一本，是非常容易的，反正絕對不會是紅色這本。

從基督宗教發展的早期以來，翻譯便引發了語言和神學問題。西元三世紀時，俄利根解決了這個問題，他將六個不同版本的舊約聖經以並排欄位陳列，編成一本大部頭聖經。這本聖經包括了希伯來原文以及以希臘文字母拼寫的音譯本，這有點類似今天一些猶太保守教派和改革教派的教堂會放的、附有英語音標的祈禱書；再來是非常直譯的希臘文譯本，以及另一種更道地的希臘文譯本；最後則是七十士譯本，以及一種當時所謂的「現代希臘文」譯本。整部作品被稱為《六部合參》（*Hexapla*，即「六重」之意）。俄利根不辭辛勞地付出龐大心血，將這六部聖經並排陳列，讓讀者可以交互比對。他想盡可能清楚地表達，同一條經文的翻譯可以有多大的歧異。如果你相信聖經的話，那你相信的是這六部的哪一部呢？《六部合參》不但是一項巨大的成就，還向那些主張「唯一聖經」中字句不證自明（基本教義派仍堅信此道）的人，下了一道嚴峻的挑戰書。

至今，眾人仍繼續爭論不休。除了「年輕女子」與「童貞女」的爭議以外，還有很多段落的翻譯引發了嚴重的意見分歧。最大的肇因是，希伯來原文聖經中，有許多字詞只出現一次、未曾出現在其他段落中，因此根本無法藉由比較上下文來判斷其含義。譬如，〈約伯記〉（〈約伯傳〉）最後一章的大部分內容著實難倒了許多希伯來文學者，連那些最好的學者也不例外，這也使得人們對約伯故事結局抱持的觀點大相逕庭。約伯真的痛改前非、一改過去的出言不遜，還是他仍繼續挑釁到底？而約伯堅稱自己的清白，上帝究竟是讚揚他，還是譴責他呢？沒有人可以確定。類似的案例還有很多，而當譯者們遇到這類問題時，他們能做的就是據理做出最可能的推測。有時，他們會在註腳中做出猜測，但有時他們就沒有這麼做，從而導致讀者誤以為自己正在閱讀的內容是「聖經的教導」，實際上可能完全不是這麼回事。說白了，只要我們不斷追求所謂「相信聖經」的真正意義，前述的陰暗面就會繼續籠罩。[3]

一名學養豐富的基本教義派信徒，當然也能讀希臘文和希伯來文聖經，而且很清

3. 請參見"Job," in *The Interpreter's Dictionary of the Bible*, Supplementary Volume, p. 479.

楚翻譯的問題。那他們相信哪部聖經呢？他們通常會回答，自己並不完全相信任何一種翻譯，而只相信希臘文或希伯來文的聖經原文。但這就意味著：連原文都出現不同意涵（譬如說〈約伯記〉）時，他們還是全盤接受，這似乎有點奇怪。他們會辯解說，因為自己相信聖經（至少是新教的聖經）裡的每一部書和每字每句都是神所啟發的，所以自己「基於信仰」而相信裡面的所有內容。然而，這裡的「信仰」再度降格為「接受沒有證據證明是真實的東西」。所以照這個觀點來說，「相信聖經」並不是鼓勵將信仰建立在對聖經的理解上；講好聽一點，這種做法充其量只是一種能量的疏導，講難聽一點則是悖離現實。

且讓我們退一步來看整個論戰。我們必須瞭解一點：沒有人在任何地方擁有一份所謂的聖經原始手稿。我們所有的，就只是一份又一份的副本，甚至還有最古老的手抄本，像是在死海洞穴中發現的《死海古卷》。在許多情況下，某個文本的幾份抄本彼此會有出入，出入有時甚至相當顯著。比如說，現存幾份最老的〈馬可福音〉手抄本中，就有各種完全不同的結局。如果你將這些手抄本通通攤開放在一張桌子上，你還可以慢慢挑選你最喜歡的〈馬可福音〉結局，或是你覺得最可能的結局。其中一份手稿只有抹大拉的馬利亞和「雅各（雅各伯）的母親」馬利亞（有趣的是，竟然不是耶穌的母親）來到已經入殮的耶穌墳前。同一部福音另一份手抄本的結局，則有撒羅米（撒羅默）陪伴她們。還有一份手抄本的結局十分突兀：一群前來墓園的婦女驚愕不已、全身顫抖，害怕到一句話也說不出來。有些學者認為，這含混不明的結局就是馬可想要的方式，但也有學者認為，該處曾經有後續的內容，只是後來佚失了。可是，另一份〈馬可福音〉的手抄本，卻又有婦女們向彼得和其他門徒報告的內容。當譯者面臨這種「滿桌筵席不知何處下箸」的問題，該怎麼辦呢？

英王欽定本的譯者們，或多或少地忽略了這個問題。他們就只是把心中所想的故事結局拼湊出來而已。至於三百五十年後，修訂標準版的譯者們可能也只是出於謙卑之心，將所有可能的結局都蒐羅進這個版本的聖經中，讓讀者選擇認為可信的結果。順帶一提，在耶穌復活的描述中，光是前往墓穴的人數就有出入：〈馬可福音〉裡只有抹大拉的馬利亞和「雅各的母親馬利亞」，〈路加福音〉裡則多了一個名叫「約亞拿」（約安納）的女人，而〈約翰福音〉裡卻只提到抹大拉的馬利亞。這些都是顯著的差異，而且並不是出現在一些次要篇章，而是在新約中最顯著的幾段文字中，這使得所謂的「相信聖經」的意涵更加曖昧不明。

但難題還沒有結束。近年來聖經在書市中的前景看好，市面上也充斥著各種聖經新譯本，試圖將聖經文字改用現代街頭俚語來呈現。其中，有本書在這一連串的爭議中也參了一腳，那就是由前浸信會牧師約翰．漢森（John Henson）所寫的《超譯福音》（*Good as News*）。有一位書迷這麼說：「這份翻譯在易讀性上可謂高人一等，而且一改原先的希臘文和希伯來文命名法，採用現代人的小名。聖彼得變成『洛基』、抹大拉的馬利亞變成『瑪吉』、亞倫（亞郎）變成『倫恩』、安多尼古（安多尼苛）變成『安迪』，巴拿巴則成了『巴瑞』。」

這種菜市場命名法，可能還不會讓基本教義派氣到跳腳，畢竟，當年門徒們在漁船上聊天時，很可能使用阿拉姆語的名字稱呼彼此。但關於保羅所寫的書信、尤其是涉及性道德的內容時，漢森牧師做的更動可躲不過讀者的眼睛。例如，十七世紀的英王欽定本中，〈哥林多前書〉7章1～2節是如此呈現的：

> 論到你們信上所提的事，我說男不近女倒好。但要免淫亂的事，男子當各有自己的妻子；女子也當各有自己的丈夫。

用新式的街頭口語呈現就會變成：

有些人認為，要解決男女之間的性問題，最好辦法就是彼此保持距離，但這更可能導致性犯罪。我的建議是大家都應該有一個固定的性伴侶。

而英王欽定本中，知名的〈哥林多前書〉7章8～9節段落是這麼說的：

我對沒有嫁娶的和寡婦說，若他們常像我就好。倘若自己禁止不住，就可以嫁娶。與其慾火攻心，倒不如嫁娶為妙。

新版的翻譯則是直搗黃龍：

如果你知道你的性需求很強，就去找個性伴侶，這總比無處宣洩來得好。

你恐怕很難想像，那些覺得「紅皮聖經」使用「年輕女子」一詞是褻瀆的人，會欣然接受這種用語，但其實有不少人吃這一套。《超譯聖經》剛出版沒多久，坎特伯里大主教羅溫．威廉斯（Rowan Williams）便讚揚有加，並說他希望這版本可以「在信徒與非信徒之間大量流傳」。但想必也會有很多「聖經信徒」將本書視為流行性感冒，並想盡辦法讓自己人接種疫苗來對抗它。

但是，對聖經的改編、釋義和即時新譯，這種預防措施成功的機會不大。除了《超譯聖經》以外，最近還有一份名叫《青少女雜誌型新約聖經》（*Revolve*）的「聖經雜誌」上市了，而且客群鎖定在「青少女」。這本雜誌採用漫畫的型式呈現，無疑是更進一步深入流行文化。[4]雖然雜誌的每一頁幾乎都有新約聖經的內容，但那些文字和其他針對讀者群設計的片段小提示與圖片一同佔滿了整個篇幅。封面人物是穿著時尚迷人的女孩們，每個臉上都掛著大大的微笑。它也有關於美容和節食的小提示，而且還有一個固定專欄〈男孩的心聲〉告訴讀者男孩子是怎麼想的，還有男孩子喜不喜歡關於女孩們的哪些事情。它也要求讀者為梅爾·吉勃遜（Mel Gibson）和賈斯汀·提姆布萊克（Justin Timberlake）等名人祈禱。

登上《青少女雜誌型新約聖經》的女孩，就像《柯夢波丹》女郎一樣，必須具備某些特徵，其中第一條「守則」就是不能主動打電話或發訊息給男生。不過，也有人仔細研究後發現，書頁中的提示和圖片有時相互矛盾。譬如說，雜誌內某頁的側邊欄奉勸年輕女性不要使用化妝品、儀容要端莊，以免引誘男孩想入非非；但出現在配圖中的卻是幾名身材婀娜、明顯上了妝的年輕女性，而且封面女孩露出的事業線可不是只有一點點而已。

此外，一些保守派評論家也大力譴責該雜誌讓同性戀的罪惡看起來沒那麼嚴重。但針對這個問題，雜誌方僅僅反映了較為寬容的立場，這也是幾乎所有年輕人（包括福音派）看待這個問題的立場，而這種立場往往也與他們的父母相左。[5]

然而，在各種形形色色的聖經出版品中，聖經本身仍然是「銷售龍頭」，而且年年如此。不過呢，這個市場實在是太誘人了，所以接下來一定有更多這類分食大餅的出版品。此外，許多福音派和基本教義派之間也流傳著一本新譯聖經：《給現代人的福音》（*Good News for Modern Man*），雖然內容遠遠不如《超譯聖經》那麼辛辣，但也已經獲得了非常廣泛的迴響。還有一間出版社將最近印行且熱銷的二十個不同版本聖經全列了出來，另一間出版社則以十三．九五美金的價格販售一種叫做「聖經譯本護貝掛圖」的東西，以協助困惑的客戶做出更明智的選擇。

4. 這項對於《青少女雜誌型新約聖經》雜誌的分析來自我的學生凱文．安德森（Kevin Anderson）在二〇〇七年春天寫過的一份未出版的報告，在此向他致謝。
5. Howard Rubenstein, *Maccabee:An Epic in Free Verse*（El Cajon, CA:Granite Hill Press, 2004）.

〈多馬福音〉的發現

然而，所有這些「聖經」都只包含傳統的「正典」，也就是歷史上的某些時刻得到教會核准、得以列入聖經的作品。這些通常都是基督新教認可的作品，除了新出現的〈瑪加伯書〉譯本以外——如我們前面提過的，它是天主教的聖經正典，但不是新教的正典。6

但是現在，除了傳統的正典以外，所有其他典籍中，越來越多「非正典」的福音書如雨後春筍般出現在市場上，吸引了大眾的注意。到目前為止，受到最多關注的是〈多馬福音〉（請見第四章）。〈多馬福音〉一九四六年才在埃及北部的拿戈瑪第洞窟重見天日，裡面包含了一百一十四句據說是耶穌的語錄。手抄本上所標的作者是有名的「多疑的多馬（多默）」，這位多馬在四本正典福音書中也都登場過。但由於這本福音書是以科普特文（Coptic）所寫，多數學者認為它成書時間大約是西元一四〇年，比其他正典福音書晚了幾十年。然而，拿戈瑪第洞窟經籍有一些片段和另一份早在一八九七年、同樣在埃及出土的文獻有相同之處，惟後者是以希臘文所寫；因此，現在一般認為拿戈瑪第手抄本是希臘原文的副本，且成書時間和其他四部福音書一樣古老。7

總之，你現在可以在許多書店的聖經區位中找到〈多馬福音〉，其對靈性引述的神秘典故以及禪意的氛圍，成為許多基督徒、主要是非傳統基督徒的最愛。幾年前，我曾花了幾天時間在新墨西哥州與一小群年輕人共處。這群人視〈多馬福音〉為唯一的真理，同時投入大量時間接濟窮人、收容街友，並盡可能過著簡單的生活。這群人甚至戒絕婚姻，卻鼓勵彼此之間共享性關係。顯然，他們相當重視耶穌在自己最愛的〈多馬福音〉第22節中所說的話：

> 耶穌對他們說：當你們使二成為一，以及當你們使內如外，使外如內，使上如下，以及當你們使男與女成為同一個人……你們就會進天國。[8]

〈多馬福音〉的發現和意外走紅，不只是一個古老的奇蹟，它更是一份充滿啟示性的文獻（很大一部分要歸功於帕格爾斯的出色翻譯和註解）。〈多馬福音〉的出現，為多不勝數的「次經」福音書和信件打開進場的大門。這些次經舉凡〈埃及人福音〉（Gospel

6. 請參見"Thomas, Gospel of," in *The Interpreter's Dictionary of the Bible*, Supplementary Volume, p. 902.
7. Elaine Pagels, *Beyond Belief:The Secret Gospel of Thomas*（New York:Random House, 2005）, p. 231.
8. 請參見Kenneth Kramer, *World Scriptures*（New York/Mahwah, NJ:Paulist, 1986）.

of the Egyptians）、〈使徒書信集〉（Epistle of the Apostles）、〈真理的福音〉（Gospel of Truth）、〈腓力福音〉（Gospel of Philip）以及〈猶大福音〉（Gospel of Judas）等。這些書信中，無論其歷史是否悠久、「真實性」（先不論這個詞如何定義）有多高，每一份都不斷引發爭議，但它們的正面作用在於凸顯當時有各種不同版本的基督宗教正在發揚光大，而不是只有一種。今天，這些書信吸引了許多人的興趣，這就說明了他們提供了另一種靈性，而且這種靈性對二十一世紀的人們相當具有吸引力。

不過，這種現象也由來已久——自從美國開國元勳湯瑪斯・傑佛遜（Thomas Jefferson, 1743-1846）坐在他位於蒙提薩羅（Monticello）的故居辦公桌前，手持剪刀翻讀著聖經，把書中所有他認為屬於超自然現象、因而與他的自然神論傾向不符的篇幅剪掉以後，人們便依樣畫葫蘆，開始「改進」自己心中的理想聖經版本。一八九五年，女權運動者伊麗莎白・凱迪・斯坦頓（Elizabeth Cady Stanton, 1815-1902）和其他女性組成的委員會發表了《女性聖經》（*The Woman's Bible*），試圖導正聖經中的反女性元素。套用保羅那廣為人知的說法，「不分猶太人或外邦人，奴隸或自由人，男人或女人，在基督耶穌的生命裡，你們都成為一體了」，斯坦頓的聖經版本譴責了關於〈創世記〉的第二手解讀，因為這種解讀方式使女人從屬於男人之下。

如今，除了上面提到的各種新的「福音」，目前流通的聖經版本中，也有向感性的「新時代」派傾斜的作品；此外，更有人嘗試擷取數種不同宗教的經文，打算彙編成一本「世界聖經」。[9]還有一種聖經翻譯為了盡量不要冒犯猶太人，審慎地將新約聖經中帶有反猶太意涵的「猶大人」（Judeans）一詞軟化，改以「猶太人」（Jews）替代。這一切都讓所謂的「聖經信徒」定義變得更模糊，而且這種模糊性目前依然在擴大中。

現在該是我們面對殘酷事實的時候了：無論我們相信或不相信「聖經」，我們其實並沒有所謂不容質疑的**唯一**聖經。我們擁有各種類型的聖經，現在它們出現在電影中、網路上，或以漫畫書的方式呈現，而且接下來一定還有更多不同類型的聖經。

四個轉折點

我不認為這是個可悲的發展，因為事實就是我們根本沒有聖經的原始手稿，連一個字都沒有。我們現有的所有聖經，全是副本和翻譯；前者容易出現出入與誤差，後者本質上則是一群充滿神學偏見的人，在他們的年代所捏造的搬弄是非之詞。就算如此，我

9. 請參見Wilfred Cantwell Smith, *What Is Scripture? A Comparative Approach*（Minneapolis, MN:Fortress, 1993）.

還是認為這遠比我們擁有一本「唯一聖經」、還要用玻璃恆溫箱保存來得好多了。因為,如果我們真的擁有這樣一種文獻,它很可能讓人們誤以為「相信」這本書就是「信仰」的意涵——而這當然就是基本教義派對「唯一聖經」所持的看法。然而,現在我們既然沒有「唯一聖經」、只有各種詮釋和詮釋的詮釋,我們就不得不把眼光從文本當中拉出來,去看究竟是哪些人寫了這些文本,以及這些文本所指涉的奧秘。這應該有助於我們擺脫「見樹不見林」的弊病。

基本教義派如果知道自己對聖經的態度(從基督宗教的歷史來看算是相當晚近的),和大多數相信古蘭經是阿拉對穆罕默德逐字逐句口述的穆斯林完全一樣,他們可曾感到困擾呢?我其實很懷疑。但是,隨著穆斯林、佛教徒和印度教徒如今出現在美國的大街小巷中,而不是留在大洋的彼端,所有人(甚至包括普通百姓)勢必面臨更迫切的挑戰,那就是去瞭解自己的鄰居每天誦唸的的經文。

我有時想,那些有意讓閱讀聖經與禱告重回公立學校教室(在某些情況下,這會是個不錯的做法)的人,是否會允許印度裔學生閱讀印度《薄伽梵歌》(*Bhagavad Gita*),或讓穆斯林學生以穆斯林清真言在班上祈禱呢?畢竟,在美國許多城市中,這些族裔的學生為數不少。今天,美國的宗教多元化代表著人們閱讀各種不同類型的經文,除了聖經以外，還有印度教的《吠陀經》、儒教的《論語》以及佛教的《大藏經》。聖經作為一種道德指引，如何和這些古代道德指標或靈性智慧來源比較呢？[10]今天，我們如何應對身邊各種宗教的「經典文字」，就是按照信仰生活時將遇到的挑戰之一。不過，我會在另外一章再行回顧這個問題。

那麼，我們是否應該「相信聖經」呢？對於將聖經從基本教義派的禁臠中解放出來，並使其再次成為信仰的真正支持、而不是一道障礙，我抱持著高度的信心。[11]如果想要達到這一點，瞭解我們如何陷入了今天的僵局是有幫助的。近代歷史中基督徒看待聖經的觀點變化，有四個顯著的轉折點。第一個轉折點大約出現在十五世紀後期，當時印刷術的發明（還有教育的普及）促成了聖經的廣泛流通，最終更是達到了普及化。第二個轉折點直到十九世紀才出現，那就是新的治史方法——歷史批判法（historical- critical method）。這種方法將聖經與其它史料一視同仁，以一絲不苟的方式考究聖經的年代、作者和讀者。第三個轉折點是基本教義派的登場，他們死守聖經的態度，完全就是衝著歷史批判法而來。第四個轉折點則是將聖經從歷史批判法和基本教義派手中再度「解放」

10. 請參見Wilfred Cantwell Smith, *What Is Scripture?A Comparative Approach*（Minneapolis, MN:Fortress, 1993）.
11. 請參見Peter Gomes, *The Good Book:Reading the Bible with Mind and Heart*（New York:Morrow, 1996）.

出來，這個變化主要（但又不盡然）發生在「南半球」。

可能有人會反駁說，第一個轉折出現時，是印刷術讓大家人手一本聖經；但在第二個轉折點，歷史批判法卻又把聖經搶了回去，話語權又回到了所謂「專家」手中。然而不同的是，這些專家可不再是牧師或祭司，而是鑽研詞彙與語法的研究人員。至於第三個轉折點，基本教義派打的如意算盤，雖然確實把聖經還給了一般民眾，但他們卻讓聖經產生了可笑的變質，「信仰」終究化為一攤死水。我和基本教義派一樣都很想把聖經從學閥手中搶救出來，但我相信，基本教義派的做法已經徹底失敗了，而且毫無意外地讓無數人對聖經感到厭煩與不耐。而第四個轉折點，那些不曾與批評家和基本教義派人士交手過的人，他們發掘聖經的方式，似乎也是聖經對下一代人的最佳呈現方式。

偉大的代碼

多年來，我除了在大學教過許多研究生和大學生，也在論壇上和教會學校的班級中講學；我經常看到，那些戕害基本教義派直譯主義與歷史批判懷疑主義的元素，一樣會用其他方式傷害真正認真深刻思考的人。因此，面對那些挑剔的專家提出的看法，更好的心態就是持保留的態度，因為他們也無法百分之百參透這些福音對今人的意義。至於基本教義派呢，如果我們成功協助他們認清自己的「字面閱讀法」是非常「現代化」的、而且有問題的，那可能對他們多少有些幫助。所以，我總是建議我的學生們暫時放下成見，心平氣和地好好潛心閱讀聖經，就像看一本引人入勝的小說或一部好電影一樣。

比起古代歷史教科書，聖經更像莎士比亞的劇作。請不要用我們現代人的觀點看聖經的歷史學或地質學，甚至也別用它當作當代倫理問題的快速解藥。現在有些新約聖經學者相信，〈路加福音〉和〈使徒行傳〉（合稱〈路加—行傳〉）的作者，其實有意仿照維吉爾（Virgil）的《埃涅阿斯紀》（*Aeneid*）來撰寫一部基督宗教的史詩，而且聖經中許多其他部書的作者，也受到同樣的文學目標的激勵。而閱讀這些聖經典籍的方式，就是讓它們發揮純粹的敘事力量，自然地喚起我們內心的反應，而不要任由俗世的權威當局將其神化，或挑剔其精確性。用這種富有想像力的方式閱讀聖經，可以讓我們快速進入情境，與我們祖先的靈性為伍。這些祖先當中，有的是地痞流氓，有的則是聖人，大多數人則是兩種身分兼具。但是，我們所有人都有著共同之處：我們都笨拙地試圖面對與回應宇宙的奧秘，而且都試圖用我們自己特定的傳統神話和符號來回應——無論是消極地還是積極地。

即使我們想擺脫、抵抗這一傳統（很多人也這麼做了），這個傳統仍為我們的反抗提供了武器。即使是最大力否認「上帝」存在的無神論者，也是從聖經傳統定義的上帝出發的。聖經，是我們知識遺產的源泉。聖經就如文學評論家諾斯羅普．傅萊（Northrup Frye, 1912-1991）所說的，是我們的「偉大的代碼」（great code）；無論我們多麼努力，都無法永遠甩開它。即使是決定皈依另一種信仰傳統的的人，身上仍流著聖經的血。

人們常常認為，高中生和大學生閱讀梅爾維爾還是湯馬斯．曼的作品，或是領略達文西或夏卡爾的畫作時，如果不想在文學、藝術或音樂等奠基人類文明基礎的複雜工事中失去方向，就應該多接觸聖經，別無他法。這倒也沒錯，畢竟如果你對聖經一竅不通，你會覺得這些人類最珍貴的文化資產真是不知所云。你依舊可以欣賞《最後的晚餐》的筆觸，或是但丁《神曲》的〈地獄篇〉的格律，但只懂這些的話你還是會缺少一些關於這些作品的重要意義。對聖經本身來說也不例外。即使是面對《以撒的結合》（*The Binding of Issac*）或《浪子回頭》（*The Prodigal Son*）等畫作而不會感到茫然無措的人，終也免不了要知道其他一些關於聖經的詞彙，因為聖經的敘述形塑了我們的價值觀和世界觀，使得瞭解聖經成了我們責無旁貸的工作。

但就在我們思索聖經在今日生活中的定位時，聖經內容偏偏就是最大的問題所在，就像《白鯨記》那頭頑固的白鯨「莫比迪」一樣，浮上惡海的表面。當然，聖經大部分的內容是由詩歌、傳說和故事組成，而甚至許多基本教義派也不採信上帝在七天內造物的字面意義。那麼，今天聖經又是為什麼會被認為是人類靈性和道德的根據呢？我們該怎麼看聖經中描述的某些寓意，譬如上帝要求以色列人殺死所有的迦南人，而且連婦女和兒童都不放過？更嚴峻的是，我們該如何看待主張聖經權威、認為同性戀該死的人，在約旦河西岸屯墾區落腳的人，或是暗殺拉賓總理和刺殺墮胎診所醫生的人？舊約與新約這兩部聖經中，那些似乎將謀殺和故意傷害合理化的文字，我們又該怎麼看待呢？

要回答這些問題，只能靠想像力。想像自己身處於聖經當時的時空背景下，然後讓書中那些「恐怖的文字」為自己說話。就像《馬克白》的結局雖然是屍橫遍野，但這部戲劇依舊在傳達給我們一些道德上的訊息。但為了做到這一點，好好瞭解一下聖經這本舊書還是非常重要的。

聖經記錄了與我們來自一樣傳統的人，如何面對各種亙古不變的人生問題（我們今天也一樣在面對著），像是生命和愛情的意義、背叛、痛苦和死亡等。不過，我們今天卻經常把聖經當作宣誓時手所按放在上的一種信物，而不看其原本的面貌。就好比說，如果你要打一場生死存亡之戰，那你絕對不能只讓一位將領單獨指揮；聖經也一樣，它太重要了，我們也不能讓學術批評家或聖經代言人獨攬詮釋權。當然，我們抱著什麼樣的懷疑與期待閱讀第一手史料，我們就得用同樣的懷疑和期望來閱讀聖經。我們必須知道聖經的來歷，以及其他人詮釋它時遭遇的困難。我們還需要有勇氣讓聖經為自己說話，我相信它可以。但是，在那之前，我們恐怕還需要很努力地學著去聆聽它。

Chapter 12

過去與未來的相遇

聖艾智德和聖巴瑟大

THE FUTURE OF FAITH

在羅馬的托拉斯特（Trastevere，即「越過台伯河」之意）老城區，也就是我和瓦勒度派的信徒一同上聖伯多祿大殿會見若望保祿二世不遠處，矗立著一座毫不起眼的灰色小教堂。熙來攘往的遊客在尋找羅馬各處的藝術傑作時，往往過其門而不入，忽略了這座教堂。它，就是聖艾智德（Sant'Egidio）教堂。

雖然聖艾智德教堂早在西元一六三〇年就興建完畢，但它卻稱不上建築瑰寶。藍漆大門的兩側各有兩根標準的希臘復古式科林斯柱，上方還有一個單口窗框。這座教堂曾是一群聖衣會修女的會所，但一九七一年她們就已經搬離此處。儘管如此，在其老化的圍牆內，仍有新的生命即將誕生。今天，這鮮為人知的建築，是一個「平信徒組織」——聖艾智德團體（Community of Sant'Egidio）的總部。聖艾智德團體也是信仰重生的另一預兆，因為這個團體旨在腳踏實地追隨耶穌事功，而不是同意關於耶穌的說法。

這個團體是於一九六八年由一個叫安德烈．里卡爾迪（Andrea Riccardi）的年輕人發起的。他聚集了一群與他年齡相仿的義大利高中生，共同商討如何在生活中實踐耶穌和亞西西的聖方濟的楷模，也就是成為「和平使者」、「窮人之友」。由於這些學生多半來自中產階級或上層中產階級，他們特別欽佩聖方濟的作為，像是揮棄自己的家庭的財富、擁抱貧窮和簡單而愜意的生活。這群學生經過了許久的討論、禱告、爭辯以及一起讀經後，最終決定仿效第一世紀的基督徒社群，大方分享自己的財物（就如《使徒行傳》裡所描述的）。

這個組織在一九七三年遷移到了這座荒廢的老教堂，同時取名為「聖艾智德團體」，並且不斷地成長茁壯。這座老教堂，現在是一個堂堂全球性組織的總部，在七十個國家擁有五萬多名會員。他們已經在一些非洲國家設立流動廚房、遊民收容所，並且推動幾項愛滋病防治專案。他們籌畫各種溫和的示威遊行、鼓吹廢除死刑，最近幾年還大力推動與穆斯林的對話。不過，大多數人仍從未聽說過聖艾智德團體的名號，直到一九九二年，他們成功地促成莫三比克政府和莫三比克解放陣線游擊隊之間的協議，結束了十六年的血腥內戰；這是一項連經驗豐富的外交官都驚訝且佩服的成就。現在，這個團體被認為是正式外交管道外的「國民外交」運作典範。

聖艾智德是前瞻性的團體，對成千上萬類似的地區性教會來說，想要將影響力拓展到全球各地，他們正是優良的榜樣。他們的成員不僅穿梭全球各地，還會邀請各方人士前往羅馬進行和平協議；他們和窮人、心理障礙者以及羅馬本地的孤寡老人也保持友好的關係。聖艾智德最初便是乞丐和痲瘋病患的守護神。

這個團體示範了崩解的廢墟裡如何能夠滋生出活躍的信心；就像目前許多信仰重生

的其他範例，他們希望向第一個「信仰時代」尋求靈感，但並不打算複製過去。他們雖然很崇仰聖方濟，但是他們是帶著高度的生活樂趣活在當代世界中，常常搭乘義大利航空旅行，並且善用最新的談判技巧和網際網路。這個團體並未明確反對聖職，但它卻高度自治且由平信徒擔任領袖。聖艾智德的成員無須宣誓，但他們採取聖方濟的做法，尋求了天主教會的批准，因此被正式認定為「公共平信徒組織」。他們完美展現了如何在不浪費時間「破舊」的前提下，從舊物中「立新」。聖艾智德團體非常接近拉丁美洲天主教的「基層團體」（base community）以及世界各地其他的類似團體，今天有許多團體以聖艾智德團體為榜樣。

宗教「去西方化」

聖艾智德團體雖然以羅馬為根據地，但它所體現的新生，卻在「南半球」更為明顯。其中一個原因是，在過去的幾十年基督宗教的人口發生了巨變，重心大舉轉移到地球南部和東部。人口數字是會說話的：一九〇〇年，有整整九成的基督徒住在歐洲或美國；而今天，住在亞洲、非洲或拉丁美洲的基督徒比例高達六成，二〇二五年這個數字可能會再上升到百分之六十七。大概在一九七五年左右，基督宗教就已不再是「西方」的宗教了。讓我們把歷史學家伊萊爾．貝洛克的那句名言倒過來說吧：「現在，信仰**不是**歐洲，歐洲也**不是**信仰了。」大部分的耶穌追隨者，已不再居住於傳統的「基督教國家」區域中，而是在基督宗教運動成長最為迅速的「南半球」。他們大多數人的膚色是黑色、棕色或黃色，而且很多人生活在貧困之中。

基督宗教的這種「去西方化」，已經產生出一波新的宗教生活形式，以及各種禮儀和許多充滿創造性的神學觀。這也凸顯了最初三個世紀和我們這個時代顯著的相似之處。當時是基督宗教運動的第一個階段，要在一個強大的世界帝國下生存，必定要面臨各種棘手的考驗。那些年，巴勒斯坦地區講阿拉姆語的猶太人發起的信仰，迅速地在猶太人和外邦人中迅速蔓延。新的追隨者在多元文化與多語言的世界中，用各種不同的方式調整了這樣的信仰。類似的事情到了今天依然上演著。五十年前，基督宗教在許多人的心目中仍與「西方」密切相關，但今天已不再是這樣了；反而是在千百年來浸淫在佛教與印度教圖案、儒家價值觀、非洲原住民儀式或薩滿（Shamanism）儀式的千百萬人當中，基督宗教卻能在他們之間迅速傳遞。

在「信仰時代」最初的三百年間，基督徒周圍多的是伊希斯和奧西里斯狂熱信徒、密特拉教士，以及崇拜希臘和羅馬萬神殿中的眾神、並參加聖帝祭禮的人，基督徒在他們當中只是少數。如今，大至整個世界、小至他們正以最快速度傳播的地方，基督徒再次成為少數族群，並將繼續在可預見的未來維持這個地位。在那最初的幾百年，就跟今天一樣，沒有中央階層體系、沒有普遍接受的信條，也沒有標準的禮儀慣例。在那些年，基督教**還沒**「西方化」；可是到了今天，它卻已**不再是**西方的禁臠了。那時的基督徒之所以能團結一致，是因為他們一同歡欣讚美耶穌為主，同時互相來訪、交換禮物與書信，還對共享的聖靈懷抱著活力充沛的信心。他們被稱為從主之路的「道中之人」。雖然朝集中化、標準化的發展趨勢在當時已經很明顯，但這一切發展之所以能打著神聖的名號，仍要歸功於君士坦丁以政治力將基督宗教定為帝國意識形態。

今天，基督宗教的歷史進程開啟新頁，成千上萬不同的教會雖有各自的禮儀與教義，卻又再度透過對耶穌的信仰、共享的聖靈、龐大的互助組織體系、教育以及社會影響力而團結在一起。就連羅馬天主教會這樣一種仰賴神學維繫的組織、極度貫徹自上而下金字塔體系的機構，現在也必須不斷嘗試收服非傳統的非洲主教和拉丁美洲行動派神父，同時配合難以駕馭、要求共享決策權的美國平信徒，如「忠僕之聲」（Voice of the Faithful）組織。

基督宗教從來就不是課本上所定義的、完全是「西方」的宗教；譬如在伊索匹亞，教堂的出現，最早可以追溯到西元後最初的數個世紀。耶穌會傳教士在十六世紀時前往中國晉見皇帝、宣傳福音（約略同一時間僧侶也到達英格蘭北部），但景教（Nestorian，基督信仰中的聶斯脫里派）信徒遠早於此就已經在中國活動了。在第一批歐洲傳教士登上非洲大陸前，中非和西非就有基督宗教的蹤跡，而且擁有十五個世紀的完整基督宗教歷史。[1]

不過，由於最近信徒出現爆炸性增長，許多「南半球」的基督徒是耶穌的第一代或第二代追隨者，這點倒是給了一些歷史學家有用的想法。他們認為，藉由接觸與瞭解二十一世紀非洲和亞洲的「新基督徒」，可能至少會得到一些提示，指引他們發現第一世紀的以弗所或哥林多「和現在真的很像的地方」。當研究早期基督宗教的學者們造訪這些非西方的教會時，他們常常很驚訝地發現，這些教會與自己在古代典籍中看到的那些教會是如此相像：他們表現出同樣的活潑與輕快，而且往往也一樣充滿激情。也許，過去和現在的距離，從來都沒有我們所想像的那樣遙遠。

1. Philip Jenkins, *The Lost History of Christianity*（San Francisco:HarperOne, 2008）.

耶穌信仰的新家

今天，基督宗教的概念比以往任何時候都來得更加流動，也散布在更多其他地方。這也使得基督宗教在文化上顯得更加異質化；如我們已經看到的，它的重心現在位於非洲、拉丁美洲和亞洲太平洋地區，同時在中國也迅速增長中。近代歷史上的一個巨大弔詭是，這樣一種地震般的巨變，實是由於西方「基督宗教」世界所發生的各種動態所造成的。其中一部分原因，當然是由於征服者、貿易商和傳教士的努力所造成的，畢竟宗教往往隨著金錢和威權而來；但最重要的原因是前所未有的人口遷徙與流動。

從西元一五〇〇年起，已經有數百萬歐洲人離開他們的「古老家園」，前往地球的各個角落並落腳於斯。他們基於各種不同的原因，帶著自己的根脈，搭上了出海的船舶。他們尋求冒險、土地、財富，或是「為神獻上更大的榮耀」。也有一些人結合了上述幾種動機，就像西班牙的埃爾南．科爾特斯（Hernan Cortez, 1485-1547），墨西哥的征服者，當他登陸後來被稱為委拉克魯斯（Vera Cruz，即「真十字架」）的地方時，他坦率地說：「我們來到這裡，是為了重振我們的聖母教會，並得到很多黃金。」而其他人被迫風塵僕僕踏上遠行的路途，則是為了逃避飢荒、徵兵或宗教迫害，還有些人試圖躲避執法官員的追捕。更有甚者，因罪刑而被送到半個地球外的不毛之地也大有人在，這些人就是今天澳洲人的祖先；澳洲人常自我解嘲，說祖先都是「由英格蘭最好的法官挑選後派來的」。

歐洲人帶著各色各樣的基督宗教，與他們一起行腳世界各處。他們把反宗教改革天主教帶到「新西班牙」，把寬容的自然神論聖公宗（Anglicanism）帶往維吉尼亞州，也把熱情的喀爾文清教帶去了新英格蘭。但這些並不是唯一一種人口流動的形式。歐洲人進駐後沒多久，就開始以脅迫的方式將其他種族的人裝船送出港，而且取道與來時相同的海域。甚至就在清教徒抵達普利茅斯（Plymouth）以前，英國在維吉尼亞州的殖民地已經開始策畫非洲黑奴的綁架與進口。然後，印度半島的居民被強押上船，送到加勒比海地區的蔗田流血流汗；後來則有成船的中國人被運到北美，修建整個北美大陸的鐵路。

這一系列混亂的大規模人口遷徙造成的其中一個結果是，大量非西方人開始瞭解和信奉基督宗教（雖然往往在不利的環境條件下）。「南半球」的基督徒與西方基督徒之間的人口平衡，已經開始出現轉移。人們可能認為，第二次世界大戰後歐洲帝國的解體將會結束這種位移，但事實並非如此。相反的，非西方的基督徒人口逐漸攀升，西方的基督徒人口比例卻越來越低。今天，帝國開始遭遇「反擊」了：譬如說，在倫敦和曼徹斯特的教區，你會看到非洲黑人牧師講道，這種現象也代表基督宗教作為西方宗教的時代已經結束了。基督宗教不再是「西方的」，我們現在反而看到的是一個「後基督宗教時代」的西方（也就是歐洲），以及一個「後西方」的基督宗教（在「南半球」）；至於美國，目前則介於兩者之間。

這不僅是一個地理問題，這還代表拿撒勒人耶穌的信仰搬到了「新家」，它的根據地已經不再是傳承希臘哲學或羅馬文明之處了。這些「新家」的居民，對那些令早期基督宗教神學家如俄利根和亞他那修迷戀不已的形而上問題，只抱有非常微小的興趣。畢竟，亞洲人的文化並不是受到荷馬或柏拉圖的啟發，而是受到《羅摩衍那史詩》（*Ramayana*）、《佛經》和《道德經》等著作的熏陶；而非洲的信仰文化則由當地禮俗、傳統的療癒儀式和祖靈崇拜所建構。

這種地理位置上的變遷，除了文化與宗教因素外，還關乎社會正義。由於在這些「新基督宗教國家」範圍內的絕大多數人，既不是白人、經濟也不寬裕，他們的神學觀點較不關心上帝的存在與否和基督的形而上性質，而是聚焦於：在神的世界裡，貧窮與飢餓為何仍然猖獗。這也就難怪二十世紀最有創意的神學運動——解放神學——並非起源於德國的馬爾堡（Marburg）大學或美國的耶魯大學，而是源於巴西的焦油紙工寮和韓國的貧民窟。[2]

當我們探討最早的「信仰時代」與將臨的「聖靈時代」之間的相似性時，請務必記得，基督宗教歷史的最初三十年，可不是一派和諧的伊甸園。就像新約聖經本身痛苦而清楚地揭櫫了，早期基督宗教一樣深受內部衝突所擾。保羅為哥林多和加拉太教會寫的信，道盡爭議出現時應該如何應對的各種建議。儘管如此，不同教會的信眾很少干涉彼此內部發生的事情，最初大家是很乾脆地接受了多樣性的存在。但正如我在前面章節所指出的，新生的各種派系中，最終仍有些派別開始試圖將自己的處事手腕強加於他人之上。而這樣的派系挾著羅馬帝國皇帝壓倒性的推力，最終贏得了這場鬥爭。然後，藉由肅清競爭對手、將對手打作異端、焚燒異端的著作、驅逐異端領導人同時改寫歷史，贏家便順理成章地接過了「正統」或「官定」基督宗教的稱號。

今天的新興基督宗教也面臨著分裂的危機；同時，緊張的局勢也不單發生於特定的地域中。我們今天看到的現象，在早期教會也出現過：努力執行信條、拉攏人心，並貫徹統一的禮儀。有些轉變更是令人大吃一驚。反對同性戀擔任聖職的非洲聖公會保守主

2. 請參見Andrew Walls, "Christian Scholarship and the Demographic Transformation of the Church," in Rodney Peterson, ed., *Theological Literacy in the Twenty-First Century*（Grand Rapids, MI:Eerdmans, 2002）, pp. 166-84.

教們，竟然「接管」了那些與他們死硬信念一致、富有的美國聖公會教區。與此同時，保守的北美靈恩派也不斷試著抑制他們拉美弟兄姊妹的左傾意圖，但這些嘗試也都沒有成功。這些做法的核心意圖中，其實潛藏著矛盾；像是他們每派都給自己冠上一些「官定」的響亮頭銜——可能是「正宗」、「傳統」或「古典」，視派別而定。無論它們帶著什麼標籤，這種現象仍然說明著一千多年前初次獲得曖昧勝利的「教理時代」，今天正在逐漸褪色。

宗教詞彙的扭曲

但是，隨著我們對早年那段時間有了新的理解，那場疑雲重重的勝利與其背後原因，逐漸在我們面前明朗起來。如果一切真相大白，會發生什麼事情？如果教會裡的每個人都瞭解到，早期基督宗教的「官定版」——無論是天主教徒還是新教徒架構的——只是一部虛構的小說、而且不再可信，又會發生什麼事情呢？很顯然的，目前對於真正的基督宗教「過去是什麼樣子」、「現在是什麼樣子」，以及當代全球的基督宗教「應該是什麼樣子」的討論，我們應該要使用不同的詞彙重新進行討論。

在選擇新的用語時，我們必須掌握一個關鍵，那就是重新拿捏「信仰」的原始意義。如今，事實再明顯不過了：基督宗教原先是一群年輕力壯、遭受宗教迫害的少數人的生活方式，在摻進了帝國意識形態以後，它自然出現了許多變化。這不僅讓教會機構的形象變得醜陋不堪，也摧毀了它原本使用的詞彙意涵。

讀語言學的學生都知道，語境絕對會改變字詞在其中使用的意義，這裡也不例外。在一開始，「信仰」意味著有男有女的團契與其所具有的動態生活方式，反映對將臨的「神的國度」的企盼。但是，當基督宗教膨脹成一連串精心設計、由階層體系制定的信念和禮儀的規範時，「信仰」的意義便被扭曲到幾乎面目全非。最初，信仰意謂著一種指標性的生活取向，但不斷發展的神職階層擅自將「信仰」與「相信」某些特定的教條和權威模式畫上等號。這些教條與權威，卻總是隨著誰掌有聖職大權而每逢一段時間就出現改變，結果就是發表異議和公開討論會讓人惹禍上身。就算昨日的異端可能就是明日的聖人，但被逼死的異端還是死了。

教會中神職人員的專權不只改變了其使用的詞彙意涵，還摧毀了基督徒瞭解自己歷史的能力。男性主教所捏造的關於最早數百年的歷史，特別貶低女性的地位；直到近年來，男性和女性歷史學家才有辦法糾正這種獨尊男性的版本。現在，事實已經證明，女性在早期教會中發揮的領導作用，遠比我們先前所想還要大得多。但是，虛假歷史影響眾人對過去的認知能力，範圍可是更為深遠。既然過去的神職菁英們堅稱女性始終只有臣服和邊緣的角色，人們也就因而無法看到與此相反的鐵證。

羅馬的聖巴瑟大（St. Praxedis）教堂的一幅九世紀馬賽克拼貼畫，悽慘地說明了人們是如此的短視。這幅畫上有一名女性，你可以約略看出她的名號是「提奧多菈」（Theodora），其頭頂上則刻了「主教」（*episcopa*）一詞。這座教堂坐落於羅馬中央火車站步行十分鐘可達的路程。當我第一次走進聖巴瑟大教堂的大門時，我很快就發現我同時跨進了當代歷史研究與和公認的傳統習俗之間的一級戰區：這幅馬賽克壁畫，是說明女性在基督宗教最初數百年領導地位的關鍵作品，位於教堂旁的小禮拜堂中。畫中，提奧多菈和拿撒勒的馬利亞（Mary of Nazareth）、聖普正珍（St. Pudenziana）和聖巴瑟大一同描繪出來，她們都是早期教會的女性領導人。而爭議主要集中在「主教」一詞在提奧多拉時代的意義上：她是一名地方教會的召集人或領導嗎？還是她擁有更大的領導職權？她是否經過「授予聖職」的儀式，如果有的話這個儀式的意義又是為何？這幅馬賽克拼貼畫，又該如何與百基拉地下墓穴（Catacombs of Priscilla）中發現的「擘餅會」（Fractio Panis，圖中可見似乎由女性領導聖餐禮）這幅引發最多爭議之一的圖像一同參照呢？

事實上，這些圖像描繪，很明顯地與卡蘿・奧謝克修女（Sister Carol Osiek）和凱文・麥迪根（Kevin Madigan）在《早期教會授予聖職的女性：西元三〇年至六〇〇年歷史紀實》（*Ordained Women in the Early Church, 30-600: A Documentary History*）一書中收錄的數十份書面紀錄一致。[3]一些懷疑論者主張，提奧多菈的「主教」頭銜只是一種追封的敬稱，因為她是教宗巴斯加一世（Paschal I）的母親；而巴斯加一世的拼貼肖像就在教堂祭壇上方的圓形區域、所謂「後殿」的位置，肖像中的他手中還捧著聖巴瑟大教堂。他們還聲稱，書面文獻中提到的女性，在教會中只不過擔任輔助的角色而已。

關於提奧多菈是一名「主教」這件事的意義，至今仍吵個沒完，而證據依舊沒有完備，整件事情自然也還沒有定論。但是，就在我踏進聖巴瑟大教堂、看到那幅馬賽克畫的第一眼後，腦海就浮現出一個問題。既然它是西元九世紀的作品，讓我很納悶的是，一個由男性主導的神職階層，過去曾如此費心竭力地抹滅女性領導的證據，卻為何在聖巴瑟大教堂內留有這麼一件完好無損的作品，戲劇性地反打了教會一巴掌？倒

3. Carol Osiek and Kevin Madigan, *Ordained Women in the Early Church, 30-600:A Documentary History*（Baltimore, MD:Johns Hopkins University Press, 2005）.也請參見Kaven Jo Torjesen, *Women's Leadership in the Early Church and the Scandal of their Subordination in the Rise of Christianity*（Harpercollins, 1993）

是有人曾試圖把提奧多菈（Theodora）名字中的a刮掉（使其成為男性名稱「提奧多」（Theodor））；不過，就算是史上最厲害的重塑師，可能也覺得把嵌滿整面教堂牆壁的拼貼畫給敲掉實在太費事了。

不過，更後來我才發現，許多早期基督宗教的女性圖像旁只有非常稀少的文字說明，所以人們背離藝術家的原創苦心、斷章取義地解讀這些文字，實在比動手摧毀容易多了。這也讓我想起了過去我曾讀過的心理學實驗結果：人們經常看到自己心裡想要看到的畫面，而不是真正存在的畫面。

讓信念取代信仰，就會有更具毀滅性的後果。信念深植神學思維和教會組織之內，而且如此根深蒂固，連最積極的宗教改革家都無法斬草除根。馬丁·路德讓全歐洲吃了一驚，他堅信要得救就必須「因信稱義、信靠恩典」。但他死後幾個世代之內，「路德教派」（又稱信義宗）卻已經將他的理念凍結成一個人「必須**相信**因信稱義的教義」，才能確保得到救贖。馬丁·路德是個具有激烈情感的人，他告訴大家每個人都需要把自己的信心——也就是自己的信仰——投注在某件事情當中，才能活下去。對馬丁·路德來說，偶像崇拜可不只是在雕像前鞠躬而已；他其實想讓教會之中保有雕像，這也不像喀爾文的作風。對他來說，偶像崇拜意味著信任，信任「偶像」就像把自己的信仰投注於金錢、權力和名望中一樣，都是一種寄託的概念。

到了啟蒙運動時，基督宗教詞彙受到混淆的程度，已經超乎人們的想像。當哲學家們在宗教與盲目的信念和迷信之間畫上等號時，信仰的本義已經徹底迷失；毫無意外的是，哲學家們這麼做只是重複了教會言傳身教的內容而已。但是，後來這些異議份子又繼續犯同樣的錯誤。他們決定，「理性」應該從此驅逐信念，而且現在人們應該把自己的信仰投注在理性上。法國革命人士甚至安了一座「理性女神」在巴黎聖母院內，不知不覺證明了馬丁．路德的觀點，那就是每個人都需要將信仰投注在某件事情之上。但他們的攻勢，卻只讓教會對「信念」的防守更為堅固且強悍。

自然科學的崛起，可說是壓垮基督宗教的最後一根稻草。當基督宗教對世界上各種自然現象的主張集成受到全面的挑戰以後，其權威自然也就一步步走下坡。科學逐漸演變成為測試真實性的法則，這也讓偽事實的宗教主張逐一遭到破除。伽利略遭受宗教裁判所的審判，則是一個重大轉折點；他堅稱地球圍繞太陽轉動、而不是太陽繞地球轉動，並聲稱他實際上通過天文望遠鏡看到的現象，真實性高於教會和當代科學當局所教導關於天體的運動模式。他被迫撤回自己原先的意見，但他離開宗教裁判所時嘴裡仍振振有詞，說著地球依然繼續轉動。幾年前，教宗若望保祿二世表彰伽利略，這是正確的做法；因為他和他所代表的科學，其實就是基督宗教的寶貴資產，而當教會不再獨占自然世界運作的解釋權，就能協助基督宗教恢復到其最初的信仰運動。

多音共響的前景

今天，「科學與宗教之間的戰爭」已經沒有任何舞台。這兩個完全不同、卻相互彌補的任務，一個主張經驗描述，另一個就主張意義和價值。[4]然而不幸的是，儘管兩者間的戰事已經結束，雙方的頑固派之間，仍偶有小規模的零星衝突。聖經直譯主義者完全誤解了〈創世記〉的詩意，並盡量將其貶低為地質學和動物學的文獻。他們的行為就好比那些用偽科學論據證明宇宙無意義或上帝不存在的無神論者和不可知論者，都是一種基本教義派，缺乏對譬喻、類比與人類生活中的符號與神話的位置的理解能力。不幸的是，多年前拉開的戰線，今天仍在製造混亂，深思熟慮者也不斷錯將人類粗魯地分為「信徒」與「懷疑論者」。但是，那樣一個人類意識主宰的時代，已接近尾聲。我們正在目睹一個不同的詞彙的誕生，這個詞彙將更接近「信仰」一詞在貶值之前的原始意涵。

在尋找這種新的詞彙時，我們必須記得，在過去一千五百年那「教理時代」裡，並不是每個人都接受了斷章取義後的耶穌人生和福音故事。無數的修士和不隨意從眾的團體和運動，意識到眼前是一個經過灌水稀釋的版本，還有很多一般人拒絕接受這種搞笑的變質，他們通通被冠以「異端」的罪名。負責「處理」這些異端的人手段可是十分嚴厲；根據宗教裁判所留下的黑暗歷史文獻，他們最終多半被送上火刑台。

儘管如此，許多這些團體仍在帝國國教的範圍內生存、甚至蓬勃發展了好一段時間。亞西西的聖方濟重新尋回了拿撒勒人耶穌的原始福音，但他也備有聰明的策略，就是請求教宗批准他帶領一群衣衫襤褸、精神喜樂的吟遊詩人。而對聖女大德蘭來說，信仰則像是個人的約束，好比與基督的婚約；她仰賴自己的智慧與魅力，挺住十六世紀西班牙宗教裁判所對她的迫害，讓自己超前時代一步。在我們自己的時代裡，也有聖艾智德團體和其他人物，如天主教工人運動（Catholic Worker movement）的創始人桃樂絲·黛伊（Dorothy Day），以及薩爾瓦多解放神學擁護者、後來被暗殺的奧斯卡·羅梅洛（Oscar Romero）主教，他們也一直體現真正的信仰意涵，而不是製造另一個信念體系中心。

我們最近對早期基督宗教的理解，正好伴隨著基督宗教在「南半球」出現爆炸性成

4. 請參見Stephen Jay Gould, *Rocks of Ages*（New York:Ballantine, 1999）.

長同時出現，而我自己的生活軌跡很幸運地為我帶來與兩者的密切聯繫。一方面，我曾與一些學者密切合作過，他們用一絲不苟的治學態度勤加拂拭基督宗教史，讓我們對基督宗教的起源有更清楚的瞭解。另一方面，我也已經走過世界上許多地方，並在這些地方講學，從巴西到中國、從印度到日本，都有我的足跡。在我自家學校裡，我則接觸了來自各大洲的學生和訪客。當我意識到早期基督宗教是何等千變萬化，以及在古代非西方文化底下的基督徒無須強迫自己進入任何預定的模式中，我的生涯中這兩個面向便合而為一了。

多音共響、色彩斑斕，同時又遍布五大洲的基督宗教，其前景可能十分艱鉅，但這個前景帶來的挑戰可不是什麼新鮮事。基督宗教其實就是誕生在一場文化變革中，希伯來語和阿拉姆語的福音運動要在希臘語和拉丁語的世界裡傳遞，就免不了跨文化流動。事實上，這場運動就是注定要不斷流動的，它也在每一次接續的文化轉型中不斷注入新的活力。但是，想讓這種情況持續發生下去，就必須將一些舊皮囊丟棄，而充滿利己主義、敗壞基督宗教名聲的根源，也必須挑出來扔到一旁。

我們無法、也不應該嘗試重回第一個「信仰時代」，因為我們生活的世界已經是一個不同的世界了。然而，今天的基督宗教承載了珍貴的寶石，也有不值錢的雜物，它們都是在過去那中間一千五百年「教理時代」累積起來的，而這個時代目前正在逐漸褪色。也許我們可以來個去蕪存菁？這是一段豐富的記憶和經驗，充滿了許多優良的與糟糕的典範，既有真正寶藏也有廉價的飾品。儘管我們仍然揹著基督宗教帶來的傷痕過生活，我們還是不能拆除高聳的教堂、不能廢棄聖歌、不能撕爛神學文本，也不能拋開那些壯麗的禮儀。「你泥中有我，我泥中有你」，我們與這些傳統互為表裡。當我們進入「聖靈時代」時，這些傳統仍然可以啟發我們，還能提供我們許多的教訓。但是，我們絕對需要用一種全新的方式瞭解我們的過去，因為「過去」在我們居住的當代世界中，仍是斧鑿斑斑，它絕對不會輕易放手的。

Chapter 13

解放神學與信仰的重生

血染聖普羅維登斯祭壇

THE FUTURE OF FAITH

一九八〇年三月二十四日，羅馬天主教聖薩爾瓦多教區的總主教奧斯卡·阿努爾福·羅梅洛（Oscar Arnulfo Romero），在下午六點鐘剛過時，抵達了聖薩爾瓦多聖普羅維登斯醫院（Hospital of Divine Providence）的小禮拜堂，準備進行一晚的彌撒。此前，他已經主持過許多次彌撒了。羅梅洛匆匆拉起他的祭袍，先帶領一小群信眾進行聖體聖事之前的聖道禮儀。然後，他站在祭壇前，準備舉起麵餅和酒時，突然傳來一聲槍響。子彈精準命中了目標，射穿了他的心臟，顯然是由熟悉槍械的人所為。羅梅洛應聲而倒、趴伏在祭壇上，鮮血濺滿了他即將用以獻祭的用品。他幾乎是當場死亡，但就在嚥下最後一口氣以前，周圍的人聽見他低聲說：「願天主原諒刺客。」

羅梅洛的生命故事就像是一則寓言。在他去世以前，他就像重振基督宗教的救星，將基督宗教從數百年之久的君士坦丁時代推上新的全球舞台。他象徵了基督宗教的戲劇性轉變：從一個充滿信條與階層體系的宗教，回復到對拿撒勒人耶穌教導、證明並應許的神聖正義國度中的信仰。今天，有數以百萬計的拉丁美洲人將羅梅洛拜為聖人。

羅梅洛剛開始神職生涯時，仍是個非常普通的神父，他所主持的教會和當地地主與仕紳已維持了五百年的友好關係；但他逝世時的身分，卻是一個即將誕生的教會發言人，在他那飽受蹂躪的國家中扶持貧苦無靠的群眾。他於一九一七年出生於薩爾瓦多，原本打算當個木匠；但就在十幾歲時，他報名參加了神學院，從此踏上了神職人員之路，而且似乎很滿足於這種與世隔絕的生活。他的神學院同學發現他和大家有距離、太正經八百，不是非常討喜。但他的老師們對他卻十分青睞，並送他到知名的羅馬宗座額我略大學（Gregorian University）接受深造。

一名學生如果想進入額我略大學，他必須具備真正的敏銳心智，並對上級權威致以無條件的尊重，因為這些素質才能讓自己有機會成為日後教會中的領袖。羅梅洛獲得了神學碩士學位，並於二戰期間在羅馬被授予聖職，那時要前往歐洲其他地方是不可能的。他在羅馬接受了核心教育養成，然後他回到了薩爾瓦多，準備成為具有濃厚「羅馬意識」（Romanitat，即「羅馬人做事情和思考的方式」）的天主教忠實發言人。他是個百分之百、徹頭徹尾的「君士坦丁主義者」。

回到薩爾瓦多——一個以「救主」（Savior，薩爾瓦多的原文為El Salvador）為名的國家——之後，羅梅洛開始了他的神父生涯。從一五二四年西班牙征服者佩德羅．德．阿爾瓦拉多（Pedro de Alvarado, 1485-1541）攻進祕魯開始，這個國家就牢牢地受到封閉而僵化的階層體系所控制，並由這樣的體系宰制了全國宗教生活和政治與文化歷史。他的第一年給了他足夠的機會，讓他實踐自己對教會、神學和政治的傳統主義觀點。他成為薩爾瓦多跨教區神學院院長，職責是對來自全國各地的新進神父進行思想培訓。然而，不久之後，他就攬下區域行政的職務，成為全中美洲主教會議的執行秘書。他是個開朗、精力充沛的人，同時既聽話又不失野心，而且正在步步高升中。[1]

一九七〇年，教宗保祿六世將羅梅洛任命為聖薩爾瓦多教區總主教路易斯・查韋斯・岡薩雷斯（Luis Chávez y Gonzales）蒙席的輔理主教。此舉無疑表露了羅馬當局對他的信心與肯定，他當上總主教只是時間早晚的問題。終於，就在一九七七年，同一位教宗任命他擔任聖薩爾瓦多教區總主教，接替查韋斯蒙席。當時，薩爾瓦多和大拉美地區教會內傳統主義者的圈子裡，已經對解放神學的蔓延感到震驚且十分謹慎面對，他們聽到羅梅洛的任命，以熱烈的掌聲致上歡迎，並鬆了一口氣。這是個老派、鐵桿又傳統的神父圈子，在這圈子裡誰也不會搗亂，更不會對熱衷於社會運動或抗議活動的天主教徒（無論是平信徒還是神職人員）表現出絲毫的贊同。至少他們是這樣想的，而羅梅洛在生命中的這個階段接受了這項任命，更讓他們有充分的理由這樣想。[2]

但是，事情開始迅速改變，而且大出幾乎所有人的意料——羅梅洛自發地成為二十世紀末基督宗教根本性改變的一塊活招牌。羅梅洛的轉變，發生在一件開始被眾人稱為「解放神學」的東西上。羅梅洛並沒有在神學院或宗座額我略大學時學到這個詞語，那些機構不會在課堂上把這個詞教給學生。這個詞，是他從慘痛的歷練中學到的——就在他剛成為聖薩爾瓦多總主教沒多久——一名年輕牧者、經常為國內最窮的人民做彌撒、同時也是他朋友的魯蒂略·格蘭德（Rutilio Grande）神父，慘遭行刑隊殺害。

這件事對羅梅洛個人，造成了極大的震撼。之後沒多久，當他在魯蒂略神父居住過的村子主持葬禮彌撒時，受過死去神父關照的教友們便問他：「你願意像魯蒂略神父一樣，與我們站在一起嗎？」於是，羅梅洛開始轉變了。自從他回到自己的國家以後，他每天都聽聞了更多的凶殺案、逮捕下獄、鬥毆和綁架案，然後是慘無人道的神父凶殺案。但是當局始終佯裝不知情，媒體也全數沉默。終於，羅梅洛採取了大膽的一步。他每週在教堂的講壇上公布死者和「失蹤」者的姓名，然後，他警告員警和軍人，說天主禁止他們濫殺無辜農民，這些農民要的只是天主賦予他們的權利而已。

他為那些受苦的群眾發聲、成為他們的希望，卻也成為搖搖欲墜的當權者的眼中釘。他開始感覺到自己的重要性非同小可，某次他甚至在講道中承諾「如果他們殺了我，我仍會活在群眾的生命裡」。然後，就在一九八〇年三月的那一天，行刑隊成員荷槍

1. Jon Sobrino, *Archbishop Romero:Memories and Reflections*（Maryknoll, NY:Orbis Books, 1990）.
2. 請參見Alfred T. Hennelly, S.J., ed., *Liberation Theology:A Documentary History*（Maryknoll, NY:Orbis Books, 1990）.

驅車前往聖普羅維登斯醫院。

羅梅洛的橫死，讓他成為解放神學的聖徒和殉道者。解放神學是二十世紀最具創新性和影響力的神學運動，也可能是遭受最多誤解的運動。解放神學並不像其批評者所指控的，操著宗教語言行政治運動之實；相反地，它是一場深刻的宗教運動，卻又深具政治影響力。它不像其他任何一個二十世紀的神學趨勢，如天主教哲學家雅克．馬瑞坦（Jacques Maritain, 1882-1973）倡行的「新托馬斯主義」（Neo-Thomism），或卡爾．巴特（Karl Barth, 1886-1968）高舉的新教「新正統神學」（Neo-Orthodoxy）；解放神學並不是新的思想或理論，而是代表一種參與神學的全新方式。

解放神學之父

解放神學的伊始，便是從窮人和社會邊緣人的角度，重新思考基督宗教傳達的訊息。它並非誕生於德國杜賓根大學的講堂，或是羅馬宗座額我略大學的圖書館。這不是一種「下滲」式的神學，而是一個從數千個基層草根團體和運動發起的「上透」式神學。

解放神學起源於二十世紀六〇年代的拉丁美洲，並如雨後春筍般迅速在「南半球」（同時也是基督宗教成長最為快速的區域）蔓延開來，在韓國、東南亞、非洲撒哈拉以南地區以及印度也正迅速增加。南非的圖圖大主教（Bishop Tutu）、韓國的「民眾」（Min-jung）神學家、印度的「達利特」（Dalit，前身即為不可接觸的「賤民」）神學家，還有中國的地下教會領袖們，在在承認他們與解放神學的淵源。解放神學的流派其中也包含基督新教、猶太教、伊斯蘭教和佛教的變種。

我和羅梅洛的相同點，就是在哈佛或耶魯大學時我完全沒聽過解放神學這個詞。不過與他不同的是，我並不是在髒污和壓迫之中生活而領略到這個概念的。我第一次接觸這個運動，是在一九六八年夏天墨西哥庫埃納瓦卡（Cuernavaca）的跨文化研究中心。那年春天，馬丁·路德·金恩（Martin Luther King）和羅伯特·甘迺迪（Robert Kennedy）相繼被暗殺，當時我對自己國家的前景感到深沉的沮喪，想到一個地方靜養一段時間，於是我便接受了該中心創始人伊凡·伊里奇（Ivan Illich）蒙席的邀請。一九五六年，我曾在抵制蒙哥馬利公車運動時遇到了金恩博士。後來，我參與金恩博士的南方基督教領袖會議（Southern Christian Leadership Conference）工作，並上街示威抗議、被抓進監獄待了幾天時間，但我們一直保持著聯繫。而羅伯特·甘迺迪在一九六八年試圖爭取民主黨總統候選人提名時，我也曾為他寫過俄勒岡州和加州競選演講的講稿。他的競選活動結束那天，我從洛杉磯飛回家，充滿信心地認為「我們贏了」，不料就在我到家時卻接到他被暗殺的消息。

這些事件令我感到十分憤怒與困惑，而且非常渴望逃離現實，所以雖然還沒在墨西哥找到落腳處，我還是風塵僕僕地帶著妻子和三個年幼的孩子立刻前往南國。伊里奇幫我們找到了一間小房子，房子的一邊是磚瓦工廠，白天盡是發出噹啷的碰撞聲；另一邊則是一座瀑布，不分晝夜整天淙淙地發出像是笑聲和吼聲的噪音。我們很快就感受到瀑布引發的震動，簡直就像一百個浴缸水龍頭同時全開一樣震撼。可惜的是，我們後來仍無法適應工廠發出的鏗鏘聲，但我們倒是很感激工人們每天都睡了個深長的午覺，而且從來不在晚上工作。

這個夏天對我來說很有紀念價值，而且我同時漸漸變得沒那麼消沉了。我在跨文化研究中心的非常優秀的語言學校學了西班牙語，交換的代價則是教授一門當代社會神學的課程。我們參觀了海灘和阿茲提克金字塔，我也學會了品嚐乳酪肉餡玉米捲餅，以及品味道斯奎斯啤酒（Dos Equis）。當我們到達了格蘭德河（Rio Grande）南部時，時機十分湊巧，因為變革的氛圍瀰漫在整個空氣中。當時，拉丁美洲的天主教徒已經染上了新的神學和社會潮流，許多神父受到教會當局或政府的脅迫而離開自己的家園，但庫埃納瓦卡的主教唐・瑟吉歐・門德斯・阿賽奧（Don Sergio Mendez Arceo）對他們的努力寄予高度的認同，所以總是若有似無幫他們在自己的教區找到一塊安身之地。他們的存在轉化了庫埃納瓦卡，由一個深受墨西哥菁英歡迎的涼爽避暑勝地，轉變為一個人聲鼎沸、眾人觥籌交錯暢飲啤酒與咖啡，熱烈討論時事的市中心。

當我一回到哈佛，就立刻著手準備解放神學的課程，這也是北美最早開授的解放神學課程之一。後來，我回想起一件事情：如果我早知道就在我回國以前，墨西哥城的「三文化廣場」（Plaza de las Tres Culturas）發生百餘名示威學生慘遭無情屠殺的事件，我可能不會感到如此樂觀。然而，墨西哥當局非常迅速地掩蓋消息，眾人直到數週後才知曉了這個駭人的事件。事實上，要揭露全部的可怕真相，可是會需要數年之久的時間。

那年夏天，在庫埃納瓦卡留下足跡的，還有秘魯的古斯塔沃・古提雷茲（Gustavo Gutierrez）神父，他通常被公認為是「解放神學之父」。他畢生心血都投注在三件事情上：一是在利馬宗座天主教大學（Pontifical Catholic University，Pontificia Universidad Catolica）教書，二是在利馬當地的一個貧困教區宣教，三是前往南美洲其他地方講學、演說。

我和古提雷茲神父在伊里奇創辦的中心見面，隔年古提雷茲神父便邀請我前往他的大學——也就是利馬宗座天主教大學（當地教師與學生都直接用 Catolica 一詞稱呼）。我接受了邀請前往利馬，在那裡我棲身於瑪利諾會（Maryknoll）教士的宿舍，和古提雷茲神父一同擠在勞工階級區的樸素餐廳用餐，並參觀他在里馬克（Rimac）區單調而灰暗的教區。我們很詳細地談到他當時剛要出版那本具有劃時代意義的新書：《解放神學》（*Theology of Liberation*，一九七一年於英格蘭出版）。3

古提雷茲神父就像羅梅洛主教一樣，都是生動的典範，他們催生並見證了帶有制式階層體系的基督宗教信仰如何急遽衰微，以及耶穌用生命體現、承諾的「公義的時代」如何得到重生。古提雷茲是個矮胖、有點圓嘟嘟的人，他的褐色皮膚揭露了他的克丘亞（Quechua）原住民血統。他走路時有點微跛，是兒時患病的結果。他的書生臉龐常常會被一個大大的笑容給軟化，這樣的笑容不時會浮現在他臉上。他的穿著打扮簡單而樸素，當他說話時，會透過自己的塑膠框大眼鏡看著他的聽眾；不過，我倒是從來沒見過他穿教士服。

他的朋友都喚他「古斯塔沃」，起初他是學醫的，因為他與窮人感同身受，想盡可能幫助他們。然而，他後來很快就改變了方向，進入利馬的神學院，學習成為一名神職人員。他得到和羅梅洛一樣的待遇，他的老師們對他的智力天賦讚譽有加，但是可能是沒有看到和羅梅洛一樣的順從，老師們將古斯塔沃送到了魯汶和里昂，而不是羅馬。在那裡，古斯塔沃鑽研雅克・馬瑞坦的「完整的人道主義」（integral humanism）以及艾曼紐・穆尼埃（Emmanuel Mounier）的天主教人格主義（Catholic personalism），也看了一些梵蒂岡當局譴責的德日進著作。他還援引了伊夫・孔嘉（Yves Congar）對平信徒神學的思想，甚至寫了一篇關於佛洛伊德宗教意義的論文。

當古提雷茲回到秘魯後，他完成了一件在他之前很少人辦到的事情：他融合了自己的原住民根源以及他對窮人的熱愛，為他們提供最好的神學獎學金。他完全準備好迎接下一個挑戰了。

雖然古提雷茲被公認為是解放神學之父，但他總是試著把自己的重要性降到最低。當我在利馬訪問他的那段期間，我曾問他為何解放神學最早出現在拉丁美洲，他給我的答案十分簡單：因為解放神學是信仰和貧困在當地強有力的混合物。「我們的大陸充滿了貧困人口，」他說：「這些人開始懂得從他們的信仰角度來看待自己的貧困，同時也開始懂得從自己的貧困的角度來看待信仰。」

3. 請參見古提雷茲（Gustavo Gutierrez）的研討論文集 *A Theology of Liberation:History, Politics and Salvation*（Maryknoll, NY:Orbis Books, 1973）.

這表示，他們揭櫫的第一個問題並不是關於上帝的「存在」。雖然，「存在」這個問題伴隨著科學、懷疑論和理性主義，已經纏擾了西方中產階級很長一段時間，然而窮人提出的問題是更古老的一種：我們在地球上、在你我身邊看到的那麼多苦難，如何能和充滿愛與正義的上帝並存呢？對此，他們的回應直接取材自他們對「耶穌是誰」的瞭解，以及耶穌所揭櫫的信仰。他們從耶穌身上發現的，並不是合理化萬般事物的理由，而是一種堅定的信心：相信「事情不一定是這樣」，而且相信自己可以改變、且將會著手改變。他們從耶穌身上看見了祂如何挑戰過去經常困擾著自己的宿命論，也看到了挫敗與死亡都絲毫無法減損「神的國度」將臨的保證。

耶穌精神的復甦

我們不難看出，解放神學如何與早期基督宗教的活力與今日基督宗教的新輪廓遙相呼應。對耶穌和神的國度的「信仰即是信心」，與耶穌也有不可分離的關係，這點串起了我們的思考路線。就像古提雷茲寫過的：「要反思上帝的奧秘（即神學），只能藉由追隨耶穌來完成。用追隨耶穌的精神思考並宣講上帝對所有人類無償的愛，才是唯一可能的辦法。」[4]

解放神學並不只是一個特定區域的「拉美神學」或曇花一現的現象；許多世紀以來，基督宗教受階層體系定義為一系列強加信念，而解放神學的出現其實體現了一個重大的躍進：它象徵對耶穌復活與再臨的信仰與信任，以及基督徒在基督宗教興起之初那幾百年來的理念與生活核心。它完全就是「聖靈時代」到來的明確跡象。

解放神學戲劇化地將基督宗教的起源和其重心最近從西方轉向「南半球」兩件事相連，這已經對「基督徒」的意涵造成了重大的變化。全世界還有很多窮人以及過去受到排斥的人，現在卻成為大量地參與全世界各地的基督徒社群。這個動盪的結果是，二十一世紀的基督宗教看起來越來越像最初那兩百年，那個婦女、奴隸和貧苦的城市居民一同加入了新教會的時代。在經過了中間那段信條的強制系統宰制的時代以後，最初基督宗教作為一種忠誠信仰的生活方式，又開始漸漸復甦了。

拉丁美洲開始用這種方式看待耶穌，有幾個不同原因。第一個原因，他們會以小團體的形式閱讀福音書，同時討論他們現在所處的艱困環境，團體的領導則往

4. 引自Sergio Torres, "Gustavo Gutierrez:A Historical Sketch," in Marc H. Ellis and Otto Maduro, eds., *The Future of Liberation Theology:Essays in Honor of Gustavo Gutierrez*（Maryknoll, NY:Orbis Books, 1989）,p. 99.

往是平信徒。而牧師、神父和修女其實本來就在這些團體中組織了「基督教基層團體」（comunidades eclesiales de base，簡稱 CEBs），以彌補一般的教區敬拜，特別是在神職人員短缺的地區；但是，他們很快就超越了神職人員監督的範圍，自行扛起了團體的命運。他們聚會的地方通常是村莊、小鎮，以及大都市的破敗區域。[5]

每當我參觀了一個「基督教基層團體」，我都有種似曾相識的奇怪感覺。他們和我在書中讀到的、最初那幾世紀地中海盆地中的小型基督徒教會，似乎有著驚人的相似。那些在「基督教基層團體」聚會的信男善女，通常是社會的弱勢階層。他們的衣服雖然很破舊，卻很整潔。有些人幾乎不識字，但整體的氣氛是輕鬆和善的。他們演唱、彈奏吉他、祈禱、歡迎訪客、共享食物，並且閱讀聖經篇章（通常選取福音書中的篇章），並積極地用他們在篇章中看到的現象討論他們的社群所面臨的問題。他們最常做的事情之一，就是將聖經故事和他們目前的情況之間作出中肯的連結。

前面提過的「歷史批判法」和「基本教義派」深遠地影響西方對待聖經的態度，並使聖經專屬於少數人，但基督教基層團體顯然沒受到這兩者的影響：首先，他們對歷史批判法知之甚少，而且他們把聖經文本當作有趣的故事來閱讀；其次，他們沒受到基本教義派的荼毒，基本教義派只有後來才在南美發揮過影響力。他們並不認為耶穌是「個人的救主」，也不認為耶穌的使命是將自己從罪惡的世界中拯救出來，而是認為耶穌布達「神的國度」的福音，同時展示「神的國度」與自己的距離是如此接近、即將來到今世。

過往眾人所理解的基督宗教，是一個由信念系統把守的宗教機構，只能透過享有特權的神職階層向下傳遞——這樣的基督宗教正在逐漸消亡。相反地，今天的基督宗教在全世界日益興盛的多元化團體中，成為一種信徒們奉行的生活方式。這個復甦的初步成果已經是顯而易見的。在神職階層陰魂不散、舊的領導模式持續主宰的國家中，教堂是空的。任何一位去過歐洲的遊客，都可以直接親眼目睹教堂內一排排空蕩蕩的長椅。但就像復活節故事中巨石從基督的墳墓上滾開一樣，在世界上信條與階層體系退居二線、聖靈當道的地區，人們往往感受到真正的生命和能量。毫無疑問的是，其中的一些能量還是被誤用在可能曾經被稱為「異端」或「分裂主義」（某些當代的吹毛求疵者還是照樣使用這些詞彙）的方向上。不過，今天最令人振奮、最豐富的基督宗教運動成果，出現在現有教會結構的邊陲地帶，應該不會太令人感到驚訝。

5. Sergio Torres and John Eagleson, eds., *The Challenge of the Basic Christian Communities*（Maryknoll, NY:Orbis Books, 1981）.

從歷史上看，「分裂主義」和「異端」往往預示著信仰的深化和延伸。先知，總是在現有的邊界之外踽踽獨行。他們有時被譴責，有時則是備受推崇，有時則是兩者皆有：先被譴責，直到後來才否極泰來、獲得應有的尊重。

拉丁美洲的天主教文化，並不是唯一正在綻放新生的領域。同樣的新生也綻放在一些大家覺得不太可能的地方，例如靈恩派像海嘯般席捲了整個非西方世界。現在，我們正迎向聖靈捲起的狂風。

Chapter 14

靈恩派和「聖靈時代」撒旦最後的嘔吐與不斷延長的名單

今天，信條取向基督宗教的沒落、信仰的復興，以及「聖靈時代」的誕生等現象，其中一個成因便是世界基督徒人口由「北半球」向「南半球」產生推移。不過，你很難斷言這種發展的好壞。一些美國和歐洲的學者擔心，這些後西方「新基督宗教國家」可能會更往反動保守的狀態傾斜，最終甚至可能會助長基本教義派。

不過，關於這點有正反兩面的證據，並不是一面倒的。

雖然外界經常將靈恩派與基本教義派混為一談，但出現百分之九十這樣強勢增長的派別，是靈恩派，並不是基本教義派；這兩者絕對是不一樣的。在拉丁美洲，靈恩派往往與福音派新教徒被歸為同一類，而在巴西這兩個族群甚至都被貼上一樣的標籤——克蘭奇（crente）。這個詞的字面意思就是「信徒」，但信徒這個詞可能會產生誤導。在南美大陸上的「克蘭奇」們，正是那些對信條越來越不講究的「道中之人」。目前，「克蘭奇」已經在兩到三個拉美國家佔多數，其他國家也在往這個方向跟進。當我在二〇〇二年訪問里約熱內盧的宗教普查辦公室時，曾有人告訴我，在過去一年光是里約熱內盧這座超級大城，就成立了三百二十七座新的「克蘭奇」教會；同年，其他宗教的新建教會，只有一座新的羅馬天主教會，以及兩座翁班達派（Umbanda，一種非洲－巴西宗教）禮拜堂。

巴西的情況是「聖靈時代」最明顯的代表特徵之一，但它也反映了無處不在的靈恩派特別迅猛的增長。非洲撒哈拉以南的多數地區以及亞洲的邊陲地帶，分布的大多是靈恩派基督徒。而目前世界上最大的基督教會、號稱擁有八十萬會眾的韓國首爾汝矣島純福音教會（Yoido Full Gospel Church），也屬於靈恩派。來自中國大陸的報告顯示，來自草根基層的靈恩派基督宗教運動，在當地也正逐漸展露頭角。在美國，大量的拉美移民離開天主教會，改投向靈恩派教會的懷抱。這就像一場持續在地表下悶燒的森林火災一樣，早年那種亢奮的敬拜模式正在設法突破澆熄狂喜之火的冷水，持續在基督宗教的森林內延燒。這個現象無疑將繼續持續下去。[1]

我們可以輕易發現，為什麼有這麼多人會把靈恩派和基本教義派混為一談。這兩個運動都在二十世紀初期才發跡於美國，也都是為了反對當時的基督新教。但兩者的相同點僅限於此。

基本教義派就是文本直譯主義者，他們堅持認為無誤的聖經是唯一的權威。而光譜另一端的靈恩派，雖然也接受聖經的權威，但他們更依靠聖靈的直接體驗。基本教義派

1. Eric Patterson and Edmund Rybarczyk, *The Future of Pentecostalism in the United States*（Lanham, MD:Towman and Littlefield, 2007）.也請參見Harvey Cox, "Spirits of Globalization:Pentecostalism and Experiential Spiritualities in a Global Era," in Sturla J. Stalsett, ed., *Spirits of Globalization*（London:SCM, 2006）, pp. 11-22.

往往認為，自己是清醒且理性的。靈恩派很歡迎外顯且公開的敬拜，以及亢奮狂喜的讚美，他們稱之為「說方言」，認為這是由於聖靈在自己體內禱告所造成的效果。他們會在教堂內的走道間搖擺、跳舞，人們曾經嘲笑他們是「搖喊派」信徒。基本教義派強硬地恪守教義，而且認為這是責無旁貸、沒有商量餘地的。靈恩派一般則不喜歡教義測試，同時拒絕接受他們所謂的「人造的教義和死氣沉沉的儀式」。在歷史上，這兩派剛誕生的前十年，雙方經常不留情面地攻訐對手。其中，一位很有名的基本教義派人士坎伯・摩根（C. Campbell Morgan）曾稱靈恩派為「撒旦最後的嘔吐」。2

然而，就在一九四〇年，又發生了一件使美國宗教景觀更加複雜的重大變化。新教保守派、波士頓公園街教會的哈羅德・奧肯嘉牧師（Reverend Harold Okenga）領導了一批深具影響力的信徒，組成了「全國福音派聯盟」。這個聯盟的成立目的，不只是將自己和「現代主義者」之間做出清楚的區隔，還與基本教義派劃清界線。這些人自稱為「福音派」（evangelicals），他們和基本教義派有些相同的信念，但其中也有些重要的不同。福音派堅信聖經所象徵的宗教和道德權威，但認為從地質學和生物學的角度來看並不是一個可靠文獻。他們還排斥從「墮落的世界」中抽身的觀念，他們想積極入世地參與這個世界。

然而，這個新的福音派聯盟的組織者，要面臨一個問題。面對成長如此迅速的靈恩派，他們應該怎麼辨呢？他們一方面都使用某些相同的詞彙，但另一方面福音派又和基本教義派很像，靈恩派的動感敬拜、強調聖靈在夢中與異象（神視）中與自己直接對話、並非總是訴諸聖經等做法，抱持相當不信任的態度。不過，最後福音派還是邀請了靈恩派加入他們成立的新組織，難題現在落到靈恩派頭上：究竟該不該加入呢？於是，最終有些靈恩派加入了「全國福音派聯盟」，有些人則沒有加入。從那時至今，雙方的關係就一直有些敏感。

靈恩派究竟扮演基督教跳脫「教理時代」的推手，還是依舊死守著獨宗信念的基督教？他們是否預示著「聖靈時代」即將到來？真正的答案是，他們有五億人，這五億人在神學理論和實踐上有著很大的不同。某些靈恩派（特別是北美白人）一直深受基本教義派的影響；但「南半球」的人更遵循耶穌的倫理教誨，以及對「神的國度」抱持更多的憧憬。他們最近在社會正義的議題中日漸活躍，但有時他們也因為對其他信仰展現了敵意，而限制了與他人合作的能力。

2. 請參見Harvey Cox, *Fire from Heaven:The Rise of Pentecostal Spirituality and the Reshaping of Religion in the Twenty-First Century*（Reading, MA:Addison-Wesley 1995）,p. 75.

漸進式靈恩運動

幾年前，有兩位學者著手針對靈恩派這樣一種全球社會覺醒的運動，展開了研究調查。南加州大學宗教與公民文化中心主任兼社會學家唐納德．米勒（Donald Miller），以及「飢餓對策」（Food for the Hungry）名譽主席山森哲直（Tetsunao Yamamori），花了四年時間在全球各地旅行，以期瞭解他們最終所謂的「漸進式的靈恩派運動」。

他們橫跨非洲、亞洲和拉丁美洲大陸，訪問了上百人，並透過香港的吸毒者、曼谷和加爾各答的性工作者、染患愛滋病的嬰兒還有幾十個單位機構，觀察靈恩派的影響範圍。他們的發現，讓我們對基督宗教中逐漸成為主流的漸進靈恩派的輪廓，有了更清楚的概念。以潘靈卓（Jackie Pullinger）為例，她曾表示：她在香港設立的海洛因成癮者勒戒中心之所以會成功，憑藉的是聖靈的協助。她揮棄現代化的管理方法，也不聘僱籌款人員。你也可以參考奧斯卡．慕利烏（Oscar Muriu）牧師的例子，他在奈洛比禮拜堂（Nairobi Chapel）內經營診所、藥局和縫紉學校。或是參考這兩位作者訪問位於馬尼拉、阿迪斯阿貝巴（Addis Ababa）和索韋托（Soweto）的其他數十個案例。[3]

有一些具有高度重要性的事件，正在靈恩派運動中逐漸發生。靈恩派原先的主要焦點，一度鎖定在一個嚴格、超凡脫俗的救贖，但是，現在耶穌善待貧苦廢疾者以及社會邊緣人的典範，已開始發揮更重要的作用。米勒和山森兩人預見了靈恩派與解放神學當中某些見解能夠融合的可能性。他們預見新出現的、具有靈活結構的「漸進」靈恩派，也看出他們讚美主的熱烈情感、他們對不同文化驚人的適應能力，還有當今獻身於耶穌精神日益增加的比重。他們甚至注意到，靈恩派對其他教派的敵意也相對降低許多。

關於這個新的靈恩派的影響，我的經驗主要來自巴西，過去三十年間我經常造訪當地。二十五年前，我最初數度造訪巴西時，我遇到了一位來自聖保羅的年輕巴西社會學家，她研究的對象是貧瘠的巴西東北部如雨後春筍般冒出的農民聯盟。農民們組織這些聯盟，因此他們得以購買種子和設備，並推廣他們的產銷合作。這名新手研究員兼虔誠的天主教平信徒，在她的研究中發現：巴西本地靈恩派信徒雖然只佔總人口的約百分之十（現在的百分比已經上升了），但他們卻已經完成了大量的事工，而且經常以主導者的身分完成這些事工。出於想要瞭解他們的宗教信仰與聯盟工作的渴望，她採訪了幾位靈恩派信徒，並詢問前述兩者的關聯性。她聳聳肩說，這些靈恩派信徒似乎不太懂這個問

3. Donald Miller and Tetsunao Yamamori, *Global Pentecostalism:The New Face of Christian Social Engagement* （Berkeley:University of California Press, 2007）.

題，這點反倒讓她十分疑惑。不過隨著她與他們相處的時間越長，她越來越能夠明白兩者間的關聯。

她解釋道，靈恩派擅長製造名單。他們很習慣於彙整名單，這些名單上的人就是他們打算邀請參加教會聚會的對象記錄。他們會敲門，然後針對不在家、反應良好或是甩上門不談的住戶做紀錄。然後他們會一次又一次地回來，如果住戶開門了，他們有辦法在最短的時間內清晰快速地傳達自己的訊息。這名社會學家終於注意到，這些技能正是組織一個農民聯盟的必要技能；無怪乎他們漸漸走出了自己的路。

要判斷一個宗教信仰的基本性質，你從它衍生出的各種機構最能夠清楚地看出端倪。靈恩派催生了各種志工協會，對任何一個健康的社會以及維繫真正民主的命脈來說，都是非常重要的。他們也擔任普通民眾和大型經濟、政府、教育和媒體單位之間的溝通橋梁，呈現了另一種組織和非官方的網絡模式。他們還將許多從事民主工作時必不可少的技能傳授給許多人。

雖然許多北美人士對巴西靈恩派充滿誤解，但他們既沒有自外於政治活動，也沒有模仿美國的宗教右派。至於他們的政治立場，經過仔細的分析，你會發現他們的投票模式趨於「中間偏左」。譬如，在最近一次的巴西總統選舉中，絕大多數人投給了魯拉和勞工黨。早在兩年前，就有細心的觀察家用 izquierization 一詞（即 leftification，「左翼化」）描繪過靈恩派的政治軌跡。[4]

對民主的貢獻

從歷史的角度來看，拉丁美洲地區一直不是個充滿志願社團的大陸；一般情況下，一個人就只隸屬於自己出身的團體。無論是國家、民族、部落或教會，你會發現自己在一個「集體」中，你並不需要「加入」。但你如果想當個「克蘭奇」，你就必須加入某個組織。借用心理學家威廉・詹姆斯的一句名言，大多數的拉美集體都是由「一度降生」（once born）者組成的，而下面這些團體幾乎囊括了所有的例外：工會、體育隊伍、天主教基層團體和靈恩派或福音派宗教團體，他們是由有意識地選擇加入某個組織的「二度降生」（twice born）者所構成的。這一切都代表著，靈恩派的驚人增長是整個區域

4. 請參見Andrew Chesnut, *Born Again in Brazil:The Pentecostal Boom and the Pathogens of Poverty*（New Brunswick, NJ:Rutgers University Press, 1997）; John R. Pottenger, *The Political Theory of Liberation Theology*（Albany:State University of New York Press, 1989）; John Burdick, *Looking for God in Brazil*（Berkeley:University of California Press, 1993）.

民主化的重要關鍵，尤其當他們開始積極參與政治生活、擔任公職，並尋求制定他們自己的「社會神學」的時候。但靈恩派的持續增長，並不絕對和其對民主的貢獻成正比。當受到來自外部的壓力和內部的威脅時，他們往往顯得十分脆弱。他們能將民主強化到什麼樣的程度，仍是一個問號。

今天，對於如何讓民主真正運作，大家已經漸漸凝聚了一個共識。首先，我們需要具有不同政治目標的、競爭的不同政黨，還要定期舉辦自由選舉，而失敗者則必須將權力移交給獲勝者。然而，這種情況只是民主的最低標準，這種情況本身甚至幾乎無法產生出民主的狀態。第二，民主需要湯馬斯·傑佛遜（Thomas Jefferson，第三任美國總統、「獨立宣言」起草人）所謂的「知情且積極的民眾」自由參與政策討論，並願意花時間這麼做。如果民眾知情但不積極、或是積極但不知情，那樣都不夠促成民主的進展（更不用說兩者都不具備的話）。第三，民主必須確保這個社會裡每個人的人權和公民權得到法律保障，並且積極執行這樣的保障。

有些作家認為，民主還有第四個條件，那就是市場經濟，但也有人對此表示懷疑。中國擁有狂暴的資本主義經濟，卻只擁有相當稀少的民主基本要素。而拉丁美洲的部分地區近幾年也漸漸獲得民主，卻往往和經濟沒什麼關聯。有些觀察家看了最近俄羅斯的歷史變遷後也認為，市場資本主義的迅速實行，其實反而破壞了當地民主出現的契機。根據民意調查顯示，現在大多數的俄羅斯人將民主與暴利、貪腐和犯罪畫上等號。既然有了這些達致民主的條件，那麼拉丁美洲的靈恩派教會和他們的耶穌以及「神的國度」的精神，又有什麼能夠培養民主條件、進而影響輿論的能耐呢？[5]

毫無疑問地，靈恩派無論是在北美或南美，都一直對自己的信仰非常地開誠布公。他們在大街上和市場中宣教，然後擬定各種名單，去敲你家的大門。當你在某個晚上信步經過「野花區」（favela，即貧民窟）時，你很難不聽到當地會眾用喇叭劈里啪啦地廣播音樂和福音。但是，這並不代表他們有一種所謂的「公共神學」可以影響公共政策。

直到最近，靈恩派對民主的貢獻一直都是間接的。它們的作用使人想起十九世紀初的歷史學家托克維爾（Alexis de Tocqueville, 1805-1859）所做的觀察：美國宗教提供了滋養民主不可或缺的沃土。他寫道，如果美國沒有這麼多教會和其他志願組織，美國就不會有民主所需要的「心的習性」（habits of the heart）。托克維爾參觀了宗教團體以後指出，人們在宗教團體內學會討論問題、達成合作決策、必要時做出妥協、將道德原

5. 非洲的部分也請參見Ogbu Kalo, *African Pentecostalism:An Introduction*（Oxford and New York:Oxford University Press, 2008）.

則應用在當前時事中，以及最重要的一點：接受這些程序性策略產生的最終結果。他也寫道，在宗教團體中吸收了這些技能以後，他們可以在公共領域再行應用這些技能。總之，美國的自由教會不受國家贊助或階層體系的控制，責任、信任網絡的建立，還有共同利益的觀念，都讓美國成為滋養民主的理想溫床。6

不過，加入十九世紀初托克維爾訪問的美國宗教團體，和今天在拉丁美洲成為一名靈恩派信徒，兩者間仍有著巨大的差異。在拉丁美洲，選擇成為一名靈恩派可能會讓你付出高昂的代價，會讓你的鄰居和家人對你投以蔑視的眼光，甚至直到最近還會讓你惹上法律迫害。對於拉丁美洲人來說，這個初始抉擇需要更多的勇氣。這是有風險的。但它灌輸了一種「選擇的習慣」，一個人在自己選擇的立場上永遠不再有被困住的感覺。而且，成為一名靈恩派，還賦予普通百姓一種尊嚴感——他們是上帝賦予生命的福音的重要承載者，對上帝和他們的人類同胞都是很重要的。借用北美黑人文化的一句話，他們終於可以說出：「我……**不是路人甲**。」同樣地，這種自尊感受一旦得到灌輸，便不會輕易消除。

在這裡我必須要做個提醒。靈恩派信徒的主要目的並不像天主教基層團體，他們在公共政策的領域一直沒有影響力。他們相信自己的使命是敬愛、讚美神，領受聖靈的禮物，然後攜帶寶貴的福音走到世界最遙遠的角落。某些牧師甚至勸誡他們的會眾，別在這個「今世」受到汙染，特別是耶穌一旦凱旋再臨，「今世」就會戛然而止。但是，隨著靈恩派信徒人數的增加，他們意識到自己可以藉由參與公共事務而有所作為。靈恩派牧師宣教時，也很少提到耶穌即將再臨，而是用更多時間講述如何在一個墮落的世界生活，有時候也會講述如何讓這個墮落世界變得更美好。

對於靈恩派培養民主能力，有個明確且現實的**內在**威脅：他們有一種在會眾內部自斷羽翼的傾向。他們強調靈恩的禮讚可以讓他們任意支配領導權：「如果上帝把我放在這個權力位置上，那你又為何要質疑我的決定呢？」此外，世襲的領導更是常見。牧師常在自己的任期結束後，將這個位置交棒給自己的兒子。這樣的領導模式，會導致一種侍從庇護主義，牧師可以與任何當權者進行利益交換：用選票換取油水。雖然這些教會急速擴張、全速朝民主的未來邁進，但它們還是有可能因為自己內部的專制獨裁而跌跤，甚至不進反退。

但靈恩派也面臨外在的威脅。專制政體掌權的國家，並不太在乎福音派或靈恩派等

6. 請參見Alexis de Tocqueville, *Democracy in America*（Garden City, NY:Doubleday, 1969）. 也請參考Rowan Ireland, "Popular Religions and the Building of Democracy in Latin America:Saving the Tocqueville Parallel," in *Journal of Interamerican Studies and World Affairs* 41, 4（Winter 1999）:111.

教派的神學學說，但他們的確擔心「彙整名單」的人，會把整個區域、國家甚至全世界的人聚集在一起。專制政權對競爭對手訊息流通與組織網絡的恐懼感，可是出了名的；中國的法輪功雖然不是靈恩派，但他們的確形成了一種志願組織。然而，共產黨政府一開始並沒有把法輪功與其玄之又玄的靈性放在心上，直到他們在天安門廣場集結了數十萬人以後，共產黨政府才突然震驚、恐懼起來，害怕自己有天會因此倒台。在拉丁美洲，靈恩派剛開始崛起的階段，就已經受到來自天主教會和受到影響的政府的外來威脅了。但是，除了少數地方、如墨西哥南部的恰帕斯州（Chiapas）之外，這種對立今天仍算是十分罕見的。

成功神學

也許，對拉丁美洲靈恩派來說，未來最明顯的威脅恐怕是內在和外在相結合的威脅。他們所捲入的威脅，就是哈佛大學歷史學者查爾斯·梅爾所定義的「〔美式〕消費帝國」，是由美國媒體的大眾傳播和消費者文化所促成的。這就是靈恩派教會所面臨的，複雜、來自內在／外在的威脅。但是，他們不會像先人一樣，在沒有大眾媒體整天瘋狂播送的日子裡生活；今天的信徒們每天都在其中生活。他們不是阿米什（Amish）派信徒，他們不會躲進自己專屬的國中之國。他們就在市井裡生活、工作、上學，還有上街購物。但超市文化總是很容易吸引人們拋棄公民的外衣，它會讓選民蛻變為購物者，讓公民轉變為消費者。這代表拉丁美洲的政治環境已經開始變得類似於北美的大眾營銷，而這種做法違背了靈恩派為了避免專權誘惑，而發展出的高度參與式做法。

但是，這種消費主義風格不只是門外的虎視眈眈，更是來自靈恩派內部深處更大、更可怕的威脅。這種威脅的最佳代表詞彙，就是帶有強烈資本主義色彩的「成功神學」（gospel of prosperity），也有人管它叫「有求必得」（name it and claim it）神學，是一種來自北美的潮流。

這個潮流已經開始影響非常多的「克蘭奇」教會，但這種神學的傳播者其實都來自「神國普世教會」（Universal Church of the Kingdom of God，簡稱 UCKG）。這個教會是目前拉丁美洲增長最快的教派，而且現在已經擴展到許多其他國家。神國普世教會允諾其擁護者，如果慷慨捐款的話，信眾們將不只會得救、健康財富兩全，而且不只在來世，今世就會享受到這一切。此外，神國普世教會的組織結構模式比照北美公司的營銷策略，與靈恩派教會的會眾風格完全不同。它的擁護者更像是顧客或客戶，而不是成員。

想要從他們那裡得到祝福或趨吉避凶，他們會大方開出你要付出的代價。他們甚至擁有自己的電視台，同時坐擁巴西第二大電視網絡。幾乎所有其他的「克蘭奇」教會，都試圖與神國普世教會撇清關係。許多靈恩派領導人現在更將其稱為「偽靈恩派」，但由於它仍在持續成長，也有些人受到誘惑，開始起而效尤。[7]

這樣的醜陋爭端，可能會導致「克蘭奇」社群更廣泛的破壞性分裂。但這也說明了，除了前述幾樣前提以外，我們還需要其他條件才能達致民主：民主國家的廣大群眾，也需要得到基本民生需求的滿足。如果人民總是要操心孩子下一餐的溫飽，或是基本的衛生保健，他們是沒有空閒參與公民活動的。儘管神國普世教會為了迎合大眾而提供了錯誤的答案，但它仍揭露出了一個真正的問題。

所以，接下來會發生什麼事呢？在整個拉丁美洲，靈恩派最廣為人知的特徵就是直率和誠實。他們是中級白領工作的理想員工，因為雇主知道他們會保持清醒、準時上班，不會混水摸魚、偷雞摸狗。但他們生活的社會，仍存在一個巨大的鴻溝，隔開了頂層階級與廣大的基層人民。某種程度上來說，靈恩派也身處「公民運動的承諾」和「消費帝國的誘人壓力」兩者間的夾縫之中。儘管如此，他們依舊繼續把尊嚴與希望的福音，帶給邊緣化的、受傷的群眾。同時，許多貧困的靈恩派信徒也逐漸體會到，自己的價值觀念和教會中優勢地位者產生巨大矛盾，以及他們像廣大社會的棄兒一樣每天都要面對各種屈辱。也許他們所面臨的最關鍵的問題，就是這種不斷增長的矛盾究竟會將他們帶到什麼地方。

可能性至少有兩種。位於社會邊緣的靈恩派、特別是那些迷戀「成功神學」的虛假承諾的靈恩派，心態會變得越來越尖酸刻薄、憤世嫉俗。就在你熱切地祈求得到一份更好的工作、一個好用的爐子、或是一棟溫暖的房子，而大方慷慨地施予教會，結果卻什麼都沒有——沒有工作、爐子或房子，你會怎麼反應呢？有些人會再次陷入宿命論的迴圈中，或是躲進宗教的同溫層與其他人一起取暖，同時停止行使公民權力，例如繼續參與社會活動。不過，有些人會開始發現（很多人也已經注意到了），想要生活在一個尊重人性的社會，就需要有人在社會上大力推動結構性的改革。這就是為什麼一些觀察家認為，靈恩派可能成為非暴力社會改革的基本核心。

這當然也沒人能夠肯定。然而，兩個核心「克蘭奇」信念將會發揮決定性的作用：變換（「你們一定會得到重生」）和聖潔（「不要與今世同流合汙」）。在政治和文化領域

7. 關於神國普世教會，請見Ari Pedro Oro, Andre Corten, and Jean-Pierre Dozon, *Les Nou- veaux Conquerants de la Foi:L'Eglise Universelle de Royaume de Dieu*（*Bresil*）, Preface by Harvey Cox（Paris:Karthala, 2000）. 本書編者們也在葡萄牙出版本書，書名為*Igreja Universal do Reino de Deus*（Sao Paulo:Paulinas, 2003）.

中,「變換」一詞的意涵就是人們可以做出改變,所以宿命論——無論是在個人或社會層面——都是不可接受的。而「聖潔」一詞的意涵,便是並不需要盲從那些新潮的、麻痺人心的物質生活。你可以「身在這個世界,但不屬於這個世界」。

靈恩派最終能否改革基督教、讓信仰在「聖靈時代」得到重生,至今仍沒有一個定案。但是,如果米勒和山森繪製的靈恩派分布圖依舊保持流動、如果靈恩派信徒學會尊重他們的「非克蘭奇」鄰居、如果「野花區」的名單持續不斷地彙整與延長下去,那麼靈恩派最終還是有可能與天使站在同一邊的。

Chapter 15

信仰的未來

不斷吹拂的聖靈之風

THE FUTURE OF FAITH

英國作家阿道斯・赫胥黎（Aldous Huxley, 1894-1963）在他一九六三年出版的烏托邦小說《島》（*Island*）中，草繪了科學與宗教的未來，並用下列方式介紹了他筆下虛構島民的祈禱詞：「賜給我們今天所需的信仰，要救我們脫離信念。」雖然這句話在某些方面聽來有點古怪，但赫胥黎說得還真沒錯。

在前面幾章中，我已經說明了基督宗教一開始作為信仰主導的聖靈運動，如何在短時間內凝結成一套由神職人員把關的信條目錄。但是就在今天，由於許多不同的因素使然，這樣的過程開始出現逆轉；信仰正在復甦，而教條則正在逐漸凋零。基督宗教的靈性、社群意識、追求公理正義等方面，使其在快速前進的二十一世紀中領先的優勢，而這樣的變化，是伴隨著世界上其他宗教的類似改革同時發生的。

伊斯蘭教的發展

伊斯蘭教和佛教的最近發展，提供了許多良好的範例。伊斯蘭教擁有超過十億名信徒，是目前世界上第二大宗教。過去的一個世紀，伊斯蘭教迎來了一次轟動的復興運動。現在也已經出現了許多理論，來解釋這樣一種復甦。有些人認為，這樣的復甦源於一大群剛畢業的年輕人沒有得到足夠的就業機會，只能在大馬士革和開羅的街道上閒晃，或是窩在西歐的住宅區裡。另一些人則歸咎於社會主義或資本主義市場的失敗，以至於無法滿足人們的需求。還有一些人認為，新的石油財激化了階級的分化。其中最常見的解釋之一，是現代生活帶來的快速、不和諧的變化，對許多人造成了一種認同危機，這種危機驅使人們再度擁抱傳統宗教具備的固有的實在感，尤其是連他們的領導人都把這招當作萬靈丹的時候。

所有這些因素絕對都是整個現象的一部分成因，但還有一個潛在的、更接近純宗教的解釋。伊斯蘭教始終強調，關心窮人是每一個穆斯林的責任。這樣的價值觀不只同樣出現在猶太教和基督宗教中，有些佛教教義也是如此教誨信徒。伊斯蘭教中的「達瓦」(da'wa，即「宣教」之意)觀念即指出，穆斯林有責任呼籲自己的同胞們依照古蘭經和伊斯蘭教義來待人處事。但是在過往的時代，這種責任主要強調人們忠於對自我的修練，比如每天祈禱五次、齋戒月期間禁食，還有戒酒等等。

然而，過去的一個世紀，卻有兩個發展深化、拓展了「達瓦」觀念。第一個發展是穆斯林世俗組織的出現，通常這類組織結合了貿易或職業同行，藉此可以在加強並實踐信仰的過程中同時與人合作。第二個發展則在於：人們體認到，在複雜的社會中，以個人的角度出發行善、資助窮人是不夠的，一個人想成為忠實的穆斯林，就必須有足夠的物質財富。根據這個道理，社會本身有責任滿足這些物質需求，而社會正義就成了一種宗教義務，而不僅僅是一個政治目標。

西方觀察家有時會誤認為，穆斯林政治言論中使用了宗教語言，只不過是做做樣子，或認為那是理論家為了激化動機而注入的言論，而這麼做是為了在混亂的世界中尋找自己的身分認同。然而，鑽研穆斯林復興運動的人類學家塔拉勒・阿薩德（Talal Asad），卻不同意這種說法。他認為，大多數的穆斯林論述並非由於緊縮的經濟因素所造成的，也不是出於尋求文化認同，而是關於「如何當個更好的穆斯林」。這些論述試圖回答這下面這幾個問題：「既然我是一名穆斯林，那我該如何按照真主的誡命待人處事呢？而且，因為我和其他人同住一個屋簷下，有穆斯林也有非穆斯林，那我們應該如何對待彼此呢？」[1]

二十世紀的伊斯蘭思潮中，一九二八年的埃及出現了第一次具有組織性的驅動力。在這一年，一名二十二歲的小學老師哈桑・班納（Hasan al-Banna）創辦了一個名叫「穆斯林兄弟會」的教育機構。班納本身就具有一些反教權主義的情感，同時沉醉於溫柔又神秘的伊斯蘭教蘇菲派（Sufi）。這個兄弟會的基本前提是，伊斯蘭教不僅僅是一套應奉行的禮儀和信念，同時也是一種綜合的生活方式。它從小處開始迅速發展、成長，論述範圍也逐漸擴大到包含政治目標在內的議題。兄弟會質疑共產主義、資本主義和民族主義，他們的目標是：根據古蘭經的原則，建立一個平等、正義的社會。這也使得他們成為反埃及政府的勢力，同時由於他們有時會轉而訴諸暴力，他們也經歷了嚴重的迫害。一九四九年，班納被政府特工刺殺身亡。自那時以來，兄弟會在其他國家發起了類似的運動，譬如巴勒斯坦的哈馬斯（Hamas），同時也採納了暴力手段。然而，今天的埃及穆斯林兄弟會，已成為司法獨立和民主（特別在這兩方面）的堅定捍衛者，也因而持續受到政府的迫害。

穆斯林世界是一個分裂、難以齊一而觀的世界。思慮周到的穆斯林堅信，整體來看伊斯蘭教不只是一套應該履行的禮儀義務，更是一個服侍真神和鄰人的社群。在某些地方，激進的伊斯蘭組織依舊威脅著即將破繭而出的普世與民主的潮流。但是，就像基督宗教的基本教義派一樣，他們在各個地方都受到各種阻礙。二〇〇六年，埃及穆斯林兄弟會公開宣稱，其目標是建立一個民主國家，而不是伊斯蘭教國家。二〇〇八年十一

1. Talal Asad, "Comments on the Islamic Revival and Islamic Discourse," paper prepared for a conference on political theologies, Harvard University, 2003, p. 4.

月，美國國家情報機構發布了一份報告顯示，穆斯林對恐怖組織「蓋達」（Al Qaeda）的支持度陡降，這些穆斯林疏遠蓋達的主因是他們「無差別濫殺，無視貧困、失業和教育等實際問題」。2

佛教的改革

穆斯林世界這些年來出現此一重要的變化，同樣也在佛教的地盤上風行草偃。最好的例證就是過去幾十年內出現在日本、一些人所稱為「佛教改革」的現象。這個改革發生於日本最大的佛教宗派——日蓮正宗（Nichiren Shoshu）。日蓮正宗的教義源於日蓮大聖人（Nichiren Daishonin, 1222-1282）的教誨，而日蓮本人有時還會與十六世紀歐洲宗教改革家們相提並論。二十世紀初，日蓮正宗的一些世俗追隨者發起了一項名為「創價學會」（Soka Gakkai，顧名思義就是「創造價值」之意）的運動，旨在改革日本慣用的專制教育法，並鼓勵學生進行創意思考。創價學會的增長十分迅速，目前已在一百二十八個不同國家成立分會、吸納成員，努力促進並維護世界和平、婦女權利和跨信仰對話。

起初，日蓮正宗的祭司們及其附屬的凡俗信徒處得很好，並在日本聖山——富士山的山腳下，合作興建了一座令人印象深刻的現代化廟宇。但當創價學會的領袖們開始認為，真正的佛教需要世俗領導力、平等主義、人權與社會改革，局勢便開始變得緊張。隨著衝突升溫，一九九一年日蓮正宗的祭司，以一種罕見的神職人員的傲慢，大動作將一千一百萬名創價學會會員掃地出門。祭司們徹底執行這項決策，禁止創價學會的信徒進入廟宇，然後大祭司日顯聖人（Nikken Shonin）下令將這棟輝煌的建築徹底拆除。大祭司干犯眾怒、無視這些信徒的反對，執意讓建築師的噩夢成真——他貫徹了自己的指示，廟宇就此被夷為平地。然而，某些學者稱為「表現佛教人道精神」的創價學會，卻蓬勃發展起來。也許分裂終究是不可避免的，就像一名研究創價學會運動的學生珍・赫斯特（Jane Hurst）所言，創價學會的成員具有「務實、目標導向、入世」等特質，必然會與「超凡脫俗的祭司教士們」產生衝突。

我第一次與創價學會接觸，是創價學會國際會長池田大作（Daisaku Ikeda）於一九九三年前來哈佛大學發表演講。演講主辦方知道身為基督徒的我對與佛教徒對話深感興趣，加上我曾在一九八六年前往日本擔任訪問學者，因此要求我與池田對談。那次的演

2. Scott Shane, "Global Forecast by American Intelligence Expects Al Qaeda's Appeal to Falter," *New York Times*, Friday, November 21, 2008, p. A13.

講，池田談到了跨文化與跨宗教交流的需求。會議結束後，池田告訴我，他想確保自己發起的運動在哈佛大學能獲得一些迴響，同時順道取經並為人道主義佛教發聲。我建議他們在大學裡買下一棟樓，然後提供一個「開放空間」，讓社區內或大學不同部門（特別是那些時有摩擦的部門）有個中立的場所可以坐下來聊聊，而且沒有引發其他部門嫉妒之虞。

今天的「波士頓研究中心」（Boston Research Center），就是由佛教人文精神原則，以及所有生命都是神聖的信念所啟發。目前，這個中心為一系列全球公民計劃提供協助，世界上也有許多組織正在發起類似的努力。

猶太教與基督宗教的變化

我們還要談談猶太教。猶太教雖然比世界上其他宗教小得多，但是也在經歷類似的變化。巴先陶夫（Baal Shem Tov, 1698-1760）創始的哈西德派（Hasidism，正統猶太教派的一支），在當代衍生出了許多喜樂、神秘的分支，而且日益深入人心。在美國，猶太拉比薩曼．沙赫特（Rabbi Zalman Schachter）自由地採納了來自東方的靈性修辭，發起了一場今日大家所稱的「猶太復興運動」。在以色列，蓋布里爾．邁爾（Gabriel Meyer）則混合了哈西德派、亞洲宗教和蘇菲派等豐富的靈性元素，吸引了對以色列非官方建立的剛性正統教派不滿、為數上萬的年輕人。美國有些猶太教會現在也揚棄了原先的正統、保守或改革派等標籤，刻意稱自己為「後宗派」（postdenominational）教會。儘管猶太人和穆斯林頑固派之間的關係依舊緊張，猶太人和穆斯林之間的和平對話與合作依舊持續增加中。

這些例子表明，靈性的復甦和信仰本質的嬗變，不斷發生於各種傳統中。其中的相似之處，是十分驚人的。基督宗教的一個明顯例子就是「新興教會運動」（emerging-church movement）。這個運動的發源地，是距離基督宗教舊權力中心十分遙遠的紐西蘭，同時正在擴大到美國。這項運動不屬於任何宗派、同時具有去中心化的特質，對教會制度的許多方面抱持懷疑的態度，同時極力批判教條在基督宗教內帶來令人窒息的副作用。就像最早的基督徒一樣，這種聖靈運動著重於追隨耶穌、努力實踐「神的國度」的本質。新興教會運動人士積極找回基督宗教中，那些常令保守教會眉頭一皺的傳統神秘元素；而在處理與其他宗教關係的手腕方面，他們更喜歡對話與合作，而不是勸服皈依。

在過去的二十年間，新興教會運動已經在主流教會之間迅速蔓延。聖經學者馬庫斯·博格（Marcus Borg）將新興教會運動的神學形容為「古老、神聖且充滿隱喻性」，並稱其標榜的基督徒人生觀為「著重人際關係與人生轉變」。[3] 新興教會完全具備充足的能量，在全新的後西方基督宗教時代，用創新的方式生存。他們很小心地避免將耶穌的生命與福音和經過包裝的「西方」元素混為一談，並嘗試將福音的內容與形式平均分配，讓老故事可以用新的方式呈現，以求達到「千年傳統，全新感受」之效。他們強烈強調「活出福音」，而不是單純地宣講福音。他們也實驗不同的宣教模式，譬如在咖啡廳裡，以促進雙向交流，而非總是單向的說教。

現今基督宗教的發展軌跡，不僅凸顯出信仰和信念之間的區別越來越大，這樣的趨勢更是已經維持了很長一段時間。一九六九年三月，我參加了梵蒂岡「非教徒事務秘書處」（請參見第八章）在羅馬舉辦的研討會。這個秘書處是梵蒂岡第二次大公會議的產物。與會學者大約有四十名，包括天主教徒和新教徒，甚至還有一對無神論者夫妻，大家齊聚一堂，宣讀論文並交換意見。活動的最後一天，當時的教宗保祿六世接見我們，並賜予他的祝福。

在那場研討會中，最令人難忘的一篇論文，題目為〈宗教與信念：「無信念」的歷史背景〉（Religion and Belief: The Historical Background of 'Non-Belief'），是由加州大學的社會學家羅伯特·貝拉（Robert Bellah）所提供的作品。這篇論文預見了一些我在本書中提到的變化。貝拉將「不信」的問題回溯至古希臘時代，傳統宗教和新思維——也就是哲學——出現分野之際。他指出，柏拉圖（西元前 428-348）並不相信奧林匹亞眾神，但在他的對話錄《法律篇》（*Laws*）第十卷卻提到，任何社會的穩定依賴於一定的神學信仰，例如神的存在和靈魂的不朽。因此，在這些倡議中，柏拉圖認定「不信」是一種罪行，而且認為犯了此罪後，第一次應處以五年單獨監禁的懲罰，第二次則直接判處死刑。柏拉圖在這裡想表達的，是「相信這些神學思想的正確性」的信念。但是，貝拉正確地補充說，這種「對正確性的堅信」和對聖經概念的信任、信心與信仰幾乎沒有關係，並不是認知上的應允。因此，貝拉據此推論出：如果聖經中關於「信仰」的概念都用「信念」一詞來轉譯，那這就是一種誤譯，而且會產生嚴重的誤解。

貝拉本身是一名比較宗教學的學者，他認為這種混淆，在數百年來困擾了許多嚴謹的思想家。事實上，哲學家和神學家們的確經常受到這雙面刃的摧殘：他們一方面都同意自己的社會需要宗教來維持秩序，但另一方面，他們在捫心自問以後，卻又都無法對這種神話般的倡議感到完全信服。他們提出的解決方案之所以令人不快，是因為只准州

3. Marcus J. Borg, *The Heart of Christianity*（San Francisco:HarperSanFrancisco, 2003）, pp. 6, 13.

官點燈不許百姓放火──他們希望至少在公共範圍內為普通百姓制定一組信念，卻又想為自己保有私下懷疑的權利。他們知道，這些公共的信念是一種「高貴的謊言」，但他們又認為社會需要這些謊言來管理不安的群眾。

這個招數並不是知識份子的獨門絕技。一名墨西哥地主在他的國家發生革命時，曾坦率地表示：「我不信上帝，但我相信牧師說的話。」就連生於柏拉圖兩千年後的盧梭（Jean-Jacques Rousseau, 1712-1778）也在他的《社會契約論》（*Social Contract*）中要求人們應該認同「公民宗教教條」（dogmas of civil religion），他在這些教條中列入未來的人類社會生活應該包含「上帝的存在」、「正義者的幸福」和「對惡人的懲罰」。如果不能認同這些教條，就應接受流放邊境的懲罰。

先撇開其明顯的虛偽不說，這種雙重標準的解決方案絕對是非常脆弱的。它將人分成數量不均的兩個群體：絕大多數的「相信的人」（或「應該相信的人」），以及極少數「知道的人」。同樣的策略也在出現在穆斯林世界，例如哲學家安薩里（al-Ghazzali, 1058-1111）制定的一種類似的伊斯蘭解決方案。然而，百密總有一疏，真正大師的作品即使不為群眾所知，也不會永遠沒沒無聞；隨著閱讀與識字率日漸普及，大家開始慢慢摸清了菁英們苦心孤詣試圖掩蓋的底細。現在，從過去一百年起，大多數人都能夠閱讀與提出質疑，科學方法的廣泛運用講求可公開驗證的證據，這也就挑戰了當局規定必須接受的主張的可信度。「強迫買單」的制式信仰，已經玩不出新把戲。

信仰本質的改變

儘管如此，基督宗教和伊斯蘭教當中還是有些更虛偽的元素存在；這兩者當中出現虛假元素的主因，是當它們進入希臘與希臘思想模式的勢力範圍後，開始出現變化。當早期的基督徒進入了希臘世界、柏拉圖的地盤以後，他們將聖經的觀念套入希臘的框架，聖經的本意因此經常受到扭曲。他們試圖塑造出一種基督宗教哲學以取代異教徒的宗教，而基督宗教也由此與「信仰」漸行漸遠，墮入信念的深淵。然後，在君士坦丁的指使下，神職菁英獲得最終的勝利，這種信仰的曲解也深植教會結構之中。

然而，必須謹記的一點是，亞洲宗教並沒有發生同樣的錯亂。這就解釋了為何要求佛教和印度教的代表提出所謂的「信念清單」時，他們往往感覺窒礙難行。西方許多比較宗教的課程，碰到這個問題就像觸礁一樣，因為學生（有時連教授也不例外）試著找出印度教中等同於〈尼西亞信經〉的產物時，發現這樣的努力完全是枉費功夫。亞洲宗教的季節性儀式、倫理見解和敘事具有代代相傳的特性。諷刺的是，在這個意義上，亞洲宗教看起來更像那千百年來大多數普通百姓奉行實踐的基督宗教。信條無一例外，全是神學家發明的產物，其作用往往是劃定權力範圍；而廣大的凡俗基督徒們卻對這些信條所知甚少、甚至不聞不問。他們的信心體現在故事、聖人節慶、洗禮、婚禮與葬禮之中，但這些常人畢竟佔了絕大多數，而教士與神學家始終只是極少數。結果便是，最近「人民的歷史」的登場，開始將基督宗教往原始的「信仰」方向回推。

當宗教開始復興、信仰本質的變化傳播到世界各地，基督宗教在西方世界外的超凡增長為何能幫助基督宗教恢復其最初的推動力，理由就顯得很清楚了。這些地區完全不在柏拉圖影響所及的範圍。今天，在印度、韓國或非洲當一名基督徒，當然不代表要成為「希臘式的基督徒」，而是大家有時候所謂的「後教條時代」的基督徒。非西方基督徒的信仰**內涵**很像早期教會，儘管他們體現宗教的**形式**往往與他們的非基督徒鄰居類似。

當我第一次訪問印度時，我很驚訝地發現，當地的基督徒盤腿祈禱、席地而坐，而蓮花座上則安放著幾張圖片，上面印有基督的訓誨。斯里蘭卡的天主教神學家巴拉蘇里亞（Tissa Balasuriya），是試圖將基督宗教融入當地原始宗教的幾位亞洲神學家之一。而印度也有幾位基督新教神學家，終其一生試圖在印度教的範疇之內理解耶穌，如達凡蘭丹（Paul Devanandan, 1901-1962）和多瑪士（M. M. Thomas, 1916-1996）。但他們面臨的挑戰從來都不容易。一九九七年一月，梵蒂岡當局開除了巴拉蘇里亞的教籍，宣稱他散布「相對主義」的邪說。這件事引發世界各地上萬名神父、修女和教友的強烈抗議；經過輿論不斷施壓，巴拉蘇里亞在一年後便恢復了教籍。這個案例生動地凸顯了平信徒的影響力，當局已經不能再對這股日益茁壯的力量視而不見；由下而上、從基層做起的神學家，與試圖由上而下統御的當局者（他們也遭遇越來越多阻礙）之間的持續衝突，也是益發明顯。[4]巴拉蘇里亞既是真正的天主教徒，也是真正的亞洲人。他是當代復興、美化基督宗教（特別是在「南半球」）的一個良好典範。

本書一開始，我就已經表明，宗教的本質正在發生根本性的變化。這種變化以不同的形式呈現，但其中也有一些重疊。隨著全球化效益的日益擴大，宗教的區域性色彩也越來越淡。現在，你在各大洲都會看到基督徒、佛教徒、穆斯林以及印度教徒。宗教，也不再像以往如此階級森嚴。在所有宗教中，無神職者帶頭領導、積極進取；你在穆斯林兄弟會、創價學會和拉美天主教基層團體，都看得到這種特質。而且，許多宗教正漸

4. Tissa Balasuriya, *Mary and Human Liberation:The Story and the Text*, ed. Helen Stanton（Harrisburg, PA:Trinity Press International, 1997）.也請參見Sathianathan Clarke, *Dalits and Christianity:Subaltern Religion and Liberation Theology in India*（Delhi:Oxford University Press, 1998）.

漸擺脫教條的陳腐氣息，走向更實際的道路。

今天，信教者對道德準則和靈修更感興趣，教條受到的關注逐漸式微。別忘了，很多宗教可能在過去幾百、甚至幾千年對女性關起大門，但今天女性卻已經開始在其中承擔領導的職責，重男輕女的觀念自然也隨之逐漸淡化。女性現在針對古蘭經發表評論、領導猶太教會，或是主導佛教禪修中心。在各個基督宗教教派之中，現在也出現女牧師、女神父和女主教。

不過，有一好沒兩好，這些變化來勢洶洶，也喚醒了基本教義派幾乎是以牙還牙的反應。某些日本神道教（Shinto）領袖藉由強調日本的神聖性予以反擊；印度的「印度人民黨」（Barata Janata Party）則戮力嘗試建立一個「印度教化」的印度。激進伊斯蘭教信徒，仍期待推出一個哈里發國王、收復所有阿拉賜予的土地。一些住在約旦河西岸屯墾區的以色列人，仍希望建立一個「猶太律法國」——一個以聖經法律治理的聖地。美國的宗教右派依舊堅持認為，美國是一個「基督宗教國家」。拘泥於聖經字面意義的非洲主教，則與他們的美國盟友們攜手，就同性戀者與女性擔任聖職一事威脅全球各地的聖公會，要斷絕與其的關係。事實上，所有基本教義派運動的核心信念，從來都是女性「必須留在原地」；而所有這些現象完全體現了「反動勢力」一詞的真諦，他們的努力就像螳臂擋車，試圖阻止人類迎接必將到來的靈性時代（movement of the human spirit）。

聖靈的風，正不斷習習地吹著，其中一個徵兆便是基督宗教出現的動盪和變革。為基督宗教定調的元素，終究還是信仰，而不是信念，[5]這個潮流也找回了最初那些年來，基督宗教的真正意涵。我也說明了這樣的原始推力，如何受到信條、階層體系以及教會與帝國災難性的合併而差點窒息。但如同我在書中所強調的，新的全球基督宗教藉由文化多樣性的激發，以及對實現「神做王的沙洛姆」的嚮往，正再次重新找到自己的靈魂。種種跡象表明，我們正準備進入全新的聖靈時代，而未來將是屬於信仰的天空。

5. 現在許多學者認為，宗教研究應該超越信仰的範疇，因為這往往會走向一個死胡同。例如社會學家安德魯・葛瑞里（Andrew Greeley）就曾呼籲，關注信念時不應太過強調內容，而應該注重體裁（*Religious Change in America* [Cambridge, MA:Harvard University Press, 1989], p. 129）.

謝詞

本書的許多想法，來自過去多年來我教授的課程與講座、參與過的專題討論會與研討會，以及在學院裡的諸多談話。有太多太多的人出現在這些場合中，恕我無法一一列舉。不過，我要特別感謝我的同事艾倫．卡拉漢（Allen Callahan）、已故的哈佛神學院前院長史坦道（Krister Stendahl）、侯士黎（Richard Horsley）、凱倫．金恩（Karen King）和柯斯特（Helmut Koester），我不客氣地參考了他們在早期基督宗教史方面的知識。我也要感謝哈佛神學院資助我出席劍橋市以外的會議，並慷慨地減少我的授課數量，讓我有更多時間投入本書的寫作。

我還要感謝拉辛格樞機主教（後來的天主教宗本篤十六世），當時他以教廷信理部部長的身分答應與我面談。如果他翻到本書第八章、讀到那次面談的內容，我不知道他會作何感想，但那確實是一次令人難忘的回憶。本書某些部分也是來自我跟米蘭的馬蒂尼樞機主教的多次對話，那都是十分愉快的經驗。我的老朋友、跨信仰對話的領袖、麥基爾大學的沙爾瑪（Arvind Sharma）教授，始終在跨信仰的領域與我一同關注最新的發展。我在沙爾瑪教授籌辦並主導的歷史性世界宗教會議（在蒙特婁舉辦的九一一事件五週年紀念會議）上，首次發表了本書第九章的內容。我依舊相當感激我的幾位拉美解放神學家朋友，包括古提雷茲（Gustavo Gutierrez）神父、里奧納多．鮑夫（Leonardo Boff）和索布理諾（Jon Sobrino），在此向他們提供的靈感致上謝意。而我在本書第十四章所表達的想法，是我在二〇〇六年哈佛神學院的亞當斯紀念演講（James Luther Adams Memorial Lecture）上首次披露的。至於我探討基本教義派的章節內容，是脫胎於我為哈佛學院（Harvard College）和哈佛神學院學生所辦的講座之中，當時我獲得了阿塔莉亞．奧馬博士（Atalia Omer，現任教於巴黎聖母院）精練的協助。

我的妻子，麻州韋爾斯利學院（Wellesley College）歷史系教授尼娜．圖馬金（Nina Tumarkin）博士，她鼓勵我思考，並提供她認為合適（通常也確實合適）的坦率批評。

哈維．考克斯

二〇〇九年五月十六日

於麻薩諸塞州劍橋市

延伸閱讀

◆ Allen Dwight Callahan 的著作 *The Talking Book: African Americans and the Bible* (New Haven, CT: Yale University Press, 2008) 提醒讀者，過去那些不被學術圈認可的的聖經閱讀與應用方式，會得出許多寶貴的見解。

◆ James P. Carse 的有趣著作（書名也取得恰如其分）*The Religious Case Against Belief* (New York: Penguin, 2008) 和我在本書中所做的討論一樣，從歷史的角度將「信念」和「真正的宗教信仰」做出區別。

◆ Gary Dorrien 的著作 *The Remaking of Evangelical Theology* (Louisville, KY: Westminster John Knox Press, 1998) 點評了大部分基督宗教世界中正浮上檯面的重要變化。

◆ Kieran Flanagan 和 Peter C. Jupp 主編的這本 *A Sociology of Spirituality* (Ashgate, 2007) 分析了許多情境下「靈性」一詞為人使用的不同方式，以及一些由此衍生出的問題。

◆ Stephen Jay Gould 所著的周全又有力的 *Rocks of Ages* (New York: Ballantine, 1999) 一書，在我看來依舊是一份獨一無二的論述，處理了科學與宗教兩者的關係中備受爭議的主題。

◆當基督徒和許多其他人正努力搜尋適用於公共事務、更扎實而有效的神學時，Eric Gregory 所著的 *Politics and the Order of Love: An Augustinian Ethic of Democratic Citizenship* (Chicago:University of Chicago Press, 2008) 回顧了一位非常有影響力的人物：奧古斯都（Augustus），而且用令人信服的方式點出他在今天的重要性。

◆侯士黎（Richard Horsley）的著作 *Jesus and Empire:The Kingdom of God and the New World Disorder* (Minneapolis, MN: Fortress, 2002)，是在羅馬帝國的背景下瞭解早期基督宗教獨一無二的參考文獻。

◆Philip Jenkins 所著的 *The Lost History of Christianity* (San Francisco: HarperOne, 2008)，描寫了基督宗教的千年「黃金時期」，如何在今天所謂的「南半球」地區得到壯大的枝葉。

◆Mark Juergensmeyer 的著作 *Global Rebellion: Religious Challenges to the Secular State from Christian Militias to Al Qaeda* (Berkeley: University of California Press, 2008) 徹底檢證了「基本教義派」、國族主義和對世俗國家的憂慮三者間的關聯。

◆凱倫・金恩（Karen King）在其令人津津樂道的突破性著作 *What Is Gnosticism?* (Cambridge, MA: Harvard University Press, 2003) 中，排除了許多將一些早期基督宗教歸為「異端」的率爾分類。

◆早期基督宗教的相關文獻龐雜紊亂，但它們有助於幫我們重塑對當時的理解。柯斯特（Helmut Koester）所著的 *Ancient Christian Gospels: Their History and Development* (Philadelphia: Trinity

Press International, 1992）一書，至今仍是對這些文獻最完整且準確的全方位指南。

- 當基督徒和穆斯林的對話顯得越來越沉重時，David Levering Lewis 的著作 *God's Crucible: Islam and the Making of Europe*, 570-1215 (New York: Norton, 2008) 提醒我們這樣的對話或多或少已經發展了很長一段時間。

- 關於靈恩派爆發性的發展，想瞭解最新、最全面的分析，請見唐納德・米勒（Donald Miller）和山森哲直（Tetsunao Yamamori）合著的 *Global Pentecostalism: The New Face of Christian Social Engagement* (Berkeley: University of California Press, 2007)。本書還附有一張有趣的 DVD。

- Cullen Murphy 的　著　作 *Are We Rome? The Fall of an Empire and the Fate of America* (Boston: Houghton Mifflin, 2007)，針對我們身處的當代和古代之間做出一些有趣的比較和對比。

- 卡蘿・奧謝克（Carol Osiek）和凱文・麥迪根（Kevin Madigan）在其合著的 *Ordained Women in the Early Church, 30-600: A Documentary History* (Baltimore, MD: Johns Hopkins University Press, 2005）一書中，提出了有力證據，說明歷史上教會婦女的影響力比過去認為的大得多。

- Joerg Rieger 的著作 *Christ and Empire: From Paul to Postcolonial Times* (Minneapolis, MN: Fortress, 2008）記錄了神學假設在過去幾百年來如何受到帝國思想染指。Rieger 與 Pui-Lan Kwok 以及 Don M. Compier 合編有 *Empire and the Christian Tradition: New Readings of Classical Theologians* (Minneapolis, MN: Fortress, 2007)。

- Lamin O. Sanneh 所著的 *Disciples of All Nations: Pillars of World Christianity* (Oxford and New York:Oxford University Press, 2008) 一書，將基督宗教過去的歷史和其今天在南半球的顯著增長畫上關聯。本書是牛津大學世界基督宗教研究（Oxford Studies in World Christianity）貴重叢書的其中一部，叢書主編亦是 Sanneh。

- Charles Taylor 的巨著 *A Secular Age* (Cambridge, MA: Harvard University Press, Belknap Press, 2007)，徹底追索了非宗教與反宗教思想的產生和接納的歷史，書中羅列出的資料遠早於我們身處的當代。

- 一般讀者如果想要關注早期基督宗教考古學和文本分析的最新動態，《聖經考古學評論》月刊（*Biblical Archeology Review*）是你不可或缺的資源。

國家圖書館出版品預行編目資料

信仰的未來：宗教的興衰與靈性時代的復甦/ 哈維.考克斯(Harvey Cox)著；郭騰傑譯. -- 初版. -- 臺北市：啟示出版：家庭傳媒城邦分公司發行, 2016.06
面； 公分. -- (Soul系列 ; 49)

譯自 : The Future of Faith

ISBN 978-986-93125-0-9(平裝)

1.基督教 2.信仰

242.42 105006707

Soul系列049
信仰的未來：宗教的興衰與靈性時代的復甦

作　　者／哈維.考克斯 Harvey Cox
譯　　者／郭騰傑
企畫選書人／彭之琬
責 任 編 輯／李詠璇

版　　權／吳亭儀
行 銷 業 務／何學文、莊晏青
總　經　理／彭之琬
事業群總經理／黃淑貞
發　行　人／何飛鵬
法 律 顧 問／元禾法律事務所 王子文律師
出　　版／啟示出版
台北市 104 民生東路二段 141 號 9 樓
電話：(02) 25007008 傳真：(02)25007759
E-mail:bwp.service@cite.com.tw
發　　行／英屬蓋曼群島商家庭傳媒股份有限公司 城邦分公司
台北市中山區民生東路二段 141 號 2 樓
書虫客服服務專線：02-25007718；25007719
服務時間：週一至週五上午 09:30-12:00；下午 13:30-17:00
24 小時傳真專線：02-25001990；25001991
劃撥帳號：19863813；戶名：書虫股份有限公司
戶名：英屬蓋曼群島商家庭傳媒股份有限公司城邦分公司
訂 購 服 務／書虫股份有限公司客服專線：（02）2500-7718；2500-7719
服務時間：週一至週五上午 09:30-12:00；下午 13:30-17:00
24 時傳真專線：（02）2500-1990；2500-1991
劃撥帳號：19863813 戶名：書虫股份有限公司
讀者服務信箱：service@readingclub.com.tw
城邦讀書花園：www.cite.com.tw
香港發行所／城邦（香港）出版集團有限公司
香港灣仔駱克道 193 號東超商業中心 1 樓；E-mail：hkcite@biznetvigator.com
電話：(852) 25086231 傳真：(852) 25789337
馬新發行所／城邦（馬新）出版集團 Cite (M) Sdn. Bhd.
41, Jalan Radin Anum, Bandar Baru Sri Petaling, 57000 Kuala Lumpur, Malaysia.
Tel: (603) 90578822 Fax: (603) 90576622 Email: cite@cite.com.my

封 面 設 計／陳文德
排　　版／極翔企業有限公司
印　　刷／韋懋實業有限公司

■ 2016 年 6 月 7 日初版
■ 2021 年 8 月 31 日初版 3.5 刷
定價 420 元

Printed in Taiwan

城邦讀書花園
www.cite.com.tw

 ISBN 978-986-93125-0-9